高抛低吸

股票T+0滚动交易法

李一波　编著

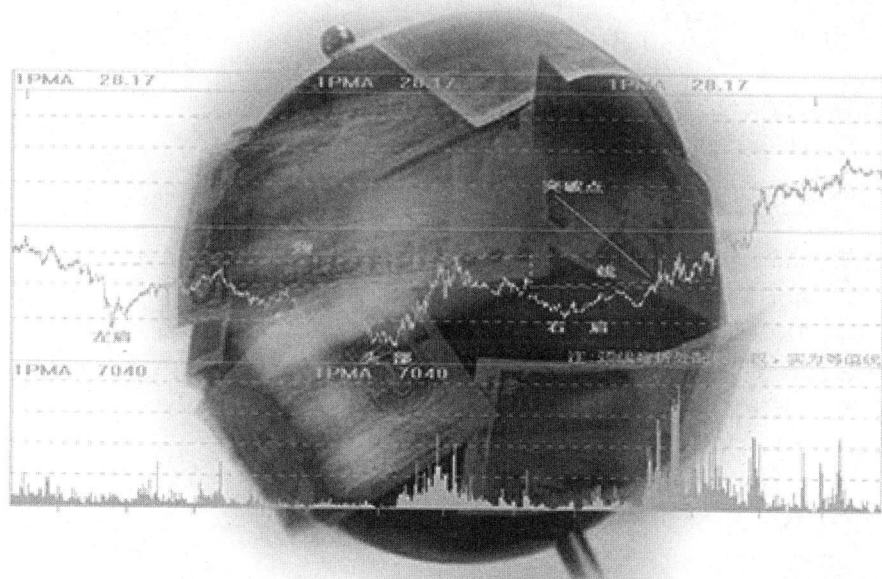

经济管理出版社

ECONOMY & MANAGEMENT PUBLISHING HOUSE

图书在版编目（CIP）数据

高抛低吸：股票 T+0 滚动交易法/李一波编著．—北京：经济管理出版社，2014.1
（2024.11重印）
ISBN 978-7-5096-2916-1

Ⅰ．①高…　Ⅱ．①李…　Ⅲ．①股票投资—基本知识　Ⅳ．①F830.91

中国版本图书馆 CIP 数据核字（2014）第 017147 号

组稿编辑：勇　生
责任编辑：勇　生　王　聪
责任印制：黄章平
责任校对：超　凡

出版发行：经济管理出版社
　　　　　（北京市海淀区北蜂窝 8 号中雅大厦 A 座 11 层　100038）
网　　址：www. E-mp. com. cn
电　　话：(010) 51915602
印　　刷：北京晨旭印刷厂
经　　销：新华书店
开　　本：720mm×1000mm/16
印　　张：15.75
字　　数：265 千字
版　　次：2014 年 6 月第 1 版　2024 年 11 月第 16 次印刷
书　　号：ISBN 978-7-5096-2916-1
定　　价：38.00 元

前　言

　　股票交易采取 T+1 的操作方式，这种买卖方式无人不晓。T+1 的交易方式有很多弊端，其中最重要的是投资者买卖股票不能在一天内完成买和卖的操作。对于短线交易的投资者来讲，这显然是不愿意接受的。但是在交易方式没有改变之前，投资者也只能被动接受。实际上，T+1 的交易方式完全能转变为 T+0 的交易方式。只要投资者在买卖股票的方式上做一些调整就能够实现。比如说，首先半仓资金建仓买入股票，接下来的第二个交易日中，投资者就能够有机会止盈获利，还有机会利用剩余的半仓资金完成二次建仓的动作。这样，T+0 半仓操作的方式自然就能够做到了。

　　本书的主要内容就是关于如何实现 T+0 的交易方式，并且在实战当中获得持续不断的利润。

　　如果能够把股票的 T+1 交易方式转变为 T+0 的交易方式，那么股市对投资者的吸引力将大大增加。交易方式转变后，投资者会有更多的盈利机会去获得利润。针对 T+0 的股票交易方式，本书的第一章全面介绍了该交易方式的实现方法，给投资者更多的选择机会。T+0 交易方式会有所不同，但投资者必须首先用部分资金购买股票，才能在接下来的交易日中采取 T+0 的交易方式。

　　采取 T+0 的交易方式，投资者能够减少持股资金数量，同时能够降低持股风险，增加短线获利机会。价格波动是双向的，而 T+0 的股票交易方式会帮助投资者尽可能地把握分时图中的更多盈利机会，帮助投资者实现盈利。

　　在 T+0 的交易方式中，涉及仓位的设置，寻找适合 T+0 操作的交易方式等问题，本书中都有涉及。投资者还要把握好价格波动的方向，尽可能在价格回升的时候采取 T+0 的交易策略，更有可能获得持续不断的利润。股价的波动方向持续向上，不管怎样操作都容易获利。而在 T+0 的交易方式中，更可能在价格回升阶段获得利润。书中涉及趋势与 T+0 操作的关系，投资者能够把握住当然是可以持续获利的。

　　针对 T+0 的交易方式，投资者实现的技术方式很多，书中第七章都有涉及。在技术分析中，投资者可以利用的手段有黄金分割线、布林线、螺旋四方形、价格形态、支撑和压力线等。T+0 的交易方式毕竟是短线交易方式，对于技术分析手段，投资者必须认真学习、深刻理解。在价格双向波动过程中，实实在在地把握操作机会，其实是很困难的事情，但投资者仔细分析，这些困难都不成问题。

　　书中第八章还提供了实例的分析，包括五个典型 T+0 交易方式的应用案例。若投资者能够把握书中操作策略并运用到实战当中，自然可以获得稳定的利润。

目 录

第一章　T+0 的实现方式

第一节　先卖后买 T+0

一、适用冲高回落走势

在分时图中，股价在开盘阶段冲高，却在盘中出现了回落的情况，这个价格冲高回落的走势适合投资者来先卖后买实现 T+0 的交易方式。在分时图中，使用 T+0 的交易方式获利，就是要在盘中价格高位卖出股票，而接下来考虑在价格冲高回落的低点抄底买入股票。从两次动用的资金来看，是相同的。如果总资金为 10 万元的话，那么投资者应该提前持有 5 万元的股票。分时图中卖掉的股票为 5 万元，而剩余的 5 万元资金在价格回落后开仓买入股票。

成交量在开盘后马上放量，价格很容易出现冲高的走势。量能的放大程度以及持续时间，决定了价格上涨的潜力。股价之所以冲高回落，量能萎缩是元凶之一。从量能上判断，如果股价在上午盘阶段冲高以后量能萎缩，那么冲高回落的走势很可能会出现。投资者根据成交量以及价格波动特征选择 T+0 操作的卖点和买点，便达到了目的。

适合先卖后买的 T+0 交易方式，分时图中价格走势可以有以下五种情况。

1. 开盘半小时冲高回落

价格放量上涨的强势个股，在开盘阶段就已经表现出来。因为成交量的放大，强势个股在开盘阶段快速上涨比较迅速。价格在开盘后一个小时内大幅度拉升。终因为量能无法再次放大，股价出现了冲高回落的情况。开盘后短时间放量冲高的股票，缩量前的信号非常明显。投资者可以根据缩量情况判断卖点，以便获得利润。

大禹节水——快速冲高，价格缩量回落，如图 1-1 所示。

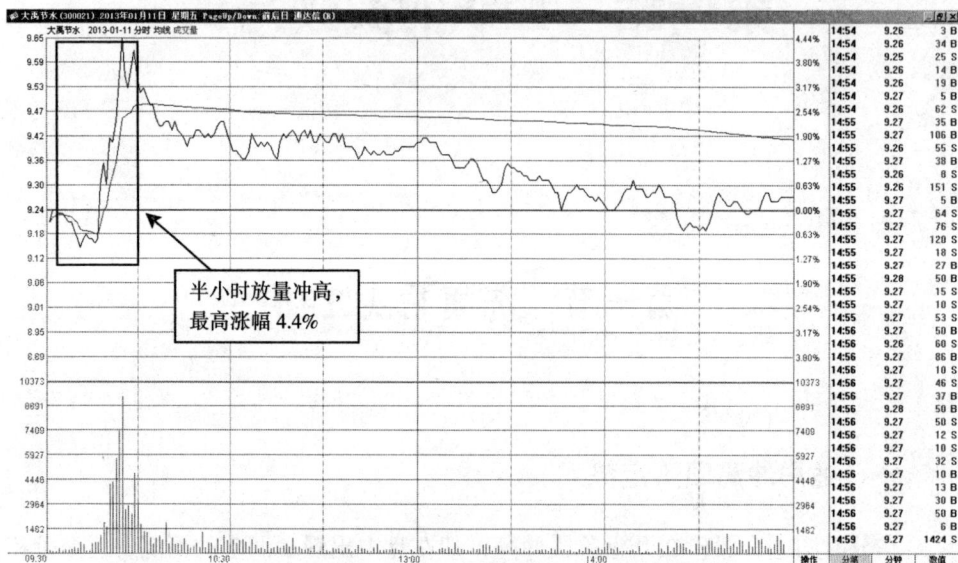

图 1-1　大禹节水——快速冲高，价格缩量回落

如图 1-1 所示，大禹节水的分时图显示，股价开盘后冲高回落，显示出价高位的显著卖点。该股冲高的速度很快，不足半小时就见顶至价格高位。图中显示，股价在冲高后完成一个小的双顶形态。投资者若能把握这个价格高位做空机会，可以轻松完成 T+0 的止盈操作。

股价开盘放量冲高的情况很常见，这种价格走势中股价表现虽然强势，但没有量能持续放大作为支撑，也不可能给投资者带来更多的盈利空间。量能以脉冲形式迅速放大，而短时间内量能萎缩的过程中，也正是股价冲高回落形态完成的时候。

2. 开盘后多次冲高后回落

看涨的个股一般不会一次冲高便开始回落，多次冲高的情况比较多见。如果价格在冲高的过程中出现量能萎缩，投资者也应在价格高位做空。脉冲放量拉升的个股容易处在这种情况，价格首次冲高还维持不小的量能，第二次冲高的时候量能开仓萎缩。量能萎缩而价格再次回升，投资者完全有理由做空，完成 T+0 交易的止盈动作。

机器人——开盘两次冲高后回落，如图 1-2 所示。

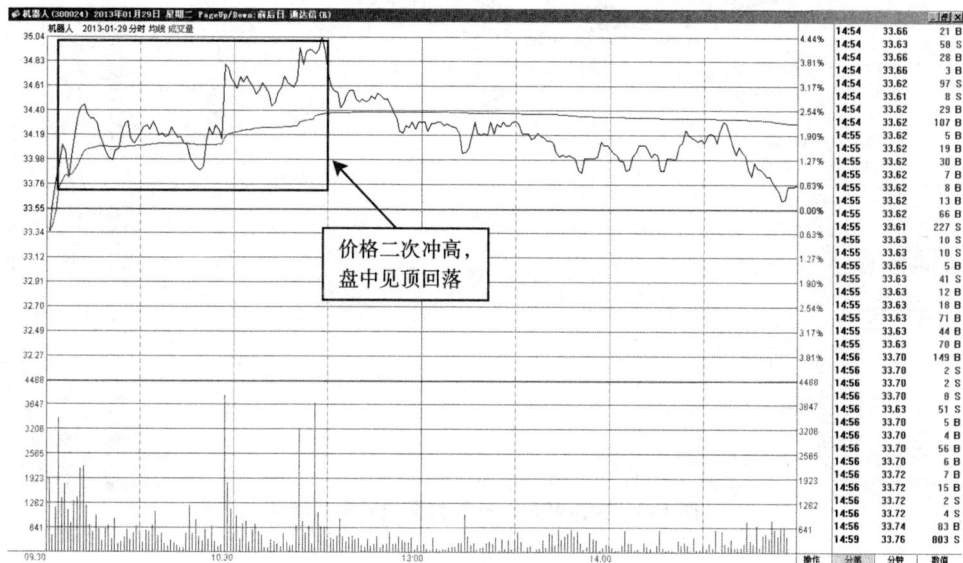

图 1-2 机器人——开盘两次冲高后回落

如图 1-2 所示，在机器人的分时图中，该股开盘后震荡走强，曾经明显出现了两次冲高的情况。从图中看来，价格冲高后量能见顶，股价随之开始震荡走弱。该股虽然在上午盘中表现抢眼，但是价格上涨空间有限。尤其从成交量不连续放大的情况来看，股价在盘中高位回落，自然是意料当中的走势。没有量能稳定放大，股价不可能出现强劲上升趋势。

在股价冲高回落之前，投资者判断量能脉冲放大，一般是应该谨慎应对的。脉冲放量总不如持续放量的股票上涨空间高。特别是相比开盘期间出现量能萎缩的个股，更是这种情况。如果主力操盘手法一般，那么股价在无量的情况下易跌不易涨。机器人这只股票的多次冲高回落的走势，同样适合 T+0 的操作。

3. 冲击涨停失败回落

强势上涨的个股中，有一些股票是可以冲击涨停价的。这个时候，正是投资者做空获利的机会。如果价格接近涨停价的时候，巨量抛单出现，那么这类股票也会在接下来的交易时段出现高位下挫情况。投资者可以根据抛单数量以及价格在缩量中的下跌走势，判断做空时机。

大禹节水——开盘两次冲高后回落，如图 1-3 所示。

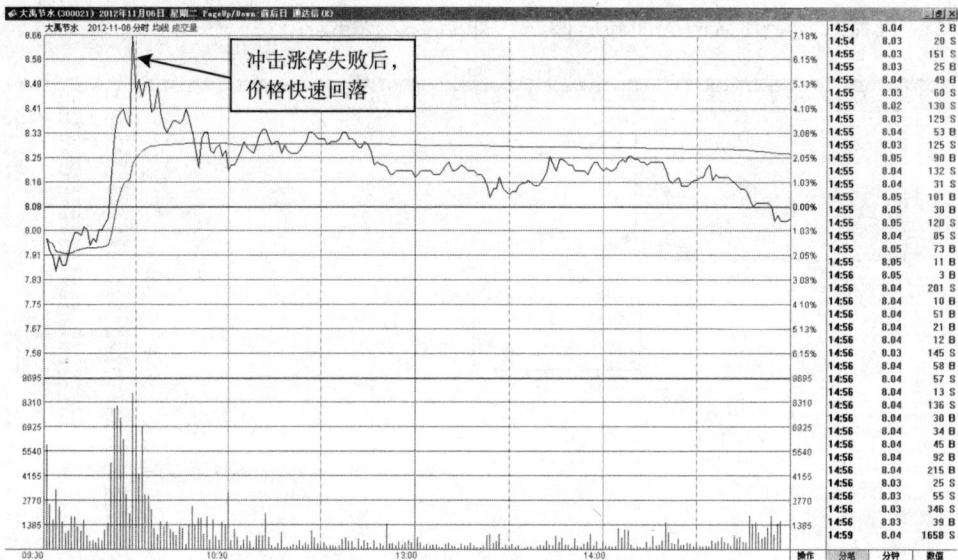

图 1-3　大禹节水——开盘两次冲高后回落

　　如图 1-3 所示，大禹节水的分时图显示，该股开盘后半小时表现得非常理想，但是成交量的显著放大与盘中量能的快速萎缩形成明显对比。当股价冲高回落以后，投资者能够发现该股的顶部已经完成了尖顶形态。也就是说，在主力短线拉升股价出货的情况下，散户虽然快速追涨，却还是会面临价格冲高回落的风险。

　　4. 盘中冲高回落

　　盘中冲高回落的股票，多数是主力试盘拉升的结果。主力拉升股价的意愿不强，短暂拉升后价格便出现回落。不管从价格走势还是量能变化看，都是冲高回落的情况，投资者不难判断这种无效拉升的价格高位卖点。值得一提的是，盘中冲高回落走势持续时间短，投资者尽可能快速地把握价格高位，才能够获得不错的回报。

　　汇源通信——盘中冲高回落，如图 1-4 所示。

　　如图 1-4 所示，汇源通信这种分时图中短线冲高回落的情况非常容易见到。股价在瞬间冲高以后，价格维持高位运行时间非常短暂，很快就见顶回落。在脉冲量能的作用下，股价很容易出现异动的情况。该股下午盘的那一瞬间冲高走势，就是这种情况。

　　脉冲量能可以推动价格瞬间爆发，却不能维持股价上涨的趋势。追涨买入股票散户并不活跃，以及主力资金流入无以为继，该股盘中冲高回落的走势，成为

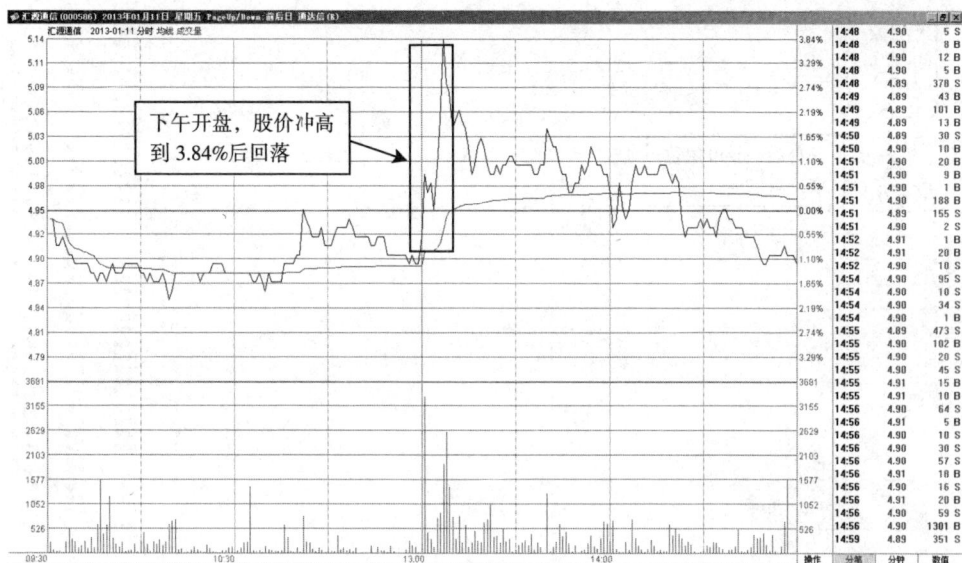

图 1-4　汇源通信——盘中冲高回落

投资者 T+0 操作的机会。脉冲量能对应的股价高位，成为投资者做空的位置。当股价震荡下行的情况延续到尾盘时，投资者可以考虑半仓建仓，为第二天的价格高位止盈做准备。

5. 高开缩量回落

高开上涨却缩量下跌的走势，也是投资者可以考虑 T+0 的操作情况。高开上涨的走势没有持续放量支撑，价格也会震荡下挫的。在利好消息的刺激下，个股短线高开而缩量下挫的走势，正是投资者可以把握住的卖点。在高开的情况下，股价开盘价就已经出现较大涨幅，量能萎缩而价格下跌之前，投资者就能够完成 T+0 的止盈操作。

同方股份——高开拉升后缩量下挫，如图 1-5 所示。

如图 1-5 所示，同方股份分时图显示，股价在开盘后瞬间放量冲高，盘中几乎都是真的下挫的情况。开盘快速冲高，可能是主力趁机拉高出货，也可能是散户追涨所致。不管怎样，股价的确冲高回落。开盘一刻钟内的价格走势显示，投资者有机会在涨幅较大的情况下高位止盈。考虑到接下来股价缩量下跌趋势显著，判断该股盘中持续回落并不困难。

股价高开后缩量回落，价格在开盘后短时间内波动空间很大。高位卖点很可能短时间内便会消失，投资者若要获利必然时刻做好高位止盈的准备。在股价无

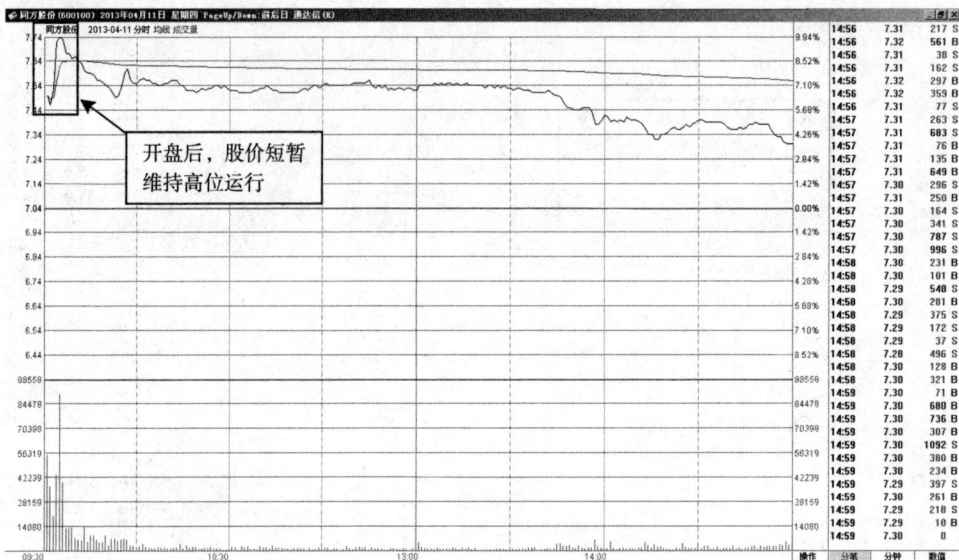

图 1-5　同方股份——高开拉升后缩量下挫

量冲高的情况下，最能把握价格高位卖点的做法，是以较低的价格迅速出货，才能将短线利润收入囊中。

二、止盈避免踏空

股价高开回落，投资者完成 T+0 的止盈动作，很容易出现踏空的情况。既然开盘阶段价格走强，那么表明这类股票会出现强势上涨走势。如果投资者对缩量见顶的判断是准确的，那么可以在价格高位止盈出局。等待价格缩量回调以后，在适当的时候买回被抛售的股票，完成 T+0 的操作过程。

坚瑞消防——价格震荡走高，如图 1-6 所示。

如图 1-6 所示，坚瑞消防的分时图显示，股价开盘出现高开情况，但是盘中该股震荡上行并且一路走高。虽然股价在分时图中连创新高，却不是投资者最终的止盈位置。如果在该股冲高的任何一个高位止盈，都不可能获得更多的利润。事实上，坚瑞消防的这种震荡走强的情况，适合投资者尾盘止盈，并且在开盘阶段半仓买入该股。

采取 T+0 操作的投资者，尤其会容易踏空。股价震荡上涨的时候并不形成现在的价格低点，而投资者适当地做多才能更好地获得利润。

恒泰艾普——开盘不久形成 V 形底，如图 1-7 所示。

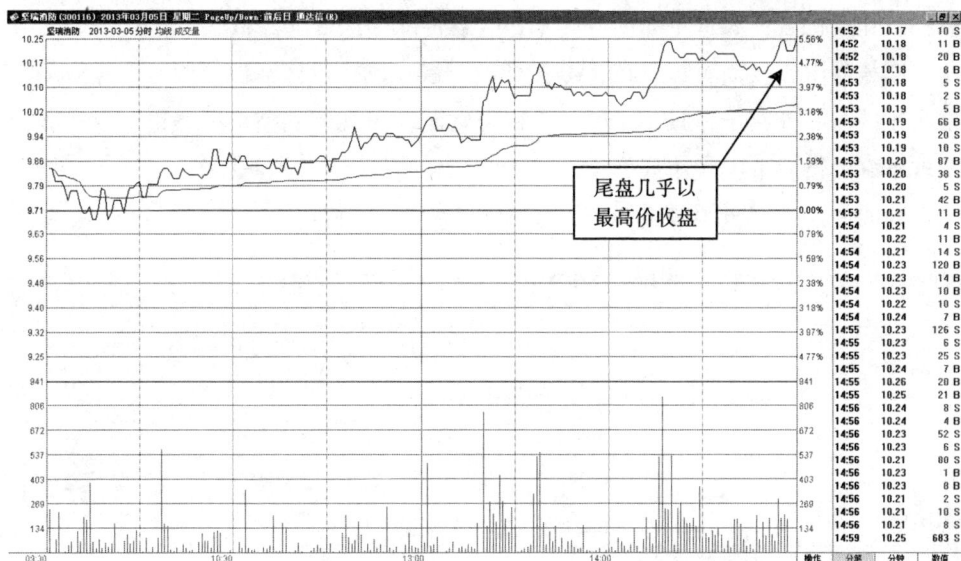

尾盘几乎以最高价收盘

图 1-6　坚瑞消防——价格震荡走高

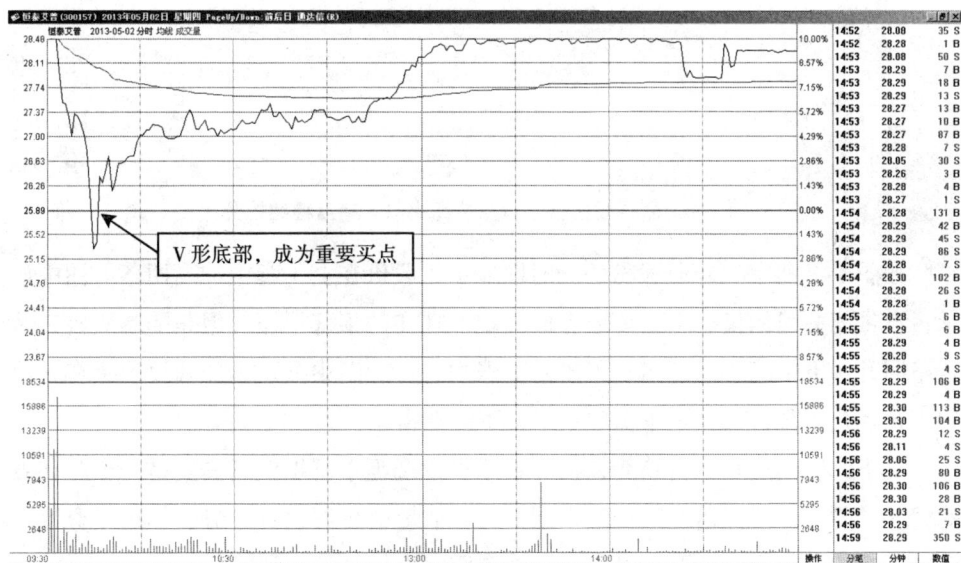

V 形底部，成为重要买点

图 1-7　恒泰艾普——开盘不久形成 V 形底

　　如图 1-7 所示，恒泰艾普的分时图显示，该股开盘已经处于涨停价，但是高位止盈的投资者众多，导致股价快速回落，甚至出现了下跌的情况。股价震荡幅度高达 10% 以上的情况并不多见，但该股从涨停板回落下来，波动空间却已经高达 11% 以上。如果投资者没能在开盘阶段成功止盈，那么图中价格反弹的高位显然不是止盈机会。股价重新回升起来，收盘价涨幅接近涨停板。

实战当中，投资者可以在 T+0 操作的时候，选择价格高位分两三次止盈。分批次止盈的好处在于，减小了因为价格异常波动出现的踏空情况。也可以在股价卖点不好的情况下，减小低位止盈遭受的损失。

新研股份——盘中冲高回落，尾盘继续拉升，如图 1-8 所示。

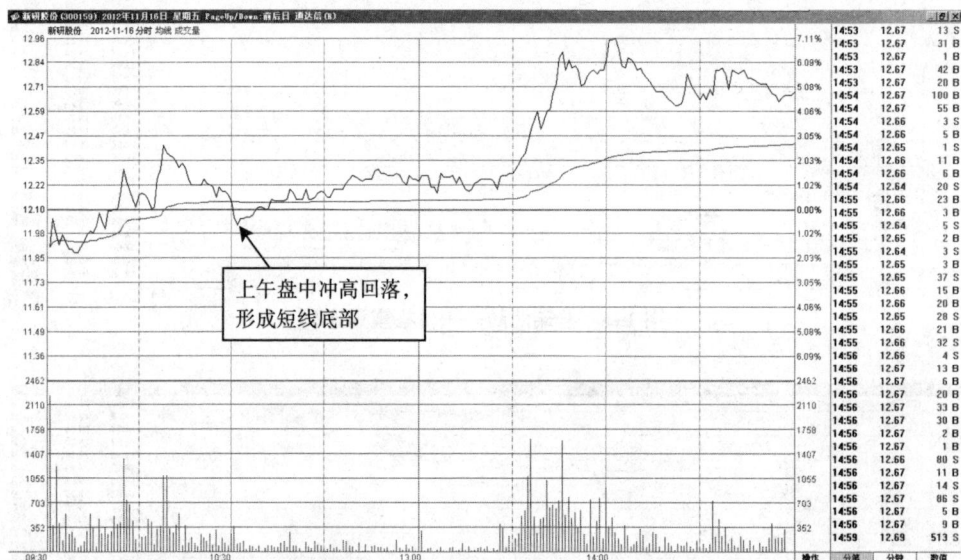

图 1-8　新研股份——盘中冲高回落，尾盘继续拉升

如图 1-8 所示，新研股份的分时图显示，股价在上午盘中冲高回落。图中显示，在量能萎缩的情况下，该股看似出现了现在的顶部形态。但是随着股价二次企稳回升，下午盘中居然出现了放量上涨的态势。图中显示，如果投资者在开盘后不久减仓止盈，那么下午盘的利润就不能获得了。

对于该股的这种运行趋势，投资者不难发现盘中价格低点其实是一个假突破的情况。股价短线回落至等价线以下，却并非就会延续这种走势。如果投资者以两次止盈的方式卖出股票，都不会错过该股二次拉升的获利机会。

雷曼光电——开盘冲高回落，尾盘继续拉升，如图 1-9 所示。

如图 1-9 所示，雷曼光电的分时图显示，股价在上午开盘后一小时内强势拉升，投资者获利机会很多，但是提前止盈的投资者总不会获得理想的收益。该股最高拉升至涨幅 6.90% 的高位，T+0 操作最佳卖点显然在股价首次冲击至涨幅 6.90% 的时候。

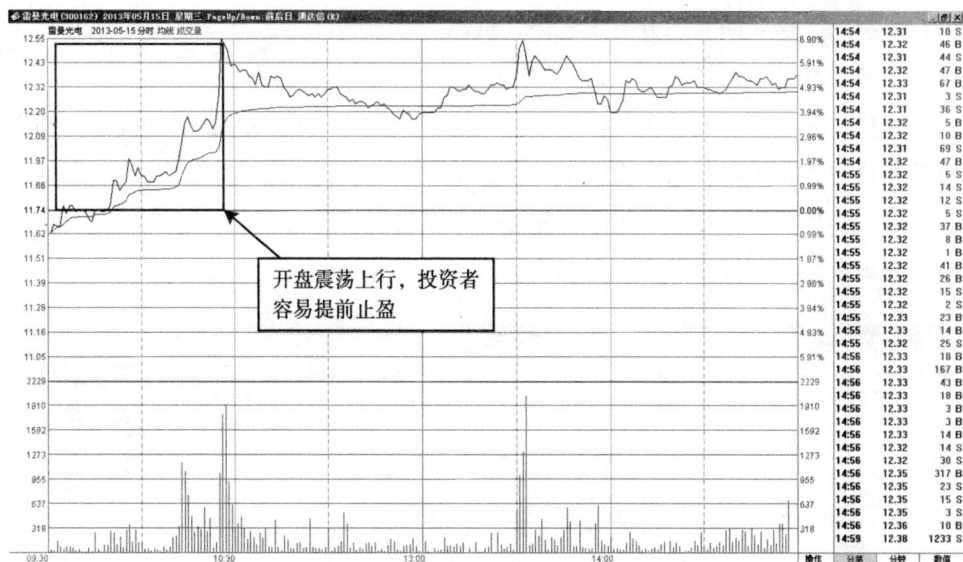

图1-9　雷曼光电——开盘冲高回落，尾盘继续拉升

为了便于操作，投资者可以在开盘阶段价格低点先行买入股票。当然，开盘时候的价格低点，是不容易判断的底部。而股价震荡回升的过程中，投资者很容易在价格震荡回升的短线高位卖出自己的股票，从而错失继续获利的机会。对于雷曼光电这种脉冲放量并且震荡上行的走势，投资者应该尽可能地增加持股时间，否则会踏空并且减少盈利。

第二节　先买后卖 T+0

一、适用探底回升走势

开盘后股价探底回升，是弱势运行个股经常会出现的走势。也有一些个股在开盘阶段虽然表现不佳，源于股价短期上涨幅度较大，经过分时图中探底回升的调整走势后，价格震荡走强的时候，投资者有先买后卖的 T+0 操作机会。在先买后卖的情况下，把握价格低点至关重要。跌势中的股价下跌幅度难以预料，如果投资者尽可能地抓住价格低点，即便股价在盘中单边下挫，也不会出现太大损失。事实上，探底回升的分时图走势，可以有以下情况供选择。

1. 低开回升

价格低开的情况比较多见，这个时候正是投资者短线买入股票的机会。如果短期股价波动并不高，那么投资者在价格低开的情况下买入股票，而一旦股价冲高就可以卖出前一日买入的股票，完成一个 T+0 的操作过程。

茂硕电源——低开后震荡走强，如图 1-10 所示。

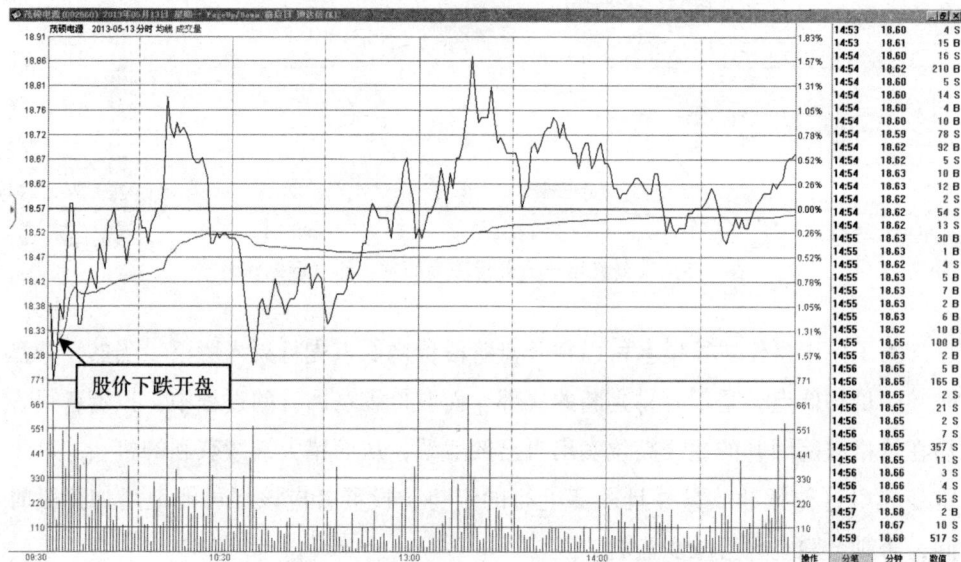

图 1-10　茂硕电源——低开后震荡走强

如图 1-10 所示，茂硕电源分时图显示，该股开盘价出现小幅下跌，短线冲高后出现二次下跌的情况。股价开盘就出现下跌的情况，显然是投资者短线建仓的机会。在 T+0 的操作方式中，先买和先卖都是可以的，关键抓住理想的价位来操作，这样才能够达到理想的买卖效果。既然股价在开盘阶段出现了下跌，那么投资者可以将这个价位当作短线低点买入股票。

从股价的走势来看，开盘价格已经是该股盘中低点了。如果投资者对于开盘价格的下跌并不满意，那么可以分两次建仓买入该股，同样能够获利。从分时图走势看，茂硕电源的开盘价格下跌以及盘中价格低点对应的价位非常相似。可见，投资者若分两次买入股票，还是能够获得比较好的效果的。

2. 低开杀跌后反弹

如果股价低开的幅度很大，那么投资者可以考虑短线观望，等待价格跌幅扩大的时候抄底买入股票。低开持续回落的个股中，短线反弹的空间可能不会很高，那么投资者就应该尽可能低地把握股价的买点。可以等待下午盘阶段股价创新低的时候抄底买入股票。而一旦价格出现反弹，并且脱离开仓价格2%以上，投资者就可以卖掉前一日买入股票，完成一个T+0的操作过程。

茂硕电源——开盘下挫，盘中继续杀跌，如图1-11所示。

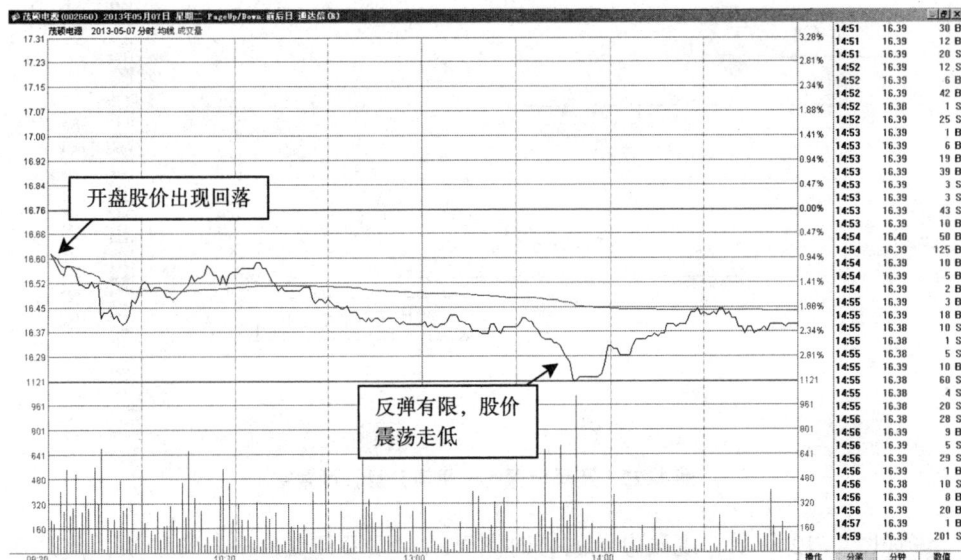

图1-11 茂硕电源——开盘下挫，盘中继续杀跌

如图1-11所示，茂硕电源分时图中价格开盘下跌，并且盘中股价反弹有限，该股连续下跌至下午盘。从卖点上看来，该股开盘价格都已经是不错的卖股机会。对于这种低开后杀跌的股票，投资者无疑应该第一时间把握止盈价位，才能减小持股风险。即便在价格下跌的情况下卖出股票，对于投资者的意义仍然很大。

分时图中股价的走势，并不能按照投资者的意愿发展，既然股价已经在开盘价上出现回落，那么盘中价格继续探底的过程中，投资者完成T+0操作的机会，首先应把握卖点，并且寻求价格持续探底的时候建成。这样一来，才能减少持股损失，增加建成资金的获利潜力。

3. 震荡下挫尾盘拉升

个股在低开的情况下震荡下挫，并且出现了持续杀跌的走势。如果不是很大的利空影响，或者股价短线并未大幅度见顶的话，这种盘中杀跌的情况必然在尾盘出现反弹。投资者可以利用价格杀跌至尾盘阶段抄底买入这类股票，并且在价格临近收盘前卖出前一日的持股，完成 T+0 的操作过程。

茂硕电源——平淡开盘，可做空，如图 1-12 所示。

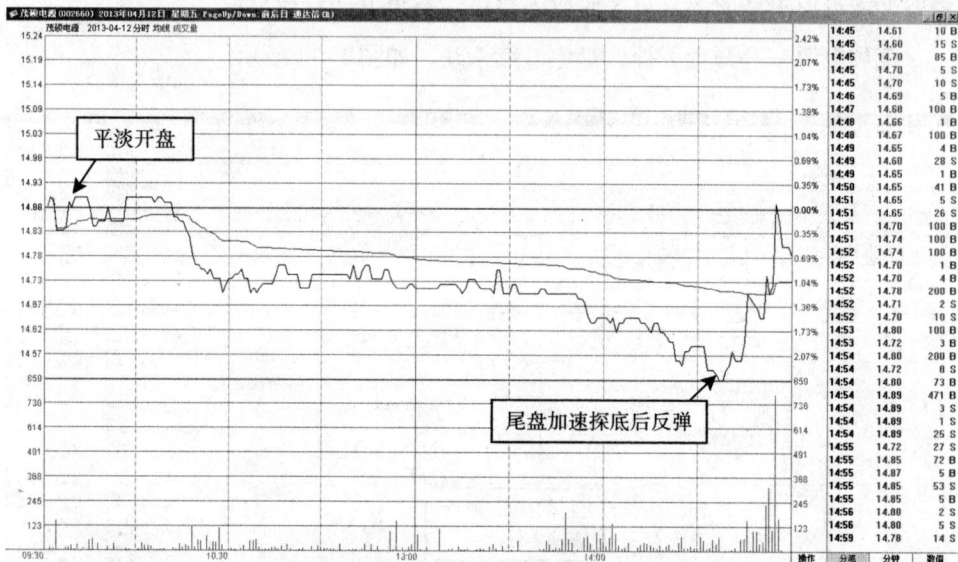

图 1-12　茂硕电源——平淡开盘，可做空

如图 1-12 所示，茂硕电源的分时图显示，该股开盘价格非常平淡，但是盘中量能放大的时候该股出现了下挫。从股价的整体走势来看，股价盘中持续杀跌的时候，最终在尾盘阶段出现了价格底部。主力资金在尾盘强势拉升该股，完成了探底到反弹的走势。

T+0 的卖点显然落在了开盘后不久的价格高位，而该股持续下跌的过程中，投资者应该早已经意料到股价的持续回落。这样一来，投资者可以等待价格下跌时间足够长，在尾盘阶段的低点建仓，便是非常理想的低点了。

4. 盘中探底回升

盘中探底回升的情况，多见于主力洗盘的时候。主力开盘后持续打压股价，导致个股盘中深度杀跌。由于价格跌幅较大，是在持续放量中完成的。当价格盘中创新低的时候，多方抢筹拉升股价，投资者的盘中底部抄底和尾盘价格高位的卖出操作很容易实现。

茂硕电源——加速杀跌，可提前止盈，如图 1-13 所示。

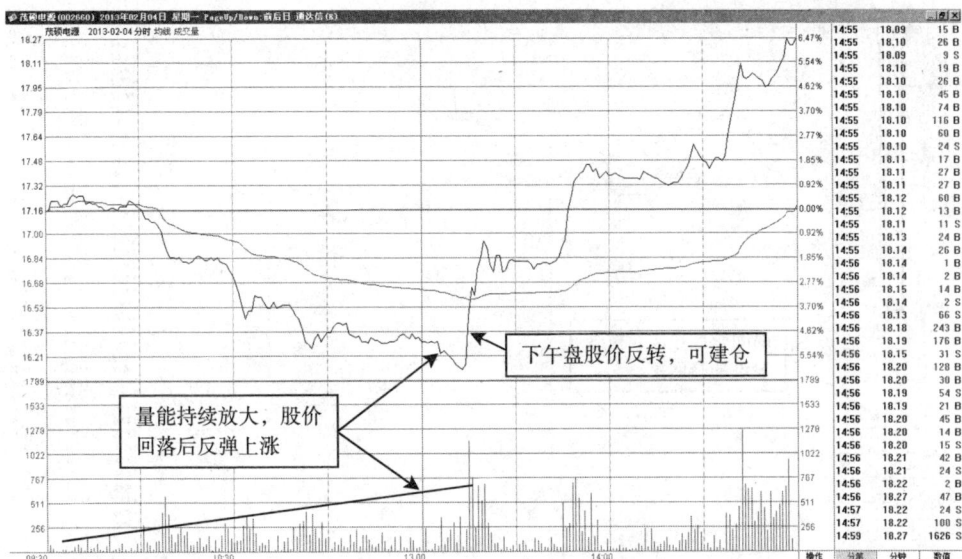

图 1-13　茂硕电源——加速杀跌，可提前止盈

　　如图 1-13 所示，茂硕电源的分时图显示，股价在开盘阶段弱势横盘，盘中量能持续放大的时候，该股判断累计下跌高达 5.54%。对于这种放量杀跌的走势，投资者应该意料到尽早卖出股票的必要性。虽然尾盘看来该股出现了强势上涨，但是持股等待股价反弹并不是可靠做法。

　　使用 T+0 的操作方式卖出股票，最可靠的卖点出现在开盘后的半小时内。在这个时候，股价弱势整理，价格还未出现大跌的情况。当股价放量下挫以后，下午盘以后的半小时内该股出现了反转走势，可以看作理想的抄底机会。

　　从该股波动分时图中波动空间来看，股价最大跌幅和最大涨幅都在 5% 以上。那么投资者考虑卖出和买入股票的价位应该非常谨慎。可以将资金分两次买入和卖出股票，完成 T+0 的交易过程。

　　5. 低开后瞬间冲高回落

　　股价在低开的情况下，开盘后瞬间冲高回落，是投资者不错的抄底和做空机会。利用个股低开的走势抄底买入股票后，价格在盘中瞬间拉升至高位，投资者有机会高位出货，完成了一个 T+0 的操作步骤。

　　茂硕电源——加速杀跌，可提前止盈，如图 1-14 所示。

　　如图 1-14 所示，茂硕电源的分时图显示，该股开盘价出现明显下跌。开盘后量能出现脉冲放大，虽然价格瞬间拉升至涨幅 2.18% 的高位，显然这种走势不

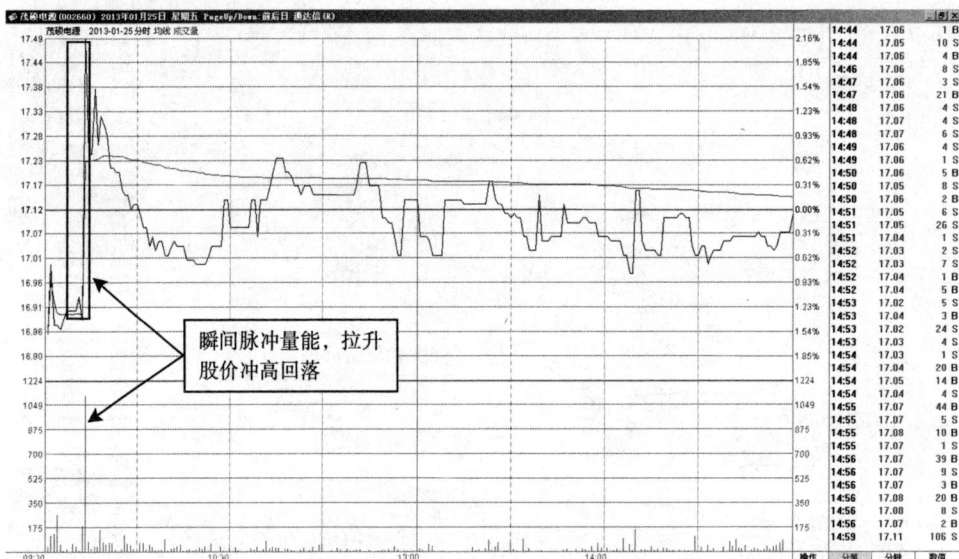

图 1-14　茂硕电源——加速杀跌，可提前止盈

能延续。判断该股是脉冲量冲高的价格走势，投资者显然应该在价格上涨的瞬间止盈了。

在茂硕电源的分时图中，开盘价格处于下跌状态，而仅有的一次有效放量出现在开盘后的脉冲上涨时刻。可见，这只股票走势并不理想，价格上涨乏力的情况下，投资者把握买入股票的低点并非难事。瞬间冲高的价格高位是 T+0 操作的重要卖点，而价格低点成为理想的做多位置。

二、避免价格二次杀跌

在股价探底回升的过程中，投资者先买后卖的做法，很容易买在价格下跌过程中的相对高位，从而带来操作上的不便。判断价格低点的时候，一定是在价格盘中充分回调后才开始买入股票，这样对应的价格低点是比较可靠的买点。一般看来，量能充分放大后股价探底回升，这个时候是比较可靠的买点。

股价如果在下跌过程中放量杀跌，是做空一方资金消耗较快的时刻，这个时候的价格反弹更容易成为现实。而股价大跌后放量回升，则是多方资金快速介入的时刻，同样也是不错的买点。从价格在分时图中运行时间看，下午盘的探底回升更为可靠。而价格在下午盘杀跌后出现的企稳走势，是投资者买入和卖出的T+0 操作的重要机会。

东富龙——尾盘二次杀跌，如图 1-15 所示。

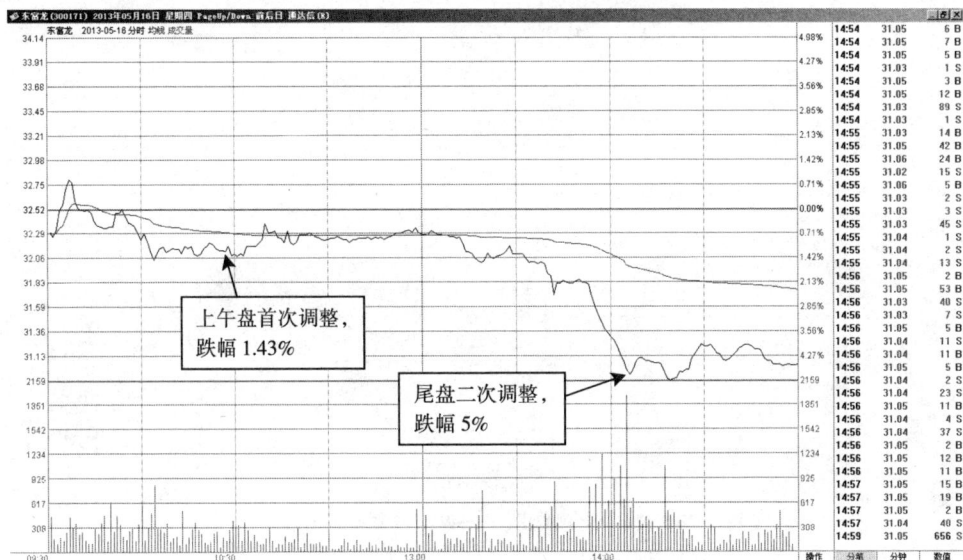

图 1-15　东富龙——尾盘二次杀跌

如图 1-15 所示，东富龙这只股票的分时图显示，股价在开盘期间震荡走弱，到了 10:30 那一刻，股价已经形成了一个跌幅为 1.43% 的价格低点。如果投资者先半仓买入股票，那么该股开盘后跌幅为 1.43% 的价位并不是理想的买点。实际上，流通盘仅有 6760 万的东富龙，股价还是非常活跃的。图中价格短线回落的低点，显然没有成为真正的盘中底部。随着该股继续放量下挫，尾盘股价出现了高达 5% 的下跌空间。

可见，先买后卖完成 T+0 操作，投资者还需选择更接近盘中低点的位置开仓。如果投资者在该股上午盘出现首次底部的时候少量建仓，而等待下午盘股价二次杀跌的时候买入股票，那么持仓成本会降低很多，增加了 T+0 操作的盈利概率。

上海绿新——盘中冲高尾盘见底，如图 1-16 所示。

如图 1-16 所示，上海绿新的分时图显示，股价在上午盘中出现了一个回调低点，成为投资者重要的买点。当然，该价格走势比较活跃，同样在盘中形成了冲高回落走势。从尾盘看来，股价已经在圆弧形下跌中再创新低。

从股价运行的时间看来，如果还没到下午盘的交易阶段，很多弱势中运行的个股是不可能真正见底的。像上海绿新这只股票的走势就是这样的。该股上午盘还出现冲高的情况，而到了下午盘阶段，股价开始加速杀跌。从尾盘看来，该股

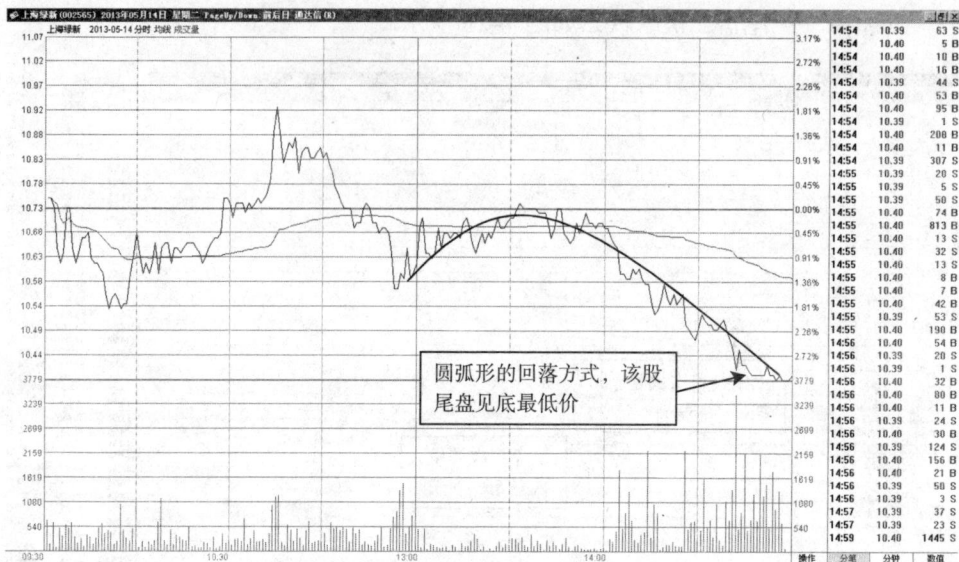

图 1-16　上海绿新——盘中冲高尾盘见底

的下跌幅度已经达到了 3%。尾盘时 3% 的跌幅已经相当于上午盘中价格低点跌幅的两倍了。

　　选择 T+0 的操作方式买卖股票，关键还是对股价的基本走势有一个清醒的认识。如果价格的基本走势是弱势整理，那么等到建仓时更容易把握最佳买点。比较很多时候股价的下跌要容易得多，即便在尾盘仅有的几十分钟内，股价也可以出现调控下跌的走势。

　　乐视网——尾盘几乎跌停，如图 1-17 所示。

　　如图 1-17 所示，乐视网的分时图显示，股价在开盘阶段并没有明显的涨跌，价格在上午盘表现平淡无奇。直到下午盘开盘后的半小时内，股价小幅放量冲高至涨幅为 3% 的短线高位。从操作机会的把握上看，投资者可以考虑价格短线回落期间建仓。图中跌幅为 1.43% 的价格低点就是这样的建仓位置。

　　该股走势非常活跃，图中下午盘小幅放量便出现了 3% 的上涨幅度。但是接下来量能萎缩的情况下，股价自然回落，并且在尾盘加速杀跌。可见，分时图中抢反弹的价格低点不一定是当日分时图的低点。尤其是那些涨幅惊人的个股，股价异常活跃的情况下，冲高回落是常有的事情。只要不是涨跌停价格，这类活跃股票能够达到任何能够达到的价位。乐视网这只股票尾盘下跌几乎达到了跌停板，就说明了这种情况。

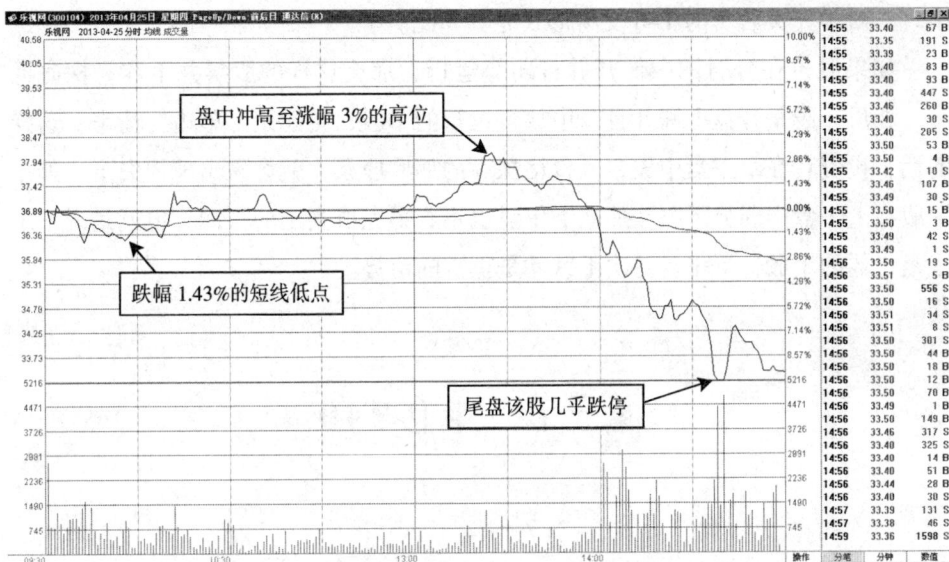

图 1-17　乐视网——尾盘几乎跌停

京能热电——相同的底部出现两次，如图 1-18 所示。

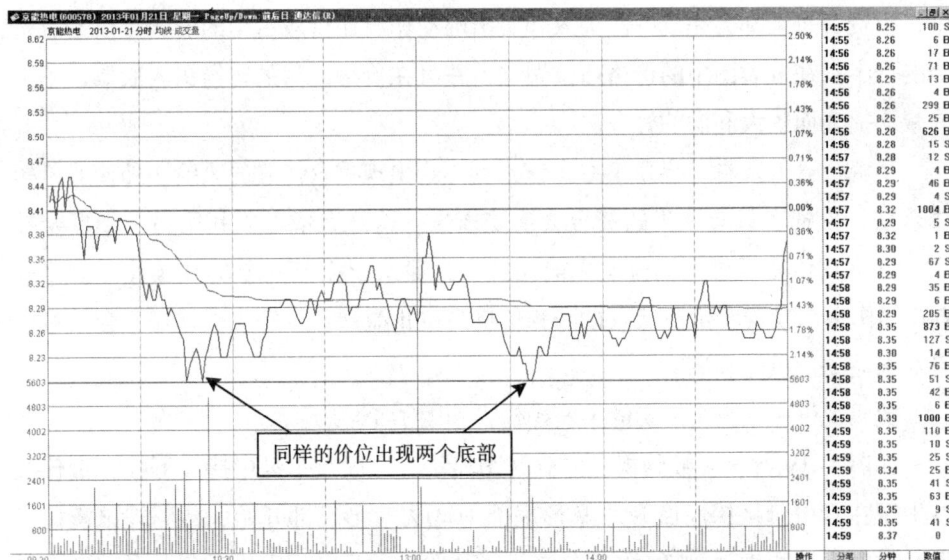

图 1-18　京能热电——相同的底部出现两次

如图 1-18 所示，京能热电分时图中的价格低点出现了两次，并且两次低点
处于同一价位附近。这表明，投资者选择买入股票的时机，可以更多地等待机会

出现。对于先买后卖的 T+0 交易形式尤其如此。

如果股价在分时图中低开并且弱势运行，那么这样的股票并不容易探底回升。相反，越是开盘上涨并且盘中放量运行的个股，更能走出单边行情来。这样的话，投资者在上午盘中先买入价格探底的那些股票，就容易出现损失了。如果个股在上午盘中弱势下跌，那么下午盘也不容易完成真正的行情。也就是说，上午盘走弱的个股，下午盘再次下跌才是正常的走势。

第三节　半仓 T+0

一、买卖操作当日完成

在股价的上涨不够明确时，投资者采取半仓 T+0 的做法非常明智。半仓的资金投入，不会出现重仓持股的风险，也不会错过当前的行情。在半仓 T+0 操作中，投资者每天都会完成一次买入和卖出的动作，而持股占据的资金仅仅是总资金的一半。在分时图中的价格高位做空，并且在价格回落的时候买入股票，不失为减小损失而扩大利润的好方法。

从资金投入来看，半仓 T+0 操作永远不会出现重仓持股的风险。即便股价短线杀跌，投资者只有一半的资金会遭受损失。这样完成可以利用另一半资金抄底，并且在价格反弹的高位卖出前期持有的股票，完成一个 T+0 操作。在半仓 T+0 操作中，投资者价格低点抄底和价格高位止盈同一日完成，这样不会放过价格双向波动提供的利润。

数码视讯——先买后卖的半仓操作，如图 1-19 所示。

如图 1-19 所示，数码视讯的分时图显示，该股上午盘中持续下挫，最佳买点出现在盘中价格探底回升的 V 形底部中。从 V 形底部开始，数码视讯震荡走强，最终上涨幅度达到 3%附近。这样，从股价的反转回升到无量见顶，T+0 的买点和卖点都已经显示得非常清晰。

从数码视讯的价格走势来看，该股的表现还是比较容易辨别的。价格下跌之时趋势明显，反转以后放量上行，投资者要想顺利完成 T+0 的买和卖的操作，很

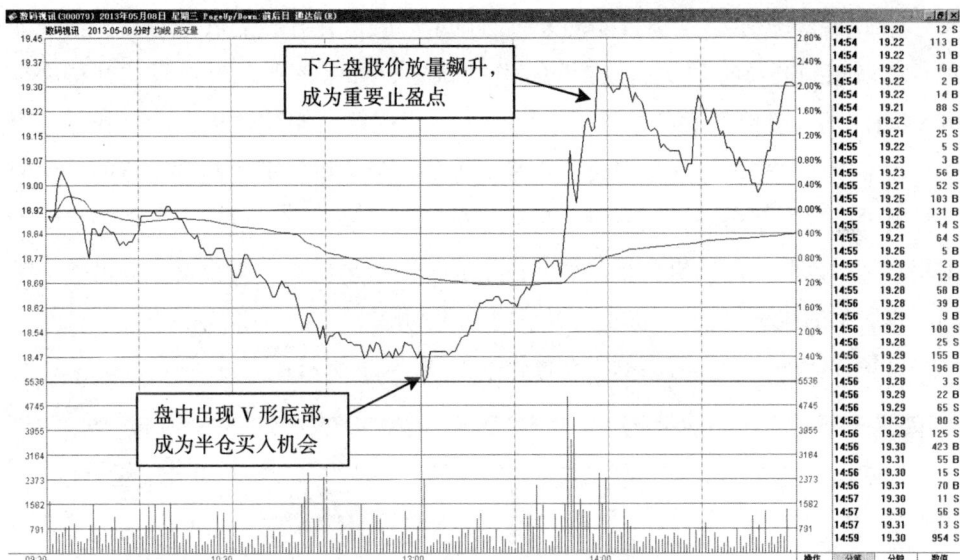

图 1-19　数码视讯——先买后卖的半仓操作

容易实现。

延华智能——先卖后买的半仓操作，如图 1-20 所示。

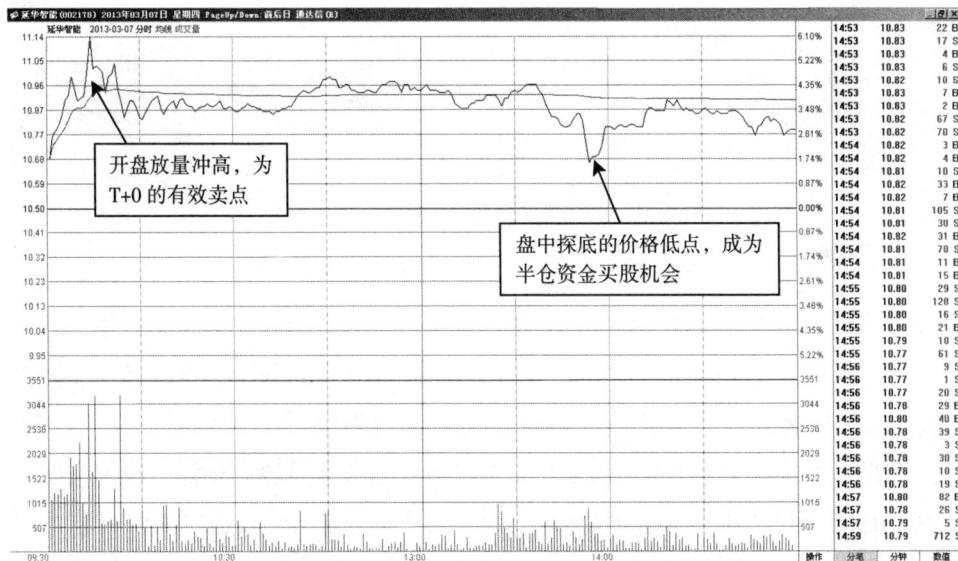

图 1-20　延华智能——先卖后买的半仓操作

如图 1-20 所示，延华智能的分时图显示，股价在开盘后放量冲高，投资者很容易联想到高位止盈卖出股票的操作。确实，如果该股已经放量拉升至涨幅 6%附近，那么量能萎缩的结果必然是股价高位回落。想到这里，投资者考虑短线止盈显然是理想的做法。股价如果没有涨停，那么维持股价高位运行的条件便是量能处于放大状态。该股放量冲高后缩量回调，显示出"过山车"的行情即将出现。利用该股冲高的机会止盈后，盘中股价回落至低点，为投资者提供了不错的买入股票的盈利机会。

延华智能——先卖后买的半仓操作，如图 1-21 所示。

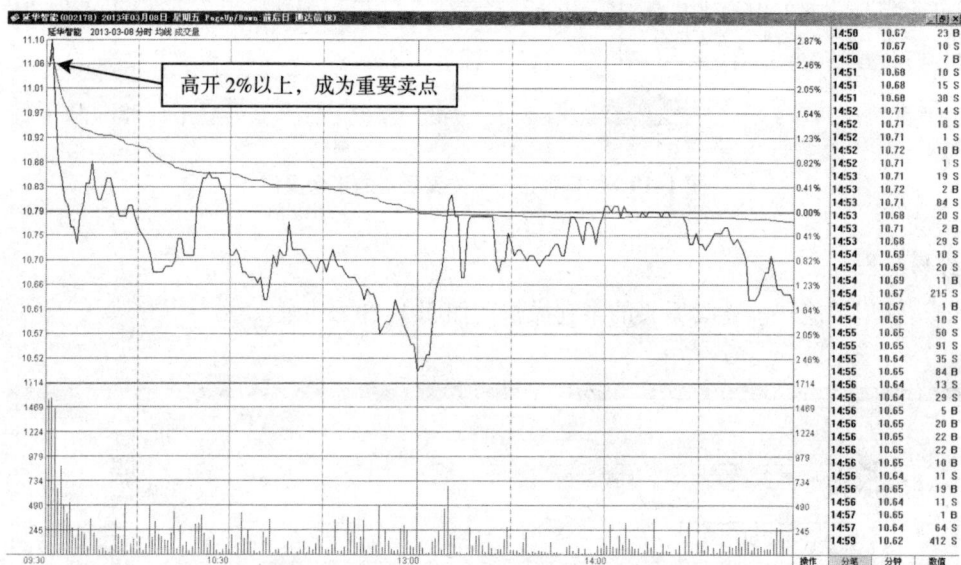

图 1-21　延华智能——先卖后买的半仓操作

如图 1-21 所示，开盘价格出现 2%以上的上涨空间，但是盘中股价持续缩量杀跌。可见，延华智能这只股票的走势并不理想。在开盘后的缩量回调中，投资者可以在价格震荡下跌的过程中止盈。股价的下跌速度很快，若没有把握住高位止盈机会，等待股价反弹至等价线的时候依然可以做空。

在投资者首先卖出手中的股票后，可以不急于买入该股。毕竟，股价是缩量下跌的走势。对于震荡下跌的情况，投资者应该预测到，收盘之前难有较大起色。与其说在上午盘中价格低点建仓，倒不如等到下午盘的时候抄底，更容易把握住价格低点的机会。

二、控制仓位非常重要

在 T+0 操作中，控制好仓位是非常必要的。在半仓操作的过程中，投资者买卖股票的情绪容易受到价格波动影响。随着价格波动采取追涨杀跌的操作，并不应该出现在半仓 T+0 的操作当中。既然投资者已经采取了半仓 T+0 的操作方式，控制好仓位是减小风险的重要一环。高抛低吸的 T+0 操作本身受到价格走势和投资者分析手法影响，这方面的风险不易控制。而仓位大小是可以控制的。只要持仓资金不超过一半，价格如何波动风险都不可能很高。

控制好仓位的情况下，投资者操作上的风险会很小。将仓位控制在半仓，这也是半仓 T+0 操作的本质。按照计划进行交易，每天都在交易过程中完成一次买入建仓和卖出止盈的操作，那么投资者的 T+0 交易模式就算完成了一半。

对于 T+0 操作而言，赚钱回报和控制风险的本质，就在于半仓持股以及短线高抛低吸的操作过程。这样一来，T+0 的操作才算完整，投资者才有可能顺利获得投机回报。

振东制药——日 K 线走势，如图 1-22 所示。

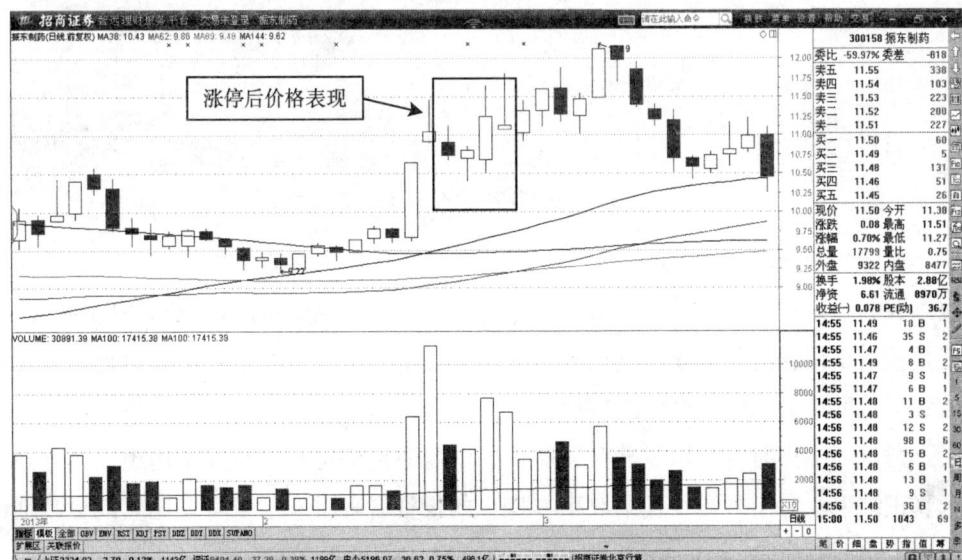

图 1-22　振东制药——日 K 线走势

如图 1-22 所示，振东制药的日 K 线图显示，股价放量涨停后，出现了震荡走强的情况。图中显示，涨停大阳线完成后，该股第二次跳空高开，最终以冲高回落阳线收盘。

对该股的波动方向的基本判断，是该股正处于震荡回升的过程中。虽然股价运行趋势明确，但是价格波动强度还是很高的。只有在半仓交易的情况下，把握分时图中价格的高位和低点，投资者才能够持续获得利润。如果仅仅为了盈利而增加持股资金，或者盲目地高价买入股票，都容易遭受损失。以下从振东制药涨停后分时图走势，来具体分析股价走强过程中的风险。

振东制药——低开后冲高回落，如图 1-23 所示。

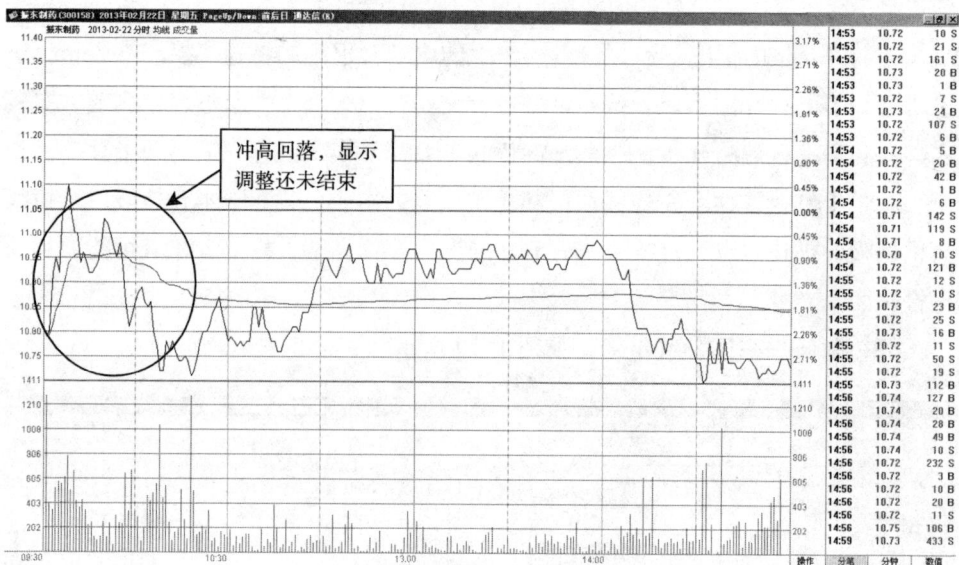

图 1-23　振东制药——低开后冲高回落

如图 1-23 所示，仅从开盘后 1 小时内价格走势的量能变化，投资者就能发现该股强势涨停后的调整还未结束。该股在开盘后 1 个小时内还处于放量状态，但是量能很快就出现萎缩。这说明，散户充当了开盘阶段的重要买卖角色。量能放大，是散户追涨和杀跌中出现的。

开盘后 1 小时内，该股冲高回落，显示盘中价格运行状态并不理想，调整还未真正结束。对于看涨并且采取 T+0 操作的投资者来讲，这个时候还应该更多地关注价格回调风险。

T+0 操作的反弹高位很难控制，但是价格的低点却容易把握。在大涨之后，股价波动空间虽然较大，但是短时间看来该股还是易跌不易涨的。T+0 的卖点稍纵即逝，而股价回调的低点可能会更低一些。

振东制药——高开杀跌后反弹，如图 1-24 所示。

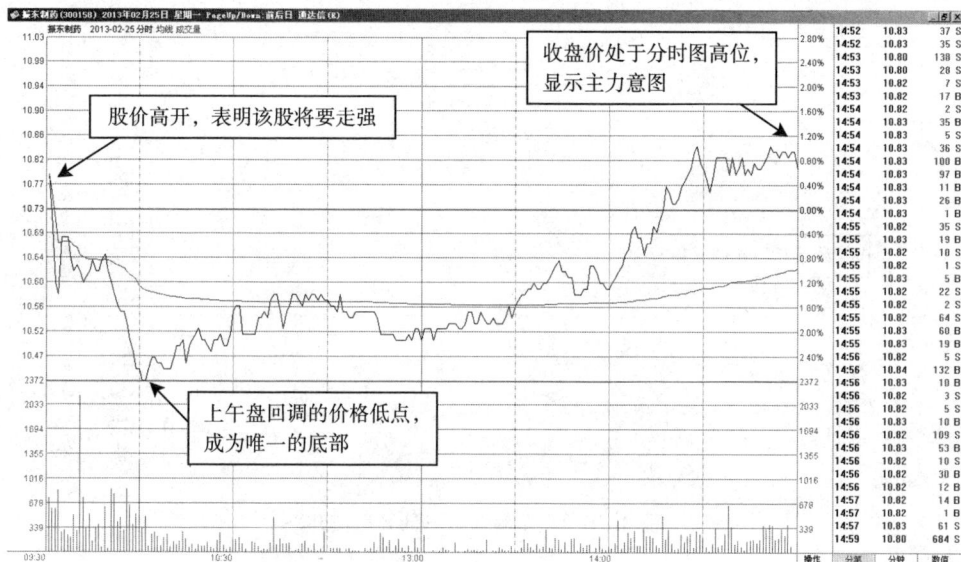

图 1-24　振东制药——高开杀跌后反弹

如图 1-24 所示，振东制药的分时图走势显示，在开盘价格上涨的情况下，盘中虽然股价出现回调的走势，多方却控制住了盘面。尾盘该股收盘在最高价，显示该股继续企稳的信号明显。这个时候，投资者 T+0 操作的最佳买点，显然落在了开盘后不久的价格底部。股价对前期涨停的回调短线看来已经出现结束迹象，股价收盘小涨后，T+0 的操作有望获得更多的回报。

振东制药——低开后拉升，如图 1-25 所示。

如图 1-25 所示，该股开盘价格下跌了 1.1% 的情况下，股价盘中短线调整便强势回升。图中显示，在股价上涨之时量能有效放大，说明多方资金踊跃看涨。开盘价格的下跌，是由获利盘短线抛售造成的。而盘中股价放量回升的走势，说明多方二次发力拉高股价。该股分时图中整体运行趋势还是不错的，股价最终实现了 4.07% 的涨幅。投资者使用 T+0 的交易方式买卖，更容易获得利润。

振东制药——几个冲高回落，如图 1-26 所示。

如图 1-26 所示，振东制药的分时图显示，股价开盘阶段的双底形态，支撑该股短线冲高。虽然分时图中该股整体呈现了冲高回落的走势，但是尾盘股价的下跌空间并不大。这样来看，可以断定股价的上涨还将会延续。在多头趋势中，股价冲高回落的情况经常会出现，关键在于投资者应该把握住股价回升的大趋

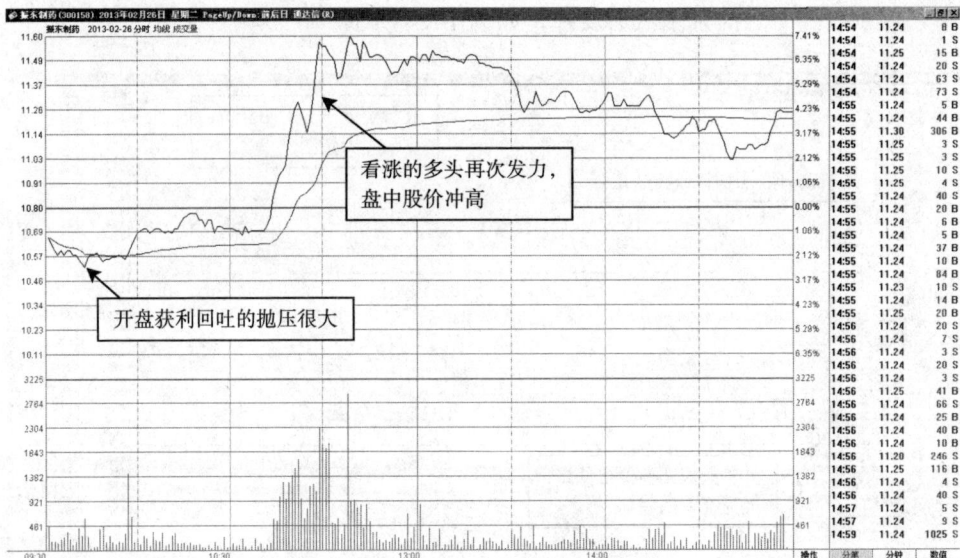

看涨的多头再次发力，盘中股价冲高

开盘获利回吐的抛压很大

图 1-25　振东制药——低开后拉升

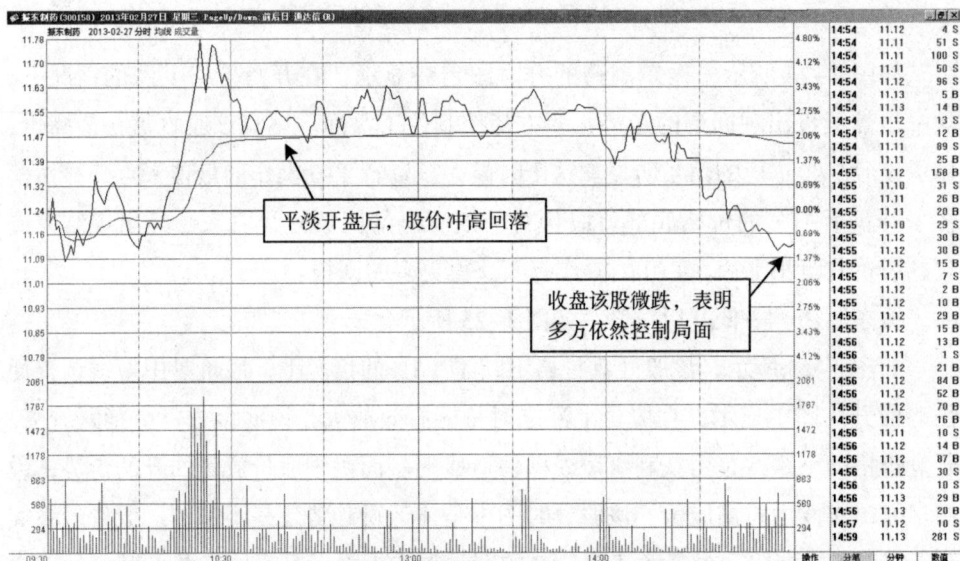

平淡开盘后，股价冲高回落

收盘该股微跌，表明多方依然控制局面

图 1-26　振东制药——几个冲高回落

势，就不会因为价格回调而苦恼了。

　　通过对振东制药涨停后的分时图走势进行分析，投资者容易判断股价震荡回升的时候，采取 T+0 高抛低吸操作的盈利机会还是很多的。只要股价处于强势阶段，即便短线下挫也应成为投资者重要的买点。T+0 操作的优点在于，半仓操作减小了持股风险，短线操作增加了获利机会，两者结合自然能够获利。

第四节　全仓 T+0

一、先有底仓，而后 T+0

半仓 T+0 的操作，是投资者盈利的关键手段。全仓 T+0 的操作也可以实现，投资者考虑在高抛低吸的过程中买卖股票，完成这个 T+0 的交易过程。全仓 T+0 的交易方式与半仓 T+0 的交易方式有很大不同，不仅资金是全仓投入的，买卖的先后顺序上也只能是先卖后买的方式。

在提前买入个股的情况下，投资者可以考虑价格盘中冲高的时候卖出股票，而在股价冲高回落以后重新买回已经卖出的股票，完成 T+0 的操作过程。全仓 T+0 的交易方式中，有了底仓以后，先卖后买是必须的交易过程。不同的是，因为投资者持有股票的资金占用量高，卖出股票的过程可以分批完成。分时图中股价可以在几个波段中拉升，投资者同样可以在股价震荡上涨的时候分几次卖出股票，以便抓住真正的价格高位止盈，增加投机回报。在考虑买涨的时候，同样采取分批次建仓的操作方式，减小因为价格波动增加的建仓成本。

在全仓 T+0 操作中，买入股票的底仓非常重要。如果底仓价格选择不恰当，很容易出现投资损失。底仓选择正确，在开仓之后价格第二天就可以冲高，投资者便有机会高位卖出股票赢得利润。在开仓并且获利的前提下，实现全仓 T+0 的交易过程很容易。

国腾电子——价格回调可加仓，如图 1-27 所示。

如图 1-27 所示，国腾电子的日 K 线图显示，股价高位横盘期间，该股短线回调至价格低点，显然成为重要的买点。从分时图中看来，该股盘中强势震荡，最终收盘出现了小幅上涨。日 K 线中完成了一根回升的小十字星，表明多空双方短线势均力敌。从全仓 T+0 操作的角度分析，投资者可以在图中建仓了。股价企稳的过程虽然一波三折，但当价格处于调整形态底部之时，建仓风险机会很小了。买入该股正好能够获得不错的回报。

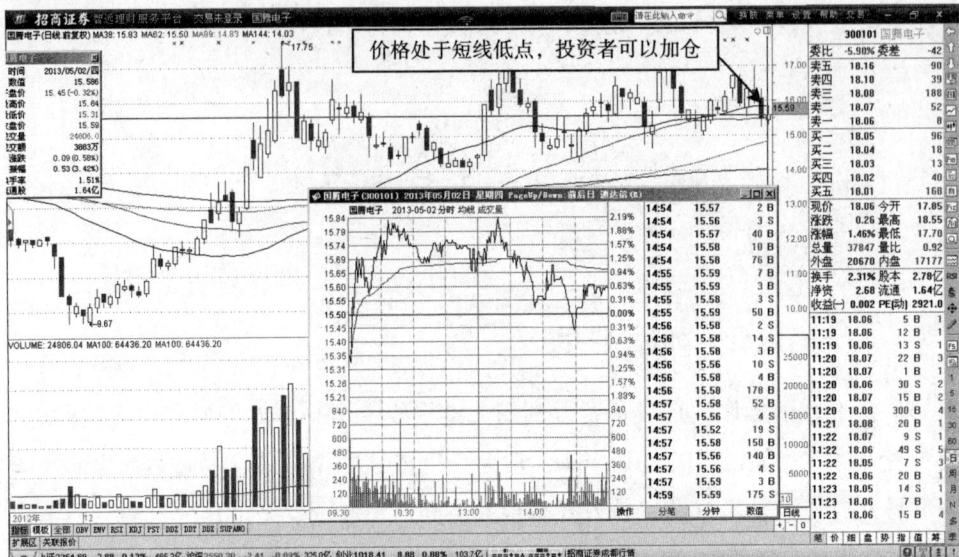

图 1-27 国腾电子——价格回调可加仓

二、止盈可以分批完成

在股价冲高回落的时候，价格在震荡上涨的过程中逐步见顶回落，是个股应有的走势。投资者首先认为合理的价格高位卖点，却不一定是真正的盘中高位。在分时图中，投资者也可以分 2~3 次止盈出局。如果第一次卖出股票的价格比较低，那么第二次或者第三次的卖价将会提高。事实上，分三次卖出手中盈利的股票，卖价很容易靠近价格高位，这样有助于稳定资金波动，增加投资回报。

除非个股开盘已经大涨，并且在开盘以后快速缩量回调。或者说，股价在盘中放量上攻，但是冲高以后迅速出现缩量回落走势，这两种情况都是投资者应该尽快做空的情况。如果股价运行在价格高位时间很短，那么投资者的瞬间做空就比较有效果。

国腾电子——价格上涨可分批次止盈，如图 1-28 所示。

如图 1-28 所示，国腾电子分时图显示，股价震荡上涨格局维持得比较好，在量能持续放大的过程中，该下午盘中冲击涨停价。对于该股这样持续回升的趋势，投资者的卖点显然应该尽可能地向后推迟。股价短线下跌的概率很低，持续上涨并且继续创新高的概率却很大。这样一来，投资者盈利之后可以分批次止盈。

国腾电子——价格上涨可分批次止盈，如图 1-29 所示。

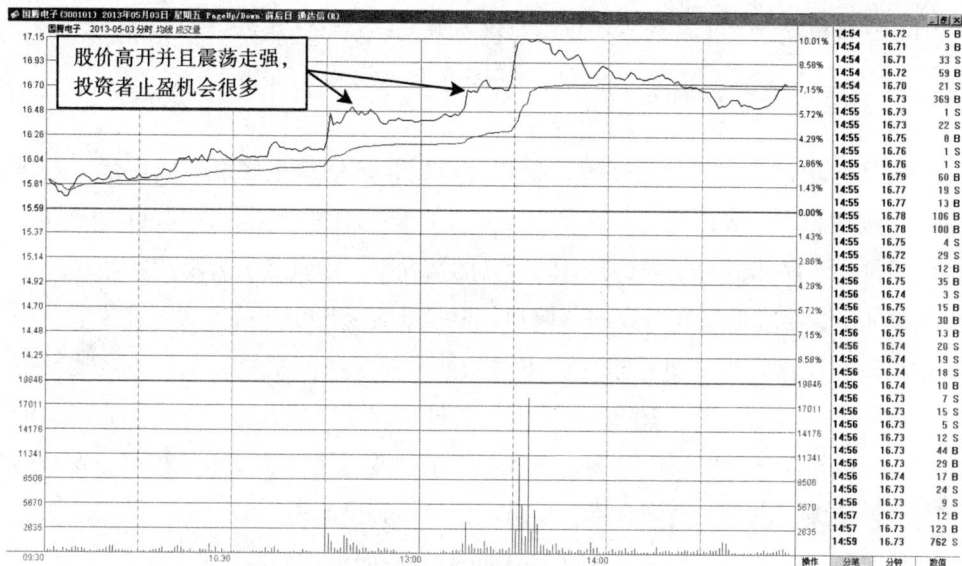

图 1-28 国腾电子——价格上涨可分批次止盈

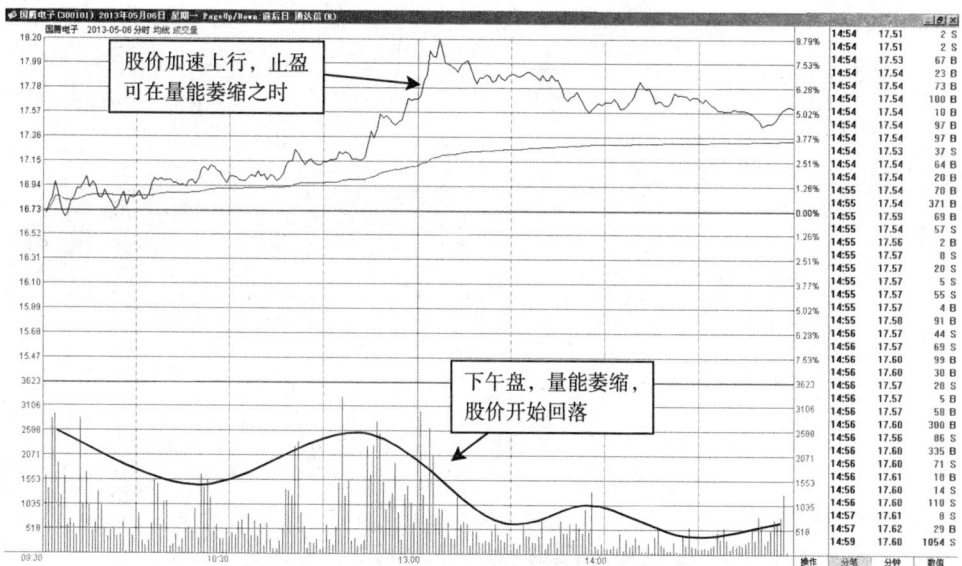

图 1-29 国腾电子——价格上涨可分批次止盈

　　如图 1-29 所示，国腾电子的分时图显示，价格虽然平淡开盘，但是盘中该股加速回升，并且在午后开盘后达到最大涨幅 8.79%。如果投资者已经在前一日买入该股，那么止盈的位置当然越高越好。

　　从成交量看，该股持续上涨显然是有根据的。量能在上午盘中处于持续放量状态，股价最终在下午开盘快速拉高，投资者可以分批次止盈。

三、尾盘开仓更加可靠

从降低建仓成本的角度来看，投资者可以在价格跌至底部期间逐步买入股票。比较理想的做多位置，是在价格下跌并且交易时间接近收盘前。这个时候，不仅股价处于底部，而所剩交易时间短暂的情况下，投资者更容易成功建仓。

事实上，很多股票在冲高回落期间，尾盘都容易出现杀跌走势。如果股价的杀跌出现在尾盘，那么价格进一步下跌的情况持续时间很短，跌幅也会比较有限。投资者考虑尾盘买入杀跌中的个股，无疑可以获得廉价筹码。主力在操盘的过程中，也倾向于盘中高位减仓，并且在价格回调的尾盘阶段重新持股，这样的建仓价格低廉，也不会因为价格波动出现任何不必要的损失。

国腾电子——尾盘加仓更为可靠，如图 1-30 所示。

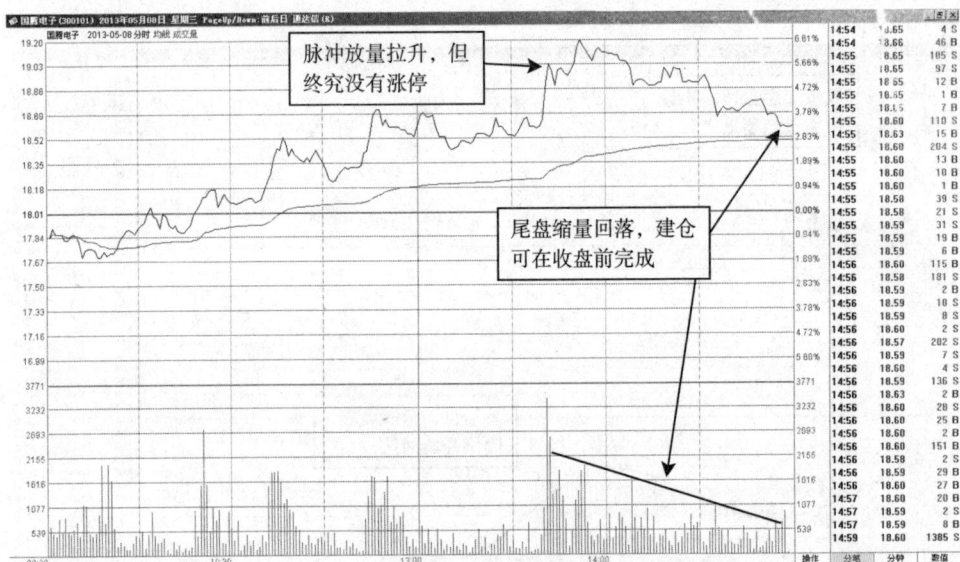

图 1-30　国腾电子——尾盘加仓更为可靠

如图 1-30 所示，国腾电子的分时图显示，股价从开盘后始终震荡上行。从成交量上分析，并没有出现明显的量能萎缩情况。对于全仓的 T+0 操作方式来讲，投资者可以考虑在尾盘阶段建仓。全仓 T+0 操作中，投资者只能先做空后开仓，而股价震荡上行的情况次序到了尾盘阶段。这样一来，投资者可以在尾盘价格冲高的时候止盈，并且在尾盘股价缩量回调的时候重新买进卖出的股票，这样就完成了 T+0 的操作方式。

　　尾盘阶段买入股票，不会因为盘中价格下跌遭受损失。而更多的股票会在第二天开盘后出现一个上攻的走势，这也为投资者的盈利创造了条件。

　　国腾电子——价格尾盘趋于稳定，可建仓，如图 1-31 所示。

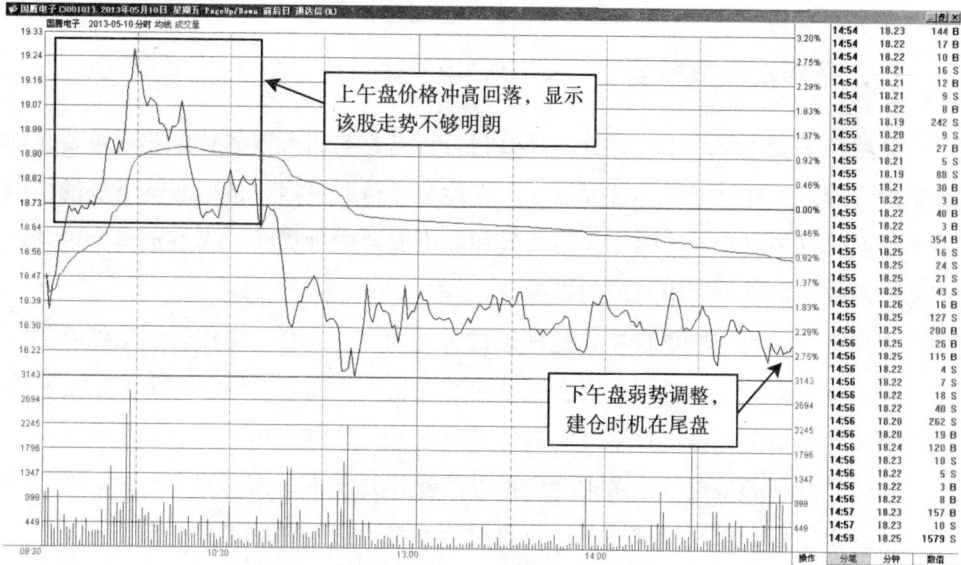

图 1-31　国腾电子——价格尾盘趋于稳定，可建仓

　　如图 1-31 所示，国腾电子的分时图显示，上午盘持续一个小时的交易中，国腾电子冲高回落，俨然一副上涨乏力的形态。从该股的走势来看，投资者在上午盘中成功止盈以后，可以考虑在下午收盘前两次买入该股。

　　股价在上午盘中的走势表明，当日股票上涨潜力已经大打折扣。在成交量没有放大的前提下，该股即便不会大跌，上涨的可能性也不大。图中该股的走势表明，收盘价格几乎与盘中价格的最低点一致。这样看来，尾盘买入该股的做法还是非常不错的。

第五节　解套 T+0

一、选择卖点很重要

既然是解套性质的 T+0 操作，那么投资者考虑卖出股票的价位非常重要。如果卖价合理，才有可能减小持股损失。当投资者持股以后，价格震荡下跌的情况最容易遭受损失。T+0 的操作包括买入和卖出股票两种操作，卖点选择合理才能增加投机收益，减小套牢造成的损失。

选择恰当的卖出股票价格，是解套的关键所在。T+0 的操作方式虽然降低了资金投入量，却并不能说明投资者就不会遭受损失。如果投资者在 T+0 的交易方式中出现套利情况，借助价格波动高位卖出股票是关键一环。

在已经套利的情况下，考虑避免损失的操作几乎不可能实现。即便如此，价格在下跌中依然会出现反弹情况。只要股价不是单边下跌的走势，投资者就可以考虑等待价格反弹之时开始减仓。在亏损的情况下，短时间内谈不上抄底建仓的操作。T+0 的卖股操作是首先考虑的问题，其次才是考虑在价格杀跌的低点买入股票。

联创光电——价格出现冲高回落，如图 1-32 所示。

如图 1-32 所示，联创光电的日 K 线图显示，价格出现了冲高回落的大阴线。分时图走势表明，该股开盘价格虽然高高在上，但是开盘后该股瞬间杀跌，当日收盘价格几乎是盘中价格的最低点，表明股价已经走弱，投资者应注意高位持股风险了。

从 T+0 操作的角度看，如果投资者已经买进这只股票，并且短线出现了套牢的情况，那么之后的操作中应更多关注价格反弹中的有效卖点，才能减小损失。不管怎样，股价出现下跌的情况下，T+0 的操作方式不容易获得利润。这是因为，投资者难以在高位卖出股票却很容易买在高位，这对于盈利来说是个致命的风险。这样一来，投资者应该更好地把握分时图中价格的卖点，并且适当选择减仓进行 T+0 的操作，才可能减小损失甚至获得一些利润。

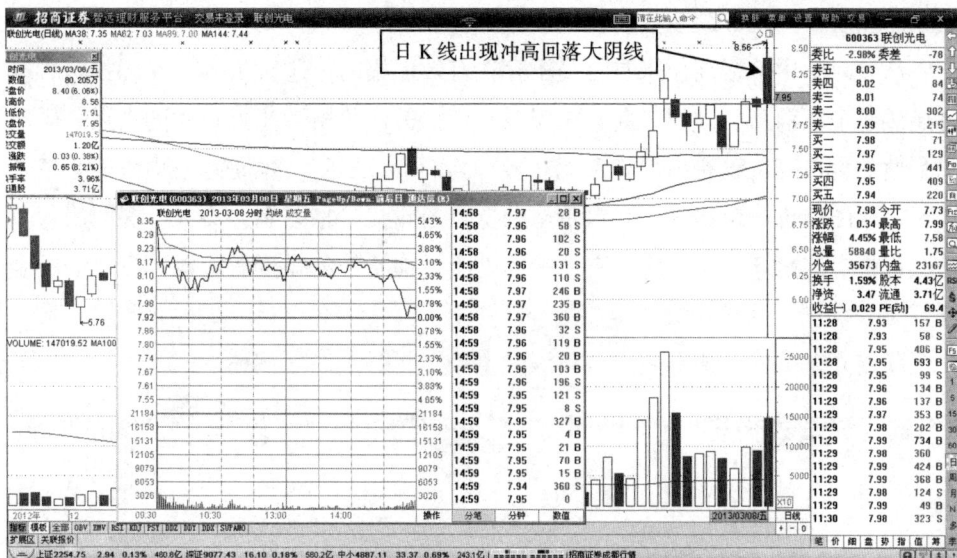

图 1-32　联创光电——价格出现冲高回落

联创光电——分时图中涨幅微小，如图 1-33 所示。

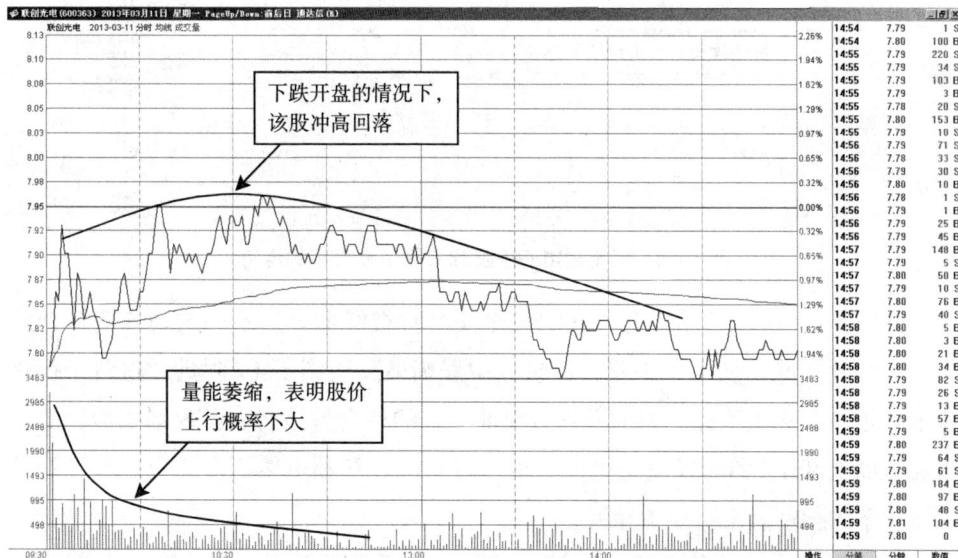

图 1-33　联创光电——分时图中涨幅微小

如图 1-33 所示，联创光电的分时图走势显示，前一日该股分时图冲高回落以后，第二天开盘便出现了下跌的情况。随着成交量的萎缩，股价冲高回落，自然在尾盘阶段出现下跌收盘的情况。

从分时图中价格高位来看，是不存在有效涨幅的，这对 T+0 操作的投资者来讲显然是个坏消息。即便如此，投资者也应该关注价格冲高过程中的卖点。既然盈利性的价格高位没有出现，考虑在相对高的价位出货，也是减小损失的必然选择了。从图中价格走势看，开盘价格的低点与收盘价格差别并不大，表明股价下跌过程将得到延续。从操作上看，已经处于亏损状态的投资者应该以更小的资金进行 T+0 操作，这样损失才可能减轻。

联创光电——反弹有限下跌很深的走势，如图 1-34 所示。

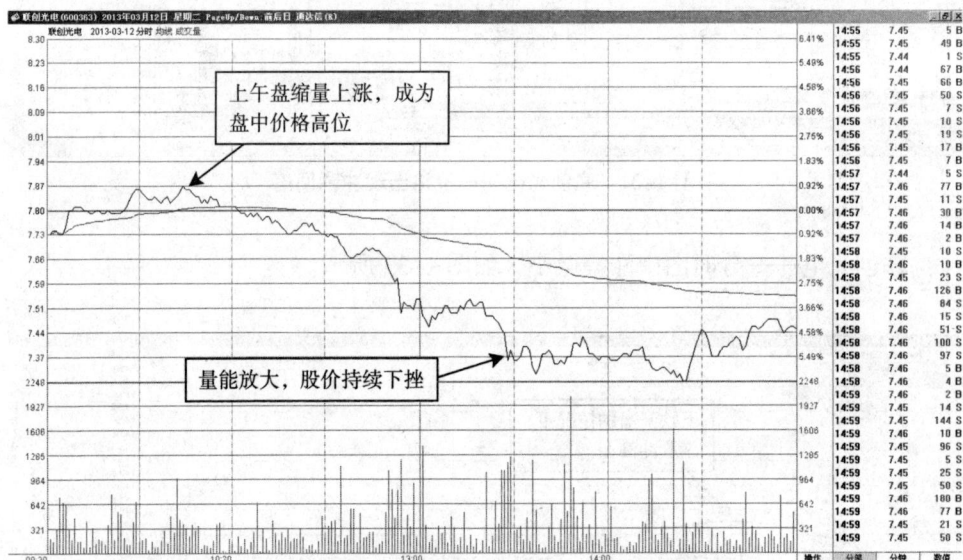

图 1-34　联创光电——反弹有限下跌很深的走势

如图 1-34 所示，联创光电在第三个交易日继续低开，不同的是该股低开后出现了有效上涨。从图中来看，股价盘中涨幅最高达到了 1% 附近，这对于投资者来讲是个意外的惊喜。如果投资者在前一日的持仓价格与收盘价格相似，那么该股短线上涨 1% 的时候完全可以获得一些利润。获利虽然不多，但对已经处于亏损状态的投资者来讲至关重要。

从分时图价格整体走势看，该股缩量反弹后放量杀跌，盘中跌幅一度高达6%。可见盘中微涨 1% 的价格高位对投资者还是非常重要的。每次都能收获一些微薄利润，减仓 T+0 的操作必然能够减小不少损失。

二、尾盘减仓介入为好

考虑解套的话，尾盘 T+0 的建仓操作是比较合适的。一般看来，尾盘期间价格再次杀跌的可能性不大，多方资金容易在尾盘达成共识，并且短线买入大量股票做多。这样一来，投资者跟随多方资金买涨的话自然可以获得不错的回报了。

尾盘介入的一个很大好处，就是持股价格合理，容易在第二天获得利润。个股在分时图中的波动是双向的，价格会在开盘后形成一定的涨幅，投资者持仓价位与收盘价格相差不多，很容易第二天获得利润。即便股价冲高回落，并且最终出现了下跌的情况，考虑在尾盘建仓的投资者，依然能够有机会获得利润。

联创光电——尾盘探底回升，如图 1-35 所示。

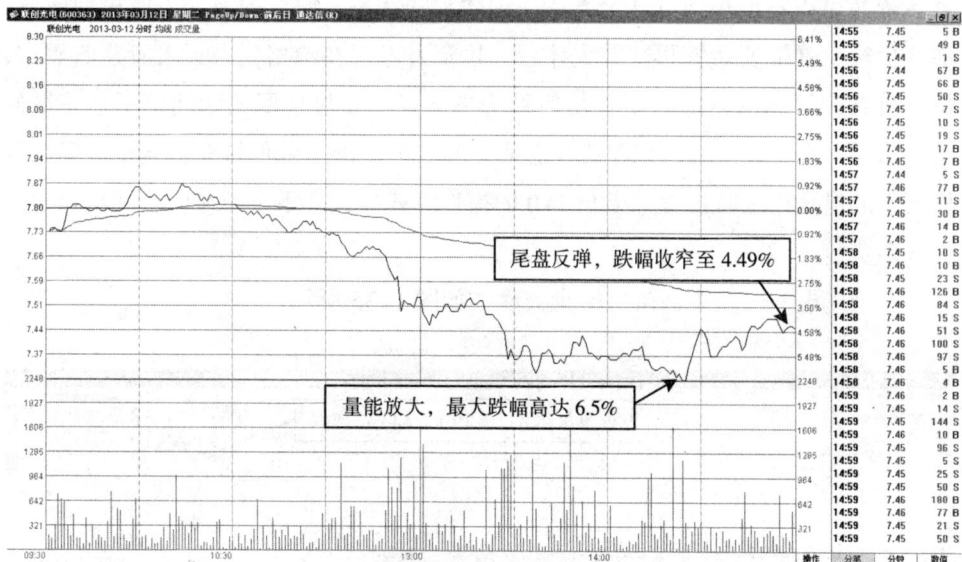

图 1-35　联创光电——尾盘探底回升

如图 1-35 所示，联创光电的分时图显示，从价格冲高回落走势看来，该股表现还不是很好。下午盘中该股最大跌幅高达 6.5%。虽然收盘反弹至跌幅为 4.49%的 7.45 元，但整体跌幅还是很大。这样一来，T+0 操作的买点显然出现在下午盘阶段。

在亏损的状况下，买入股票的操作应该更加谨慎。谨慎买入股票并不是说要在股价加速下跌期间建仓，而是应该考虑在接近尾盘的盘中低点买入股票，这样才不至于买在价格高位。从股票价格的走势来看，下跌股票更容易在尾盘阶段继续杀跌。而股价探底以后二次上涨的概率却不是很高。T+0 的理想建仓时机，可以分两到三次完成。当股价在下午盘加速之时，投资者可以考虑在尾盘 1 小时内完成建仓操作。

三、总体持仓应该减少

在套牢的情况下，考虑盘中价格高位减仓以后，投资者二次做多应该考虑持仓资金是否会第二次套牢。如果投资者在二次建仓的时候减少一部分资金，使用少于一半的资金开仓，即便股价再次回落也不会出现较大损失。

解套 T+0 交易中，总体持仓可以不限于半仓操作，也可以使用 1/3 甚至更少的资金买入股票。这样，即便股价持续回落，在持仓资金逐步降低的情况下，投资者依然可以不出现损失甚至维持一种微利的状态。股价的波动方向短期向下，那么价格反弹需要量能再次放大才行。投资者考虑在价格低点买入股票的操作，持仓价格应该越低越好。不管是何种价格低点，在价格回调期间都不会是最低的。这样一来，投资者可以考虑在总体上减仓的情况下降低持仓资金量。等待价格真正放量企稳之时再考虑半仓 T+0 的操作方式，这样不至于在价格回调期间损失太多资金。

联创光电——盘中回落后尾盘大涨，如图 1-36 所示。

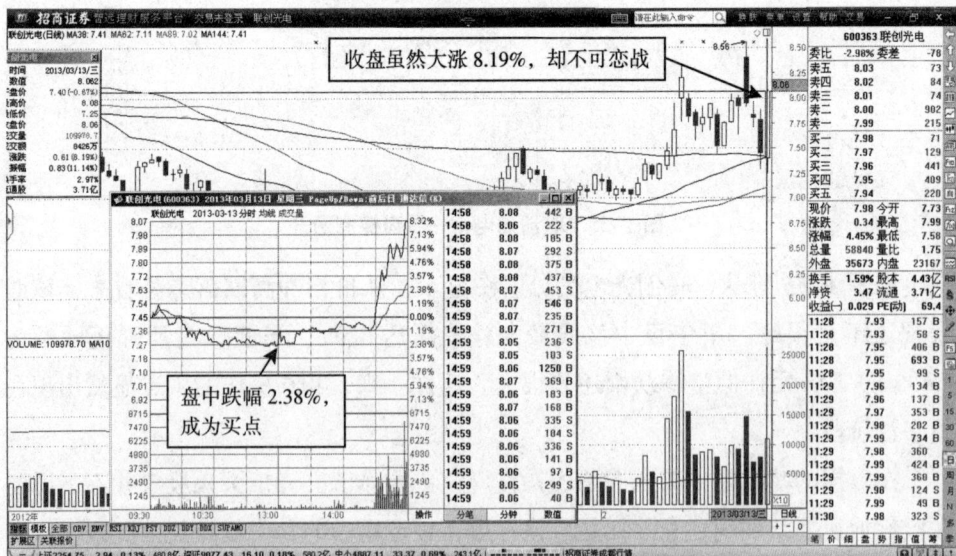

图 1-36　联创光电——盘中回落后尾盘大涨

如图 1-36 所示，联创光电的日 K 线图显示，股价在下跌过程中出现了反弹。图中该股盘中下跌幅度为 2.38%，但是尾盘却大涨了 8.19%。该股看似出现了明显的转机，但是尾盘的反弹不由得让人想起，主力为何在这个时候拉升该股呢？

在股价短线冲高回落期间，主力还没来得及减仓就被套牢，该股尾盘上涨正是主力有意为之，目的是第二天放量出货。如果价格处于低点，主力放量出货显然也会降低收益。尾盘拉升该股后，即便该股第二天开盘下跌，主力同样有所收获。

判断股价已经走弱，并且投资者短线套牢的情况下，不宜在这个时候激进操盘。T+0 的减仓操作还应该减持，直到价格企稳为止。

联创光电——价格继续回落，如图 1-37 所示。

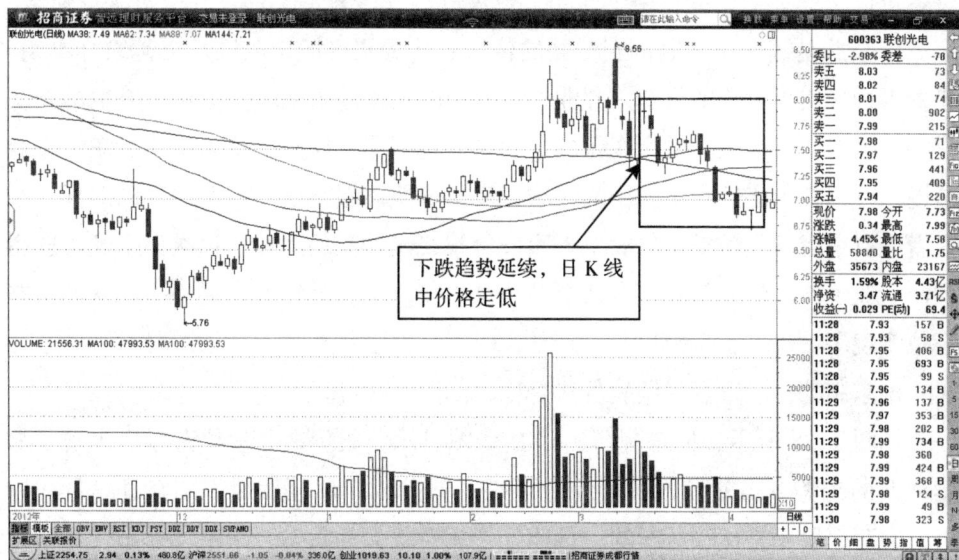

图 1-37 联创光电——价格继续回落

如图 1-37 所示，联创光电的日 K 线图清楚地显示，在反弹大阳线出现以后，该股继续缩量下跌。可见，投资者 T+0 操作可以在价格反弹期间获得利润。如果投资者前期遭受的损失已经被成功弥补，那么应该考虑结束对该股的买卖。毕竟股价已经显示见顶，接下来的时间里更容易遭受损失。特别是在股价不断冲高回落的走势中，价格高位和低点都在回落，很难获得有效的盈利机会。

日 K 线中反弹阳线后该股震荡回落，成交量的同步萎缩说明这只股票的下跌调整将会延续。很多类似的股票都会像联创光电一样，下跌中出现强势反弹，但是价格总也不会达到前期收盘高位。这样一来，已经套利的投资者总也不能解套，价格继续下跌就成为可能。

第六节　获利 T+0

一、卖点应寻求更高

在获利的前提下，T+0 的操作可以更激进一些。对于 T+0 中的卖股操作，投资者可以考虑在更高的价格上做空，以便获得比较好的利润。在股价上涨阶段，多方资金总是试图拉升股价到更高的位置，追涨买入股票的散户更是络绎不绝。投资者选择卖出股票的价位，并非一定是分时图中的价格高位。在 T+0 的减仓操作中，投资者可以在分批次止盈的过程中，选择尽可能高的价格卖出股票。也就是说，可以在价格反弹至高位的时候，卖出股票。股价在第一次冲高的时候，投资者可以考虑首先做空卖出股票。而股价第二次冲高的时候，再次做空便可获得利润。股价冲高的时候，存在几个的高位。实际上，做空操作就在一两次的价格高位实现了。

振东制药——缩量回调后价格企稳，如图 1-38 所示。

如图 1-38 所示，振东制药的日 K 线图显示，股价在放量拉升以后出现了缩量回调的走势。虽然该股明显缩量下跌，但是成交量显然处于 100 日等量线以上，表明该股还是比较活跃的。量能处于相对放大的状态，图中反弹阳线正是在成交量即将跌破 100 日等量线的时候出现的，显然是反弹信号。

一般看来，如果成交量勉强维持在 100 日等量线以上，那么这只股票的走势就不会太坏。该股正是这种情况，成交量还未明显萎缩至 100 日等量线以下，反弹两根阳线成为股价继续走强的信号。

振东制药——日线反弹，成为短线买点，如图 1-39 所示。

如图 1-39 所示，振东制药分时图中的价格走势表明，该股已经出现了明显的企稳回升信号。成交量处于温和放大状态，而价格在盘中跌幅不大，依然延续了震荡回升的态势。可以断定，在前期两个反弹阳线的带动下，股价继续向上的

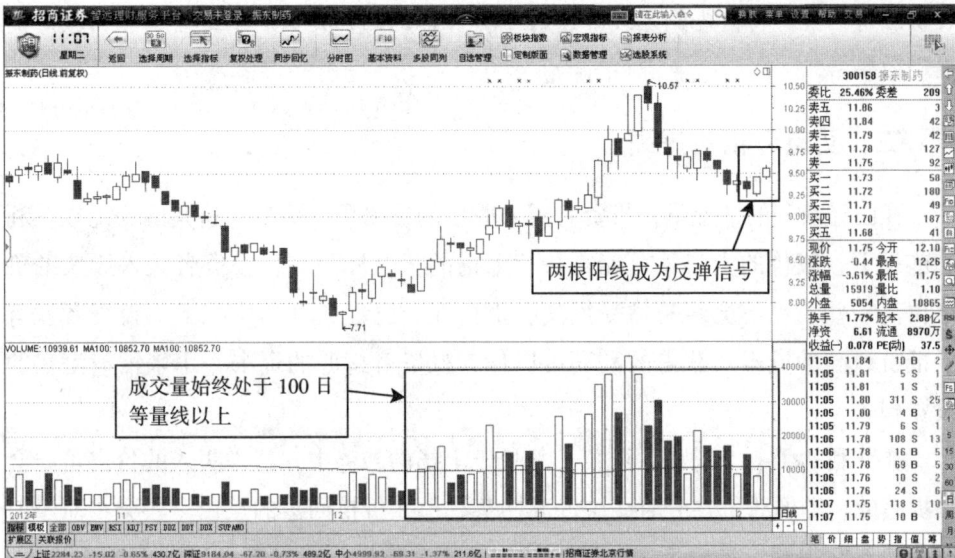

图 1-38　振东制药——缩量回调后价格企稳

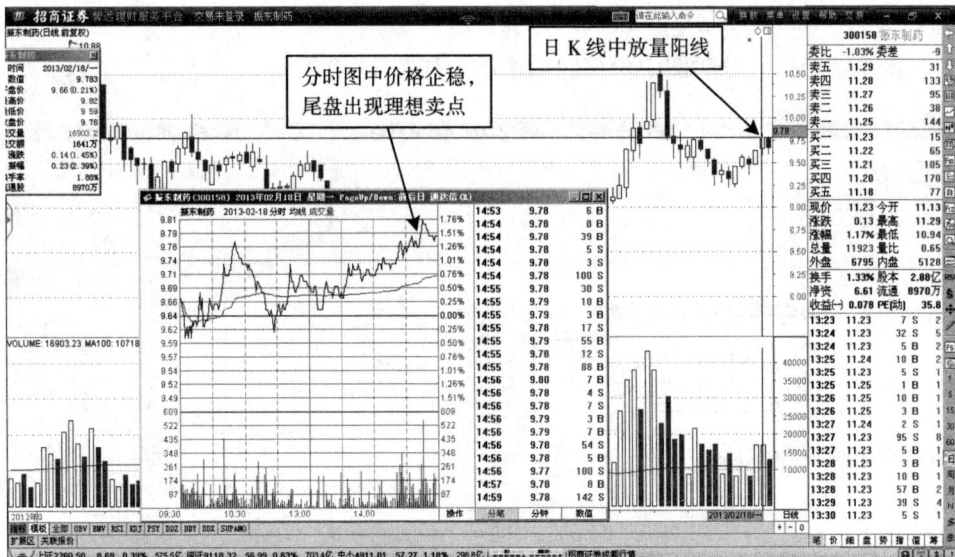

图 1-39　振东制药——日线反弹，成为短线买点

动能依然存在。

　　考虑到价格表现还是比较强势的，投资者卖出股票的价位可以更高。价格持续回升的时候，投资者在尾盘阶段卖出股票更容易卖在价格高位。从图中价格表现来看，该股盘中价格低点出现在上午盘，而尾盘阶段形成了价格上涨的高位，

表明股价的强势将会得到延续。进行 T+0 操作的话，先买后卖更容易获得较好的投资效果。

二、买点可相对提高

在已经获利的情况下，投资者买入股票的价格可以更高。这是因为，在获利的前提下，股价的走势很可能是持续上扬的。这样一来，投资者买入股票的价格再高一些，也不会轻易遭受损失。更何况，已经获利的情况下，投资者就有了抵抗风险的资本。获得的利润可以作为投资者持股的资本，用来抵消潜在的投资损失。

在获利的 T+0 交易中，股价一般处于上扬的趋势中，这样买入的价格可能会是提高的。即便股价在分时图中冲高回落，那么价格回落的点位一般会相对于前期价格有所提高。投资者买入股票对应的建仓价格，显然不必寻求更低的价格。即便在相对高位买入股票，股价很可能已经在冲高回落后尾盘再次拉升，这样 T+0 的操作中当日建仓也能获利。

振东制药——分时图中价格跌幅很小，如图 1-40 所示。

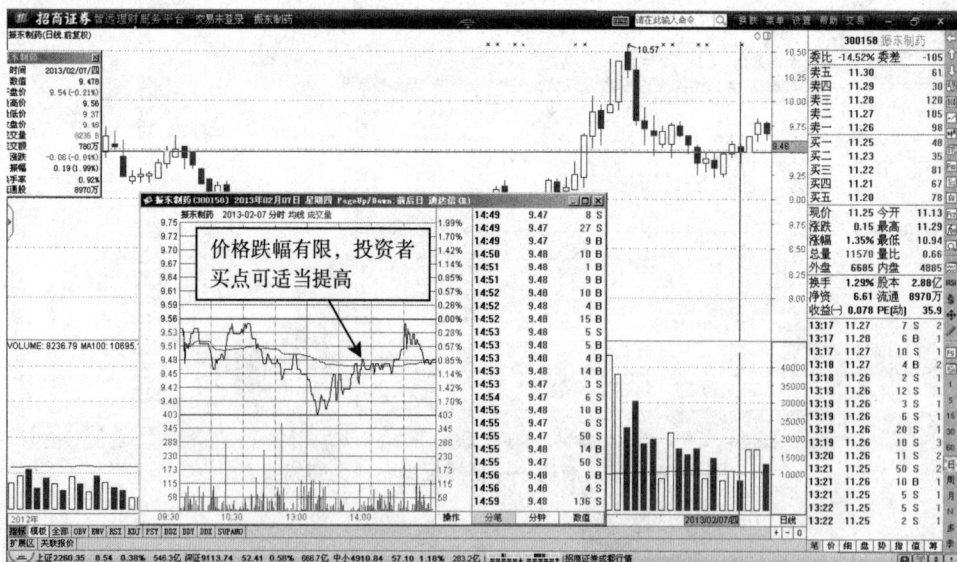

图 1-40　振东制药——分时图中价格跌幅很小

如图 1-40 所示，振东制药的分时图显示，价格虽然短线回调，但是下跌空间并不是很大。这表明，投资者买入股票的建仓价位并不会很低。即便如此，考虑到股价正在企稳回升，投资者在相对高位买入股票依然能够获得利润。

图中显示，股价盘中最大跌幅为 1.98%，并且价格低点持续时间很短。可见，超跌买入该股还是不容易的。毕竟股价短线回落的持续时间不长，投资者可以在相对高的价格建仓。一旦第二天股价继续回升，T+0 的操作方式依然可获得利润。

三、总体持仓可增加

在获利 T+0 操作中，既然投资者更容易获得利润，那么适当增持股票数量并非坏事。在已经获利的情况下，股价的上涨可能更加明朗，投资者持仓资金适当放大可以尽可能地获得高额回报。

在股价加速上涨阶段，投资者已经获得的投机回报增加了抗风险能力。更重要的是，股价更容易在上涨的时候加速上行，而不是出现较大的调整。这样一来，适当增加仓位的 T+0 操作，实际上提高了投资者的持股数量，必然显著放大每一次的盈利空间，为增厚利润做好准备。

在持仓总体增加的情况下，分时图的 T+0 操作阶段应该卖出所有股票。而在当日的建仓时刻买入多余半仓资金的股票，这样持股资金上就会高于一般的资金量，投资者容易获得潜在的利润。

振东制药——价格整体走势较强，如图 1-41 所示。

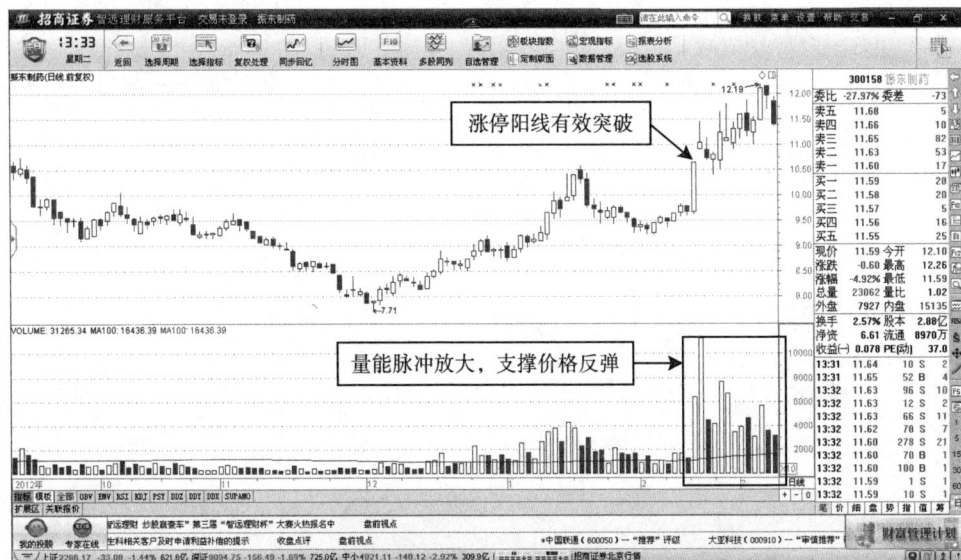

图 1-41 振东制药——价格整体走势较强

　　如图 1-41 所示，振东制药在放量涨停阳线出现以后，价格震荡走强。从成交量来看，该股涨停后成交量始终维持放大状态。在成交量明显高于 100 日等量线的情况下，股价继续回升成为可能。图中显示，股价短线继续上涨概率很大，投资者考虑 T+0 卖出股票的时候，价格可以更高一些。也就是说，股价在宽幅波动中更容易形成新的高位，而这也是投资者高价止盈的机会。

　　在已经获利的情况下，股价震荡上行的走势还未出现见顶迹象，正是投资者在分时图中盈利的机会。T+0 的看点就在于高卖低买。而价格表现出强势，刚好提供了这种盈利机会。在价格上行期间，投资者不仅可以在更好的价格上做空，还可以增加持股数量，以便获得较好的回报。半仓 T+0 的操作形式，可以在价格上涨趋势明确的时候增加仓位。投资者不限于半仓持有股票，相对增加持股资金后，更容易获利。持股资金可以从总资金的 50% 增加至 67%（2/3），这样的话抗风险能力只是稍有减弱，却不影响资金安全。

第二章　T+0 优越性

第一节　充分利用价格波动

一、价格上涨可止盈

T+0 的操作方式中，投资者遇到价格冲高可以止盈，短线兑现利润避免利润出现缩水。股价日常运行过程中，总是存在双向波动。就算是多头形态比较好的股票，也存在价格回调的情况。这样一来，投资者考虑在价格冲高之时短线止盈获利，显然能够避免到手的利润出现缩水情况。事实上，价格波动上涨的过程中，投资者利用价格冲高的机会减仓持股，并不是对后市看空，而是资金调整的需要。如果价格能够连续向上突破，高位减仓操作可以为盘中价格底部建仓提供更多的资金，有助于投资者增加投资回报。

短线止盈既是减小高位持股风险的有效手段，也是增加投机回报的方式。在价格持续回升的过程中，投资者可以发现，单边长时间持股虽然能够获得利润，却错过了价格波动中的潜在短线收益。与其说长期单边持股，倒不如选择价格快速冲高的时候短线止盈。一旦价格冲高回落，投资者再考虑买入目标股票，这样短线利润自然不会错过。

博威合金——高开上涨可止盈，如图 2-1 所示。

如图 2-1 所示，博威合金的分时图显示，该股开盘价格已经上涨 2.29%，而盘中该股快速拉升并且瞬间冲高至涨幅 8.15% 的价格高位，显然成为 T+0 操作的重要止盈价位。

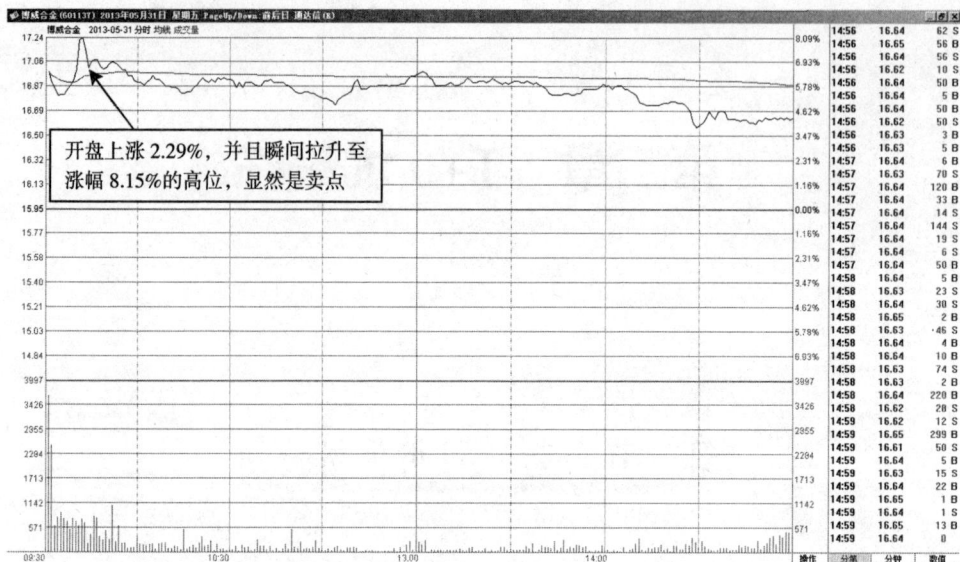

开盘上涨 2.29%，并且瞬间拉升至涨幅 8.15% 的高位，显然是卖点

图 2-1　博威合金——高开上涨可止盈

从成交量上看，该股开盘后放量时间不足一刻钟，而价格的上涨也就在这一瞬间完成了。当股价冲高回落并且跌破等价线之时，盘中弱势回调成为价格运行的主要趋势。

在 T+0 操作中，投资者就是可以利用价格开盘冲高的机会止盈。开盘后的 1 小时内，成交会异常活跃，股价也很容易达到盘中高位。博威合金这只股票就是在高开的情况下快速拉升的，投资者显然不能错过这样的止盈机会。更何况在 T+0 操作中必然会卖出股票，涨幅高达 8.15% 的价格高位显然是不错的卖点了。

博瑞传播——震荡回升可止盈，如图 2-2 所示。

如图 2-2 所示，博瑞传播的分时图显示，股价在开盘后震荡上升，并且放量状态持续到 10:45。从价格两波段的上涨情况来看，投资者容易发现这两波段上涨的买点。两次放量过程中，股价都出现了快速回升的情况。如果投资者把握好最佳卖点，显然可以获得不错的回报。当然，两次价格回升的时候，投资者可以采取两次止盈完成 T+0 的做空动作。

股价在开盘后放量上涨趋势明显，而价格见顶的速度又比较缓慢，这也为投资者止盈提供了操作机会。

东富龙——持续回升尾盘止盈，如图 2-3 所示。

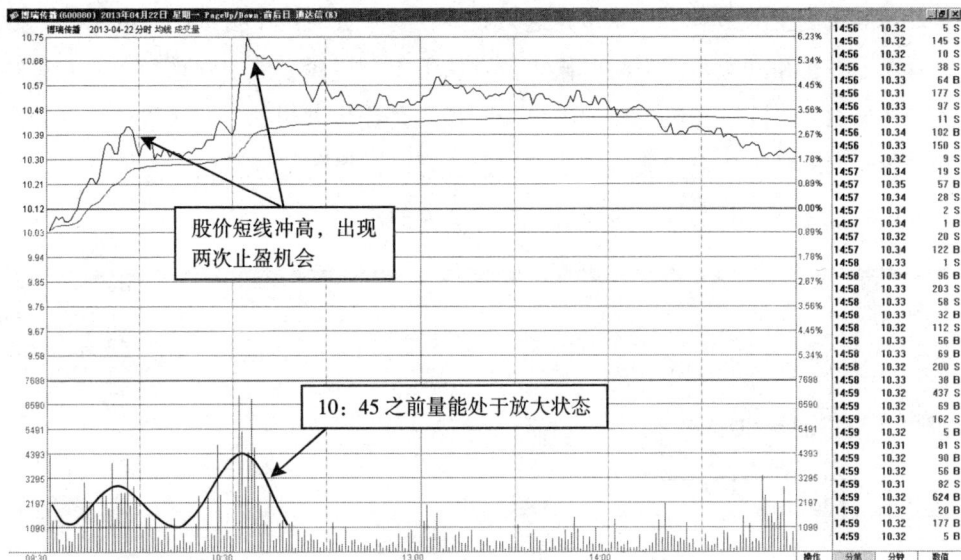

股价短线冲高，出现
两次止盈机会

10：45 之前量能处于放大状态

图 2-2　博瑞传播——震荡回升可止盈

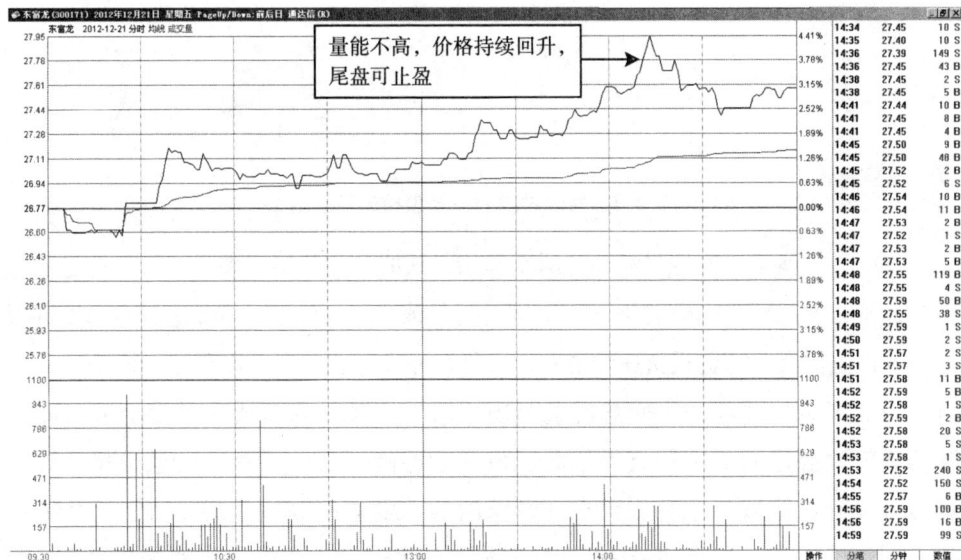

量能不高，价格持续回升，
尾盘可止盈

图 2-3　东富龙——持续回升尾盘止盈

如图 2-3 所示，东富龙的分时图显示，股价的回升过程持续时间很长，价格始终维持着震荡上行的势头。从该股表现来看，投资者可以不急于卖出股票，等待该股上涨幅度足够大的时候止盈。

在 T+0 的操作中，止盈机会出现在开盘阶段，当然也可以出现在尾盘阶段，这要看股价的上涨节奏了。东富龙这只股票就是在分时图中持续回升的情况，投资者可以在价格涨幅足够大的时候止盈。从下午盘该股上涨幅度来看，最大涨幅达到了 4.41% 的价格高位，显示出该股表现还是比较理想的。T+0 的止盈机会出现在价格回升的下午盘阶段，投资者卖出股票可获得利润。

兴源过滤——开盘拉升可止盈，如图 2-4 所示。

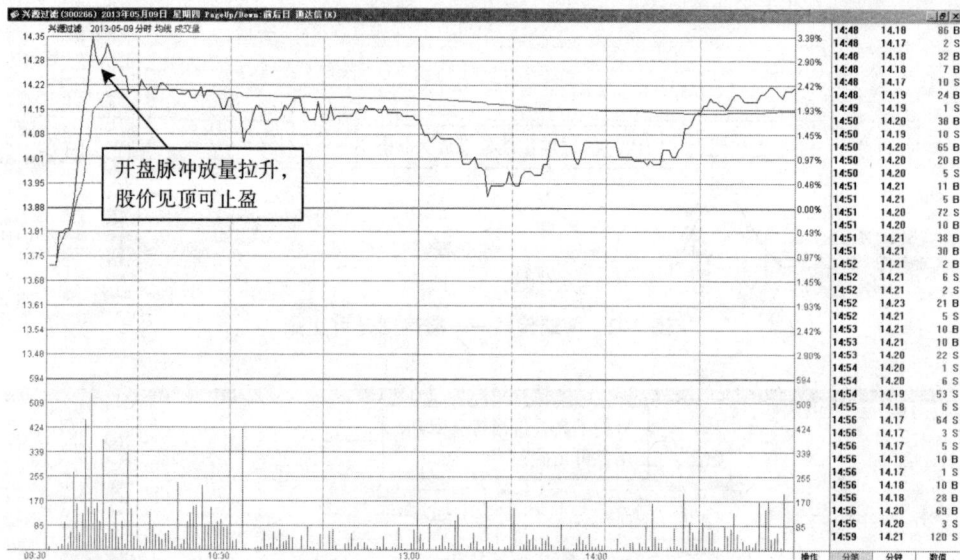

图 2-4 兴源过滤——开盘拉升可止盈

如图 2-4 所示，兴源过滤的分时图显示，该股开盘价格出现了下跌，但是开盘后股价持续放量回升，用时不过一刻钟时间，该股最大涨幅 3.39%，显然为投资者提供了止盈机会，随着成交量的萎缩，股价在冲高以后出现了逐渐走弱趋势。

一般来看，冲高的个股总是会出现回落的走势，除非成交量带动价格冲击涨停板。兴源过滤的走势就是如此。该开盘冲高、盘中回落、尾盘拉起，投资者可以在开盘阶段止盈。股价在开盘阶段的上涨空间高达 3.39%，也是个不错的盈利点了。如果投资者在前一日价格低点建仓，止盈操作无疑能够获得 3%以上的回报。

分时图中股价在开盘后很快拉升至高位，这种盈利机会更容易成为止盈点。强势个股或者是超跌反弹的股票容易在开盘后快速回升，

钱江水利——盘中脉冲拉升可止盈，如图 2-5 所示。

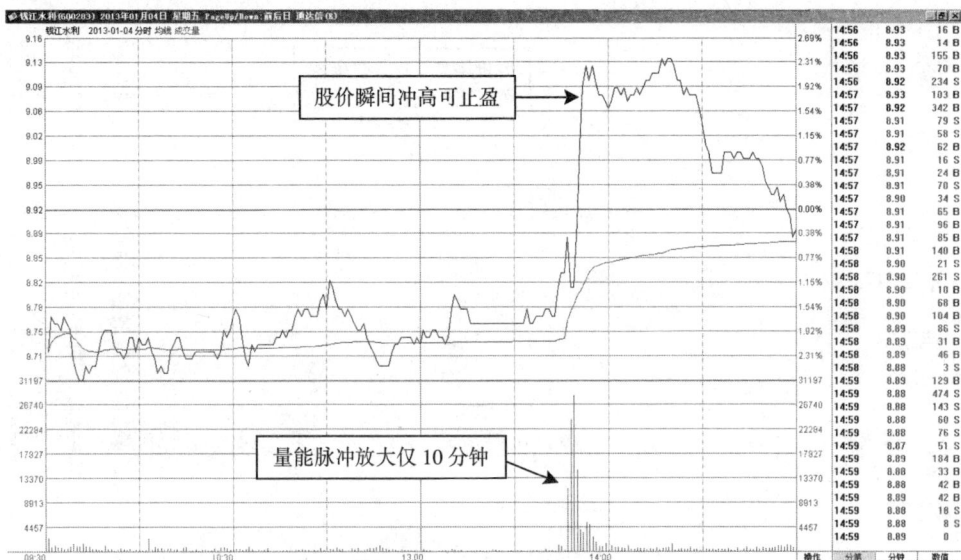

图 2-5　钱江水利——盘中脉冲拉升可止盈

如图 2-5 所示，分时图中钱江水利开盘后走势并不理想，但是下午盘中该股脉冲放量，股价瞬间飙升至涨幅 2.29% 的价格高位，显示出惊人的突破力。这样一来，投资者便可在图中价格冲高以后止盈了。

对于已经持股的投资者来讲，钱江水利下跌开盘并且维持横盘走势的情况不容易把握卖点。价格能否会冲高还是个未知数。而该股的这种盘中飙升的情况并非任何时候都能出现。一旦股价短线飙升，T+0 操作的投资者必然快速止盈。T+0 操作的投资者不会放过股价冲高的止盈机会，这也是短线买卖盈利的关键所在。

钱江水利——尾盘快速拉升可止盈，如图 2-6 所示。

如图 2-6 所示，钱江水利盘中波动空间很小，并没有为投资者提供很好的止盈价位。而到了尾盘阶段，主力利用收盘前的半小时强势拉升股价，该股瞬间飙升至涨幅 4.79% 的价格高位，显然是投资者盈利的机会。

如果说盘中股价快速飙升的走势，还是相对容易把握的卖点，那么尾盘阶段股价快速冲高的走势就很难把握了。在价格波动幅度比较小，而盘中股价又没有表现出强势上涨情况，投资者可以在尾盘阶段把握住价格回升的盈利点。虽然尾盘阶段的 T+0 止盈机会不容易把握，但投资者还是有机会赢得利润。如果担心价格尾盘不能走强，那么投资者完全可以在盘中价格高位止盈一次，尾盘阶段不管价格是否冲高，都考虑在相对高位止盈，也同样能够获得利润。

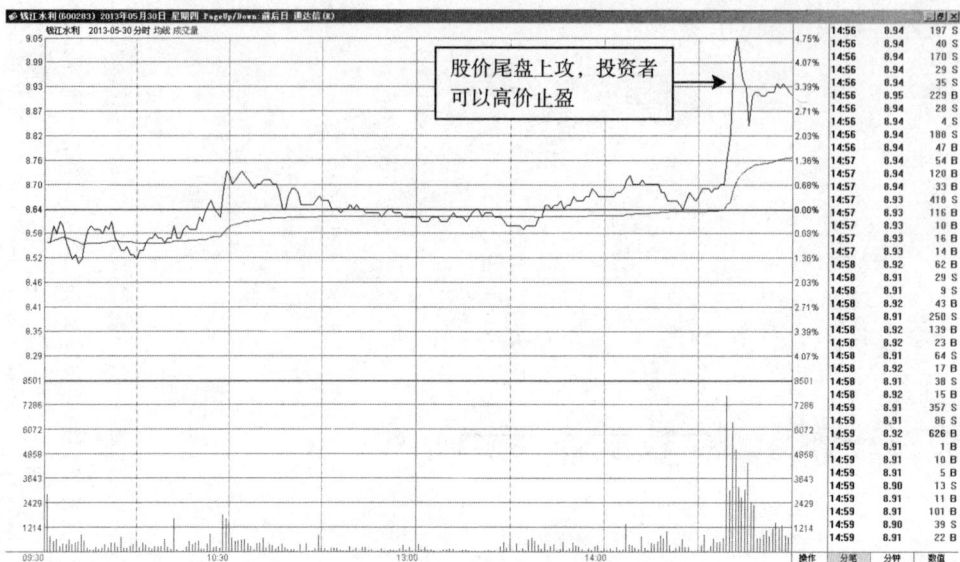

图 2-6 钱江水利——尾盘快速拉升可止盈

从止盈的角度看，T+0 的这种交易方式就是能够挖掘潜在的盈利点，不错过盘中价格上涨的盈利机会。如果股价还没有出现高位，投资者可以等待价格冲高后止盈。T+0 灵活的交易方式，使得投资者能够应对各种价格走势，帮助投资者获得利润。

二、价格下跌可补仓

在价格下跌之时可以补仓，这也是投资者止盈操作以后的重要操作手段。如果股票价格的下跌是一定的，那么投资者考虑在价格下跌到反弹位置时短线买入股票，那么价格继续上涨必然可以获利。毕竟，一个完成的 T+0 操作，包括价格高位止盈以及价格低点补仓两个操作步骤。如果价格存在双向波动，那么投资者就可以在分时图中采取买和卖两种操作，以达到获取短线收益的目标。

在 T+0 交易中，股票价格的短线回落并非利空，而是对投资者补仓有利的利好因素。价格短线波动强度很大，并且存在着双向的涨跌走势，投资者可以利用价格短线波动的机会高位做空而低点补仓，便可获得利润。而价格低点越低，那么投资者获利潜力也会更高。事实上，只有价格冲高跌得很深，投资者才有可能在价格低点补仓成功。如果价格高位和低点仅仅存在 3% 以内的波动空间，考虑到投资者补仓的价格不大可能在真正的底部，那么低点补仓就没什么意义了。如果股价波动空间高达 6% 以上，那么投资者补仓后价格如果能回到短线高位，获利空间就高达 6%，这显然值得补仓操作。

贵州百灵——低开横盘可补仓，如图 2-7 所示。

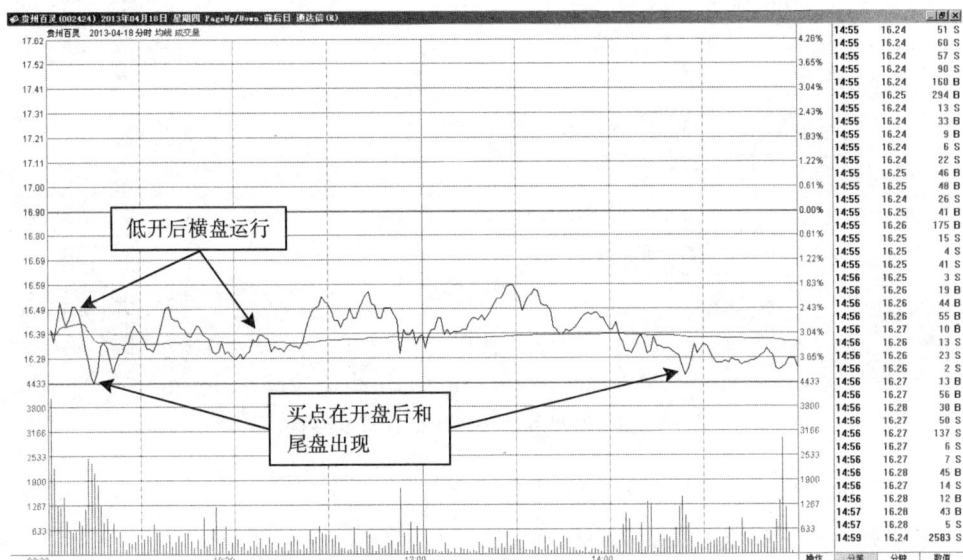

图 2-7　贵州百灵——低开横盘可补仓

如图 2-7 所示，贵州百灵的分时图显示，股价在下跌开盘的情况下并无太大上涨。成交量处于萎缩状态，股价横盘到下午收盘前。而尾盘该股回落至判断价格低点，投资者建仓机会出现了。

打算建仓的话，该股始终处于下跌状态，投资者很容易抓住买点。开盘后的半小时内以及收盘前的半小时，都是不错的建仓时机。把握这两个位置的买点，投资者能够很容易盈利。

贵州百灵——开盘 U 形底买点，如图 2-8 所示。

如图 2-8 所示，贵州百灵的分时图显示，股价在开盘后的半小时内出现了缩量回调的情况。从成交量的 U 形量能就能够发现，价格其实出现了类似的 U 形反转走势。在建仓位置选择上，投资者可以考虑在 U 形量能的底部建仓，这样的建仓价位其实也是股价的短线低点，适合赢得利润。

对于开盘阶段的 U 形底部，投资者可以不盲目的建仓。但是如果股价真的完成了 U 形反转，那么这样的建仓价位必然是不错的。而投资者怀疑开盘后的 U 形底部，那么可以将资金分配到两次完成建仓动作。开盘 U 形底是第一次，而盘

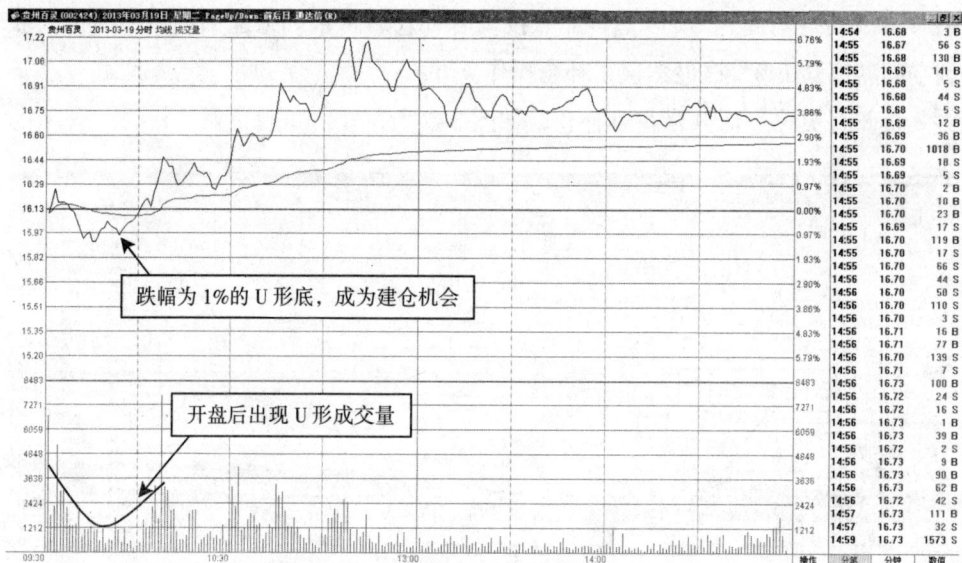

图 2-8　贵州百灵——开盘 U 形底买点

中股价如果出现回落，将是第二次建仓机会。

　　贵州百灵——低开探底买点，如图 2-9 所示。

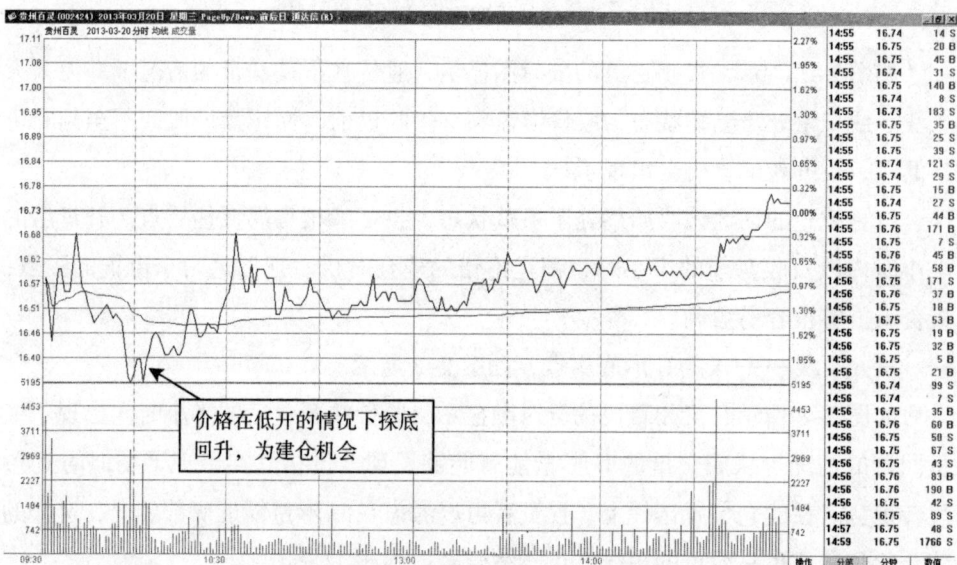

图 2-9　贵州百灵——低开探底买点

　　如图 2-9 所示，贵州百灵的分时图显示，股价在开盘阶段出现了下跌，并且在开盘后的 1 小时内探底回升，完成了 V 形底部形态。从价格走势来看，该股还是比较活跃的，股价短线杀跌的过程中，成为 T+0 操作的建仓机会。

股价在开盘阶段加速下跌，很多情况都是短线行为。如果价格下跌趋势不明确，那么股价还是可以继续企稳的。对于采取 T+0 操作的投资者来讲，分时图中的价格回落不失为建仓的有利时机。贵州百灵在低开的情况下回落至跌幅为 2% 的价格低点，就是这种建仓机会。随着股价的震荡企稳，该股不仅完成了 V 形反转形态，还在尾盘出现了小幅上涨。T+0 操作的投资者，开盘阶段的建仓资金已经在收盘那一刻获得利润。

南京中商——开盘双底建仓机会，如图 2-10 所示。

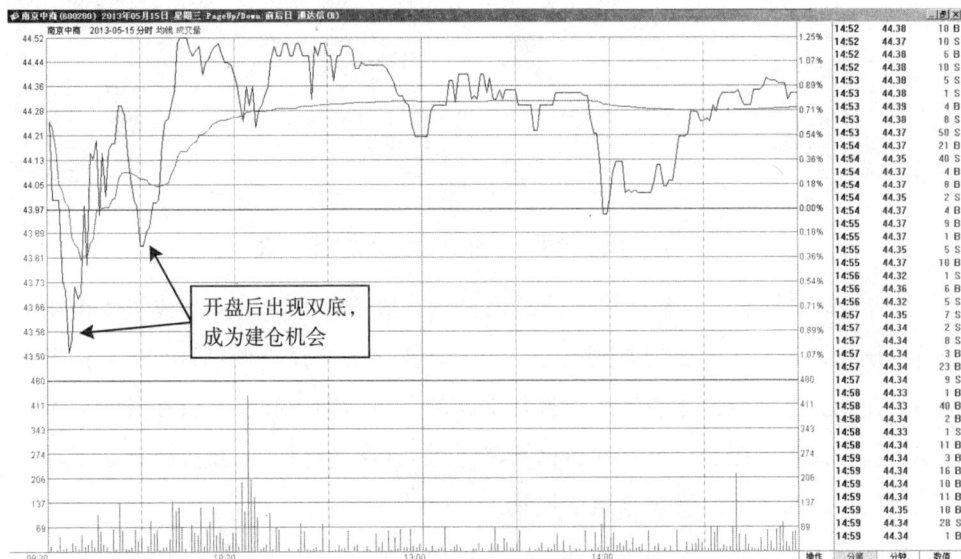

图 2-10　南京中商——开盘双底建仓机会

如图 2-10 所示，南京中商分时图中，开盘价格出现上涨，但是开盘后 1 小时内股价连续杀跌，完成了两个价格底部。在股价首次出现价格低点的时候，投资者可以耐心等待买点。当该股第二次形成盘中低点之时，建仓机会出现了。

分时图中股价高开探底后反弹的走势也容易出现，这种情况意味着股价虽然有上涨的潜力，但是价格还需调整一下。开盘后探底回升的反转形态，就是在这种情况下出现的。如果真的要建仓，投资者可以在开盘后价格回落的低点买入股票。

虽然股价二次回落，而开盘价格的高开以及开盘后价格探底回升，意味着股价的走势不会太坏。投资者在开盘后的价格低点买入股票，对于 T+0 操作来讲，持股价位还不是很高，有利于第二天获得利润。

皖新传媒——开盘和收盘的建仓机会，如图 2-11 所示。

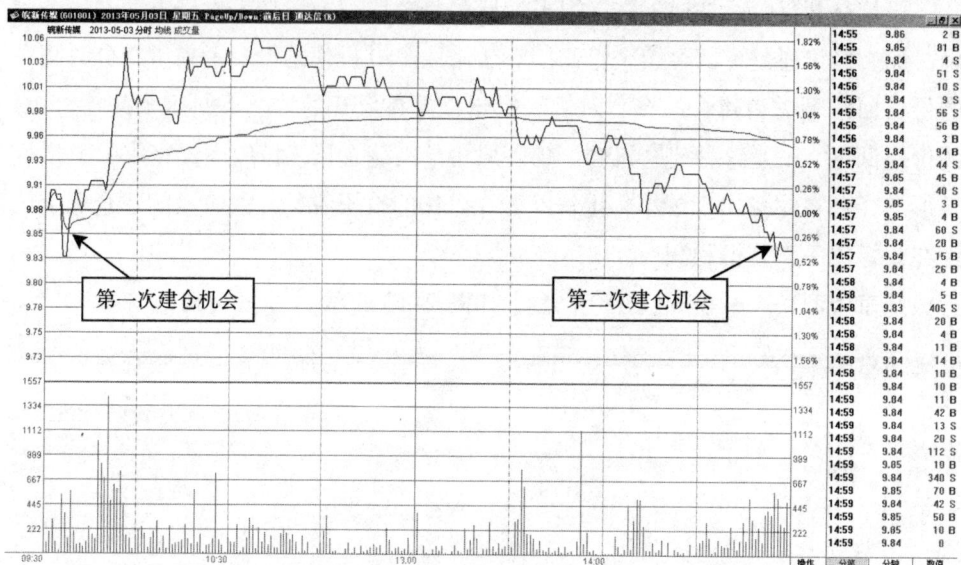

图 2-11　皖新传媒——开盘和收盘的建仓机会

如图 2-11 所示，皖新传媒的分时图显示，股价在开盘阶段形成了一个明显的价格低点，成为 T+0 的首次建仓机会。T+0 操作中，投资者总是有一半的资金量用于建仓，这样有助于投资者把握住潜在的买点。图中股价不仅在开盘后不久完成了探底回升的走势，并且在价格涨幅过大后持续回落，尾盘价格再次出现下跌的情况下，投资者二次建仓机会出现。

从价格走势来看，开盘阶段的价格表现最能预测盘中价格的涨跌趋势。如果开盘阶段股价明显强势，那么价格在盘中和尾盘都会表现良好。若股价在开盘阶段表现一般，那么收盘价格不会太高。

皖新传媒这只股票的开盘走势虽然出现了 V 形反转形态，但是接下来主力并未持续放量拉升股价，以至于股价在冲高后持续回调，尾盘居然出现了下跌收盘的情况。

T+0 操作的投资者，可以考虑在开盘阶段建仓。如果投资者对股价波动趋势并不明确，盘中该股震荡回落的过程中，不难预测尾盘的价格低点建仓时机。

第二节　持股风险小

一、半仓持股风险很小

T+0 操作方式的重要优点，不仅在于充分利用了价格波动，还在于投资者能够以半仓来持有头寸，减小了很多风险。事实上，如果价格在一半的时间里对投资者是不利的，那么半仓持有股票的风险显然会降低到最小。很多投资者在买卖股票的过程中容易重仓持股，殊不知这样做的风险很大，一旦遇到价格大幅调整走势，损失必然很大。采取半仓操作的 T+0 交易方式，即便股价短线震荡出现回调，那么投资者也有另一半剩余资金用来补仓。这样便可探底持仓成本，减小价格回调造成的损失。

在 T+0 交易中，投资者随时进行动态的资金调整，以便应对价格波动中的风险。如果股票价格的运行趋势出现任何不确定的变化，那么价格冲高可抛售，而价格下跌可补仓的情况，有助于投资者减小价格波动风险，为盈利创造条件。

对于重仓持股造成的损失，如果损失 10% 的资金，那么即便价格再次上涨 10%，也不能完全弥补损失。可见，半仓持股对投资者的意义很大。如果持仓风险可以尽可能地减小，那么轻仓操作一定是有必要的。半仓持有股票造成的损失，用剩余的一半资金用来低价补仓买入股票。那么一旦价格短时间内反弹上涨，损失自然被轻松弥补。

航天晨光——盘中杀跌，尾盘可建仓，如图 2-12 所示。

如图 2-12 所示，航天晨光的分时图显示，股价开盘价格出现了多达 1.79% 的下跌幅度，并且股价盘中持续弱势下挫，跌幅一度高达 8% 以上。

从 T+0 操作的角度看来，该股的快速回落并非没有交易机会。从开盘下跌以及盘中股价缩量回调看来，投资者早能够意料到该股的持续回落趋势。这样判断股价的最低点必然出现在尾盘。那么，投资者采取 T+0 操作的话，可以在尾盘建仓买入股票了。

航天晨光——短线高位止盈可获利，如图 2-13 所示。

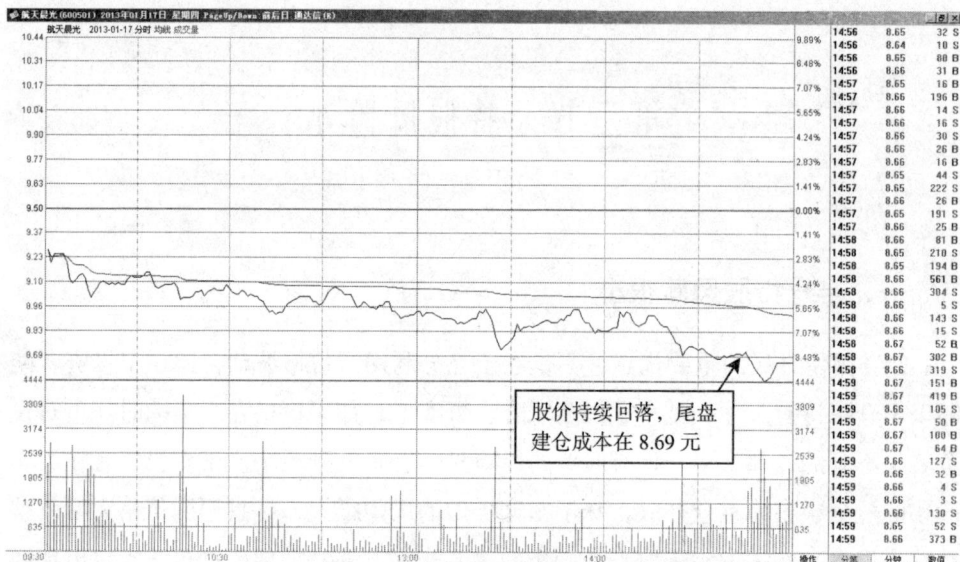

图 2-12　航天晨光——盘中杀跌，尾盘可建仓

股价持续回落，尾盘建仓成本在 8.69 元

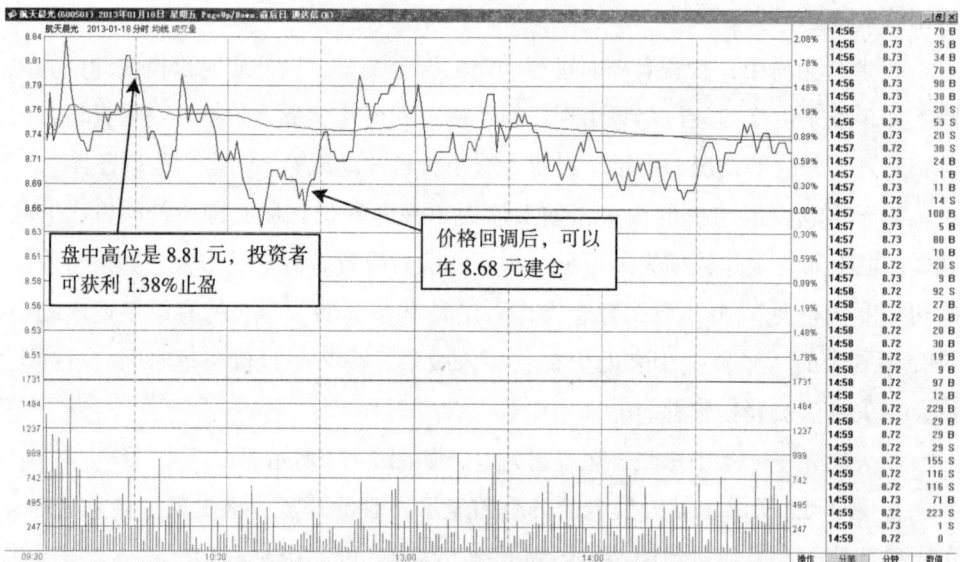

图 2-13　航天晨光——短线高位止盈可获利

盘中高位是 8.81 元，投资者可获利 1.38% 止盈

价格回调后，可以在 8.68 元建仓

如图 2-13 所示，航天晨光的分时图显示，股价在盘中宽幅震荡，价格高位已经达到了 8.84 元，而投资者能够至少在 8.81 元附近止盈，并且获得 1.38% 的 T+0 操作投资回报。虽然获利空间不大，但确实在股价大跌后实现的，显然是来之不易的。T+0 操作应该止盈在高位，同样可以在价格回落的低点建仓。在股价

跌至 8.66 元附近的时候，投资者能够把握的建仓价位是 8.68 元附近。

航天晨光——少量亏损仍可建仓，如图 2-14 所示。

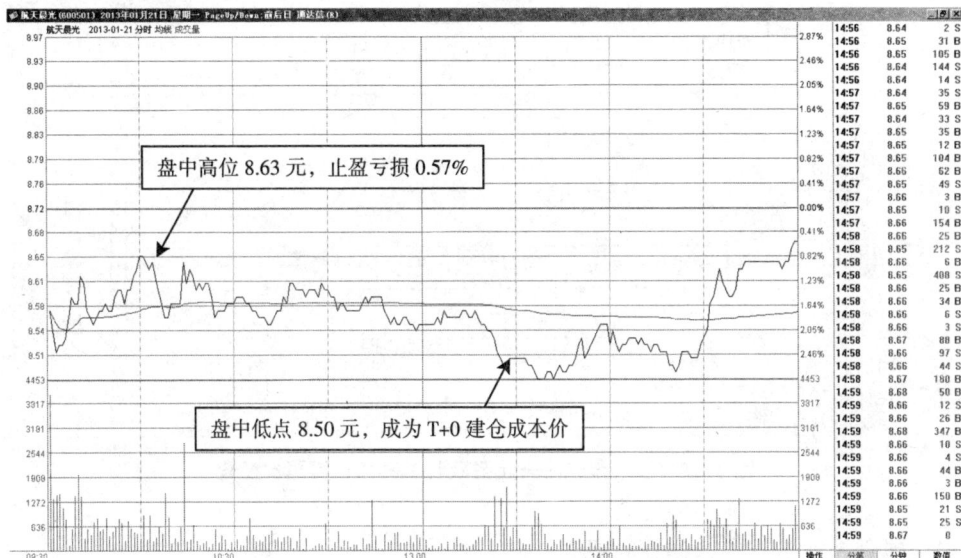

图 2-14　航天晨光——少量亏损仍可建仓

如图 2-14 所示，分时图中航天晨光的最高止盈价位是 8.63 元附近，投资者卖出股票出现了 0.57% 的损失，不过这并不影响接下来的操作。在该股缩量回调阶段，投资者可以考虑在下午盘的价格低点 8.50 元建仓，以便第二天继续止盈获利。

航天晨光的分时图走势比较弱，股价低开的情况下出现了小幅回落。弱势当中股价更容易创新低，盘中 8.50 元的价格低点是比较容易把握的。毕竟，股价在下午盘的回落期间，曾经两次达到了这一价格低点，表明投资者可以利用这个机会来建仓。股价在盘中反弹高度不大，投资者却可以在更低的价位上半仓买入股票，这也为接下来的 T+0 操作创造了条件。

航天晨光——止盈获利 1.05%，可再次建仓，如图 2-15 所示。

如图 2-15 所示，航天晨光在分时图中继续低开下跌，8.59 元的价格高位成为比较理想的止盈点位，投资者在 8.59 元止盈可获利 1.05%。考虑到前一日该股是在低开的情况下出现了回落走势，投资者在第二天的止盈实属不易。

股价短线并未出现企稳迹象，尾盘股价达到盘中价格的低点，就说明了这个问题。从开盘价格的低开，以及盘中股价的快速杀跌，投资者都能够预测到尾盘股价的二次探底走势。考虑到建仓价位不应该过高，那么该股持续回落的过程

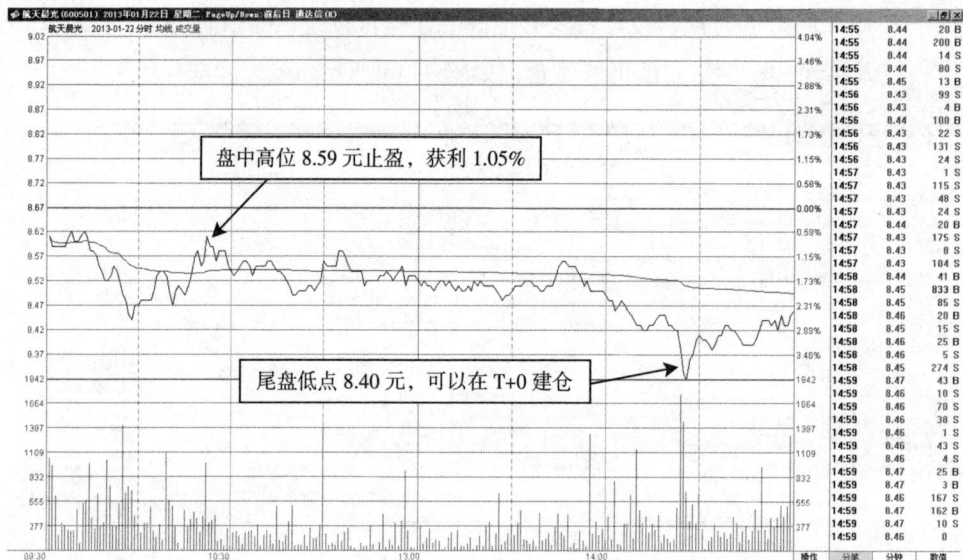

图 2-15　航天晨光——止盈获利 1.05%，可再次建仓

中，尾盘无疑是重要的建仓时机。

在股价持续回落的过程中，最新的价格低点总是能够重新出现。而航天晨光这只股票的尾盘杀跌走势，正是在回落过程中形成的。

航天晨光——止盈可获利 3.0%，如图 2-16 所示。

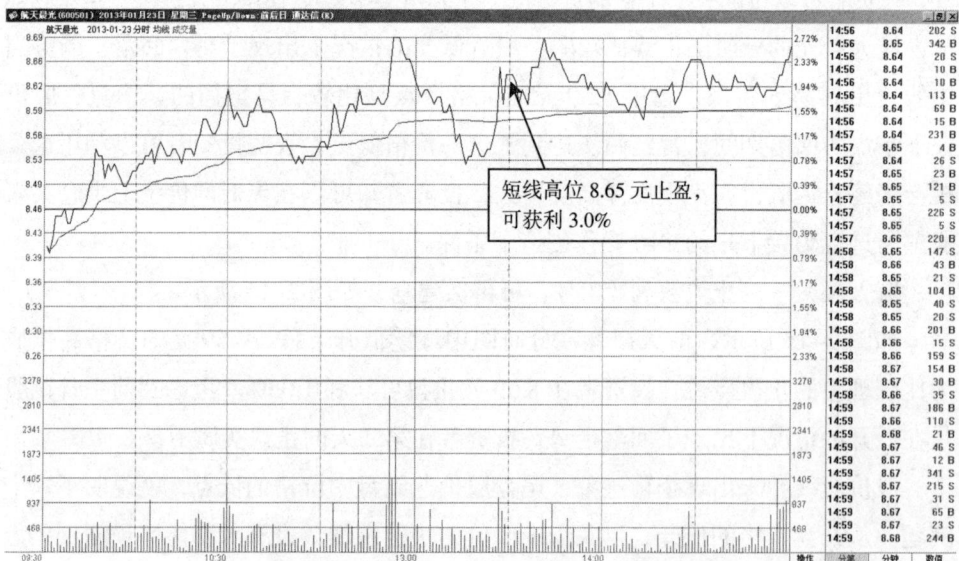

图 2-16　航天晨光——止盈可获利 3.0%

如图 2-16 所示，航天晨光的分时图显示，股价的低开并未造成价格的再次回落。相反，该股在分时图中震荡走强，成交量也出现了一定程度上的放大。从获利的角度看，股价上涨到盘中高位的 8.65 元附近，是个不错的止盈价位。实际上，该股上涨空间并不是很高，投资者却可以利用股价反弹的机会盈利 3.0%。在股价下跌过程中赢得利润，既是低价建仓的结果，也是投资者高位止盈的结果。高买和低卖的操作总能抓住价格波动的盈利空间，减小空头趋势中遭受的损失，甚至获得不错的回报。

航天晨光——T+0 操作所在 K 线图，如图 2-17 所示。

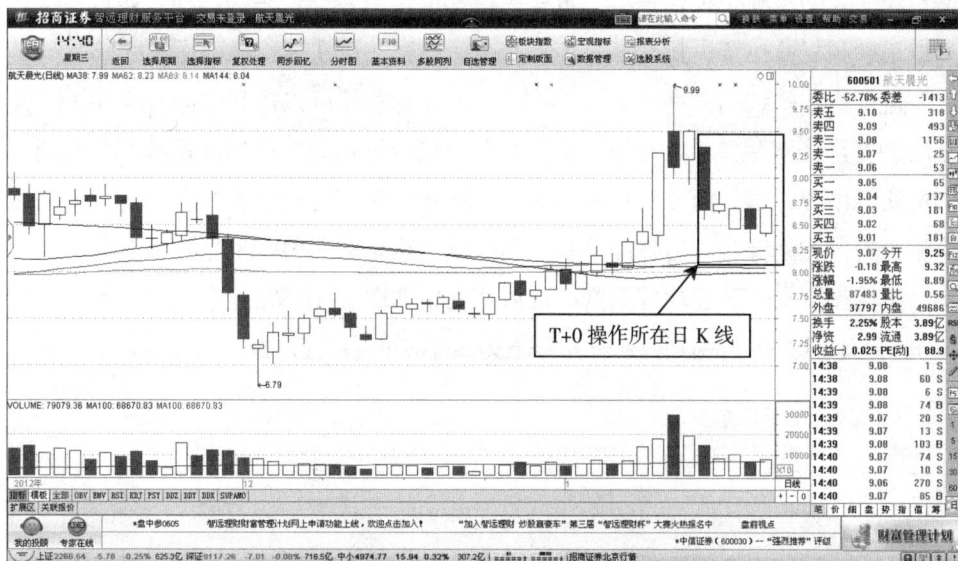

图 2-17　航天晨光——T+0 操作所在 K 线图

如图 2-17 所示，航天晨光日 K 线图中出现大阴线后，接下来的 4 个交易日，就是以上所说的 T+0 操作所在的时点。航天晨光虽然出现了日 K 线中大阴线，T+0 操作的投资者在大阴线出现的当天入场，依然能够在接下来的交易日中获得利润。T+0 操作的重点在于高位止盈和低点建仓，投资者在获得短线操作利润的同时，采取半仓操作的形式降低持股资金，这样操作不仅持股风险小，获利也很容易。

如果航天晨光这只股票处于上升趋势中，采取 T+0 操作将更容易获得利润。在股价回升阶段，T+0 操作应该更加注重把握价格的低点建仓。因为股价上升阶段，最低价持续时间很短，投资者更容易错过更低的价位而不是错过高位止盈机会。

二、避免追涨杀跌

面对股票的价格波动，很多投资者一定是在频繁追涨和杀跌中度过的。他们看到涨的股票必然动用全仓抢进筹码；而对于价格的回调，则不遗余力地卖出股票，这样达到了追涨杀跌的目标，同时也损失了很多资金。追涨杀跌并非投资者有意为之，而是情绪波动的必然做法。即便理性思考依然存在，投资者仍不会对频繁的价格波动理性看待。

能否有一种避免追涨杀跌的办法呢，T+0 的交易方式可以做到这一点。在价格短线冲高的时候，投资者一定不会忘记卖掉占用一半资金的股票；而价格一旦高位杀跌到支撑位置，那么补仓买入回落的股票，也是理性的操作方式。

避免追涨杀跌的交易方式，T+0 的股票交易手段可以达到目标。因为 T+0 交易的前提是价格存在双向波动。投资者考虑在价格短线上涨的高位减小，是因为价格还会出现回落；而在价格回调的时候补仓，是因为价格会再次回升。只是股价运行的单边趋势中，这种高位卖点和低位买点是动态的、相对的。

中航投资——建仓代替杀跌，也可获利，如图 2-18 所示。

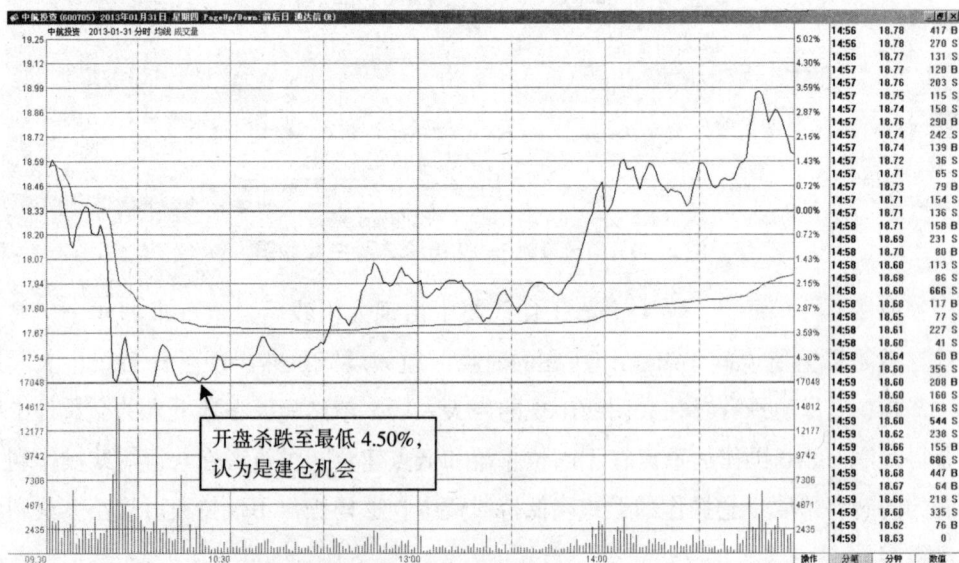

图 2-18　中航投资——建仓代替杀跌，也可获利

如图 2-18 所示，分时图中股价开盘价格还是上涨的，但是开盘后的半小时内，中航投资大幅杀跌至 4.50% 的价格低点。投资者在这个位置开始做空，无疑

是致命的。T+0 的操作方式中，投资者可以先买也可以先卖。既然该股开盘后大幅杀跌，那么无疑为投资者建仓提供了机会。而该股一旦企稳回升，尾盘阶段也是不错的止盈点。针对股价开盘下挫的走势，采取 T+0 操作的投资者，绝不会在这个时点上做空。股价波动幅度虽然较大，投资者却不会在 T+0 操作中乱了手脚。

中航投资——双向波动可 T+0 滚动操作，如图 2-19 所示。

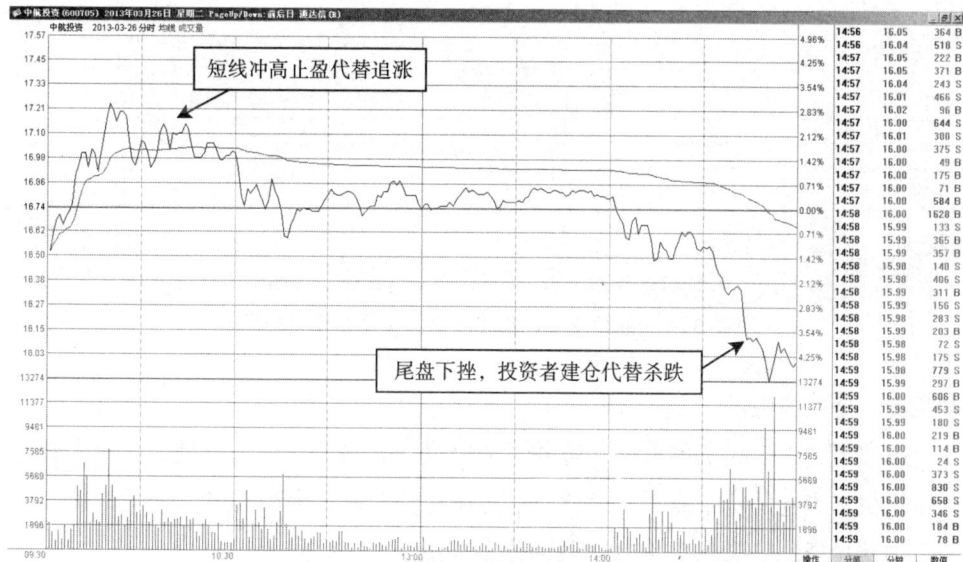

图 2-19　中航投资——双向波动可 T+0 滚动操作

如图 2-19 所示，分时图中股价的冲高回落走势显示，该股盘中波动空间高达 8%。开盘阶段，股价放量拉升，并且很快站上涨幅为 2.0% 的价格高位。由于成交量萎缩，该股上午盘冲高回落，并且在尾盘阶段大幅度杀跌。从操作上看，投资者有两次买卖机会。上午盘的价格冲高，是不错的止盈点位，而尾盘股价杀跌后收盘在最低价附近，是 T+0 操作的最终建仓位置。

冲高回落和探底回升的走势，最容易出现在分时图中，投资者也最容易在这个阶段追涨和杀跌。而 T+0 操作无疑帮助投资者避免这种情况，提高操作的正确性。

中航投资——价格冲高，止盈容易建仓很难，如图 2-20 所示。

如图 2-20 所示，分时图中中航投资开盘即开始拉升，盘中股价虽然也曾回落调整，但涨幅始终维持在 3.5% 以上，显示出主力并未给散户创造低价建仓的机会。鉴于该股走势非常抢眼，投资者采取 T+0 的操作方式，能够轻松抓住高位止盈的机会。考虑到 T+0 操作的建仓价位很高，投资者需要谨慎追涨该股，方可

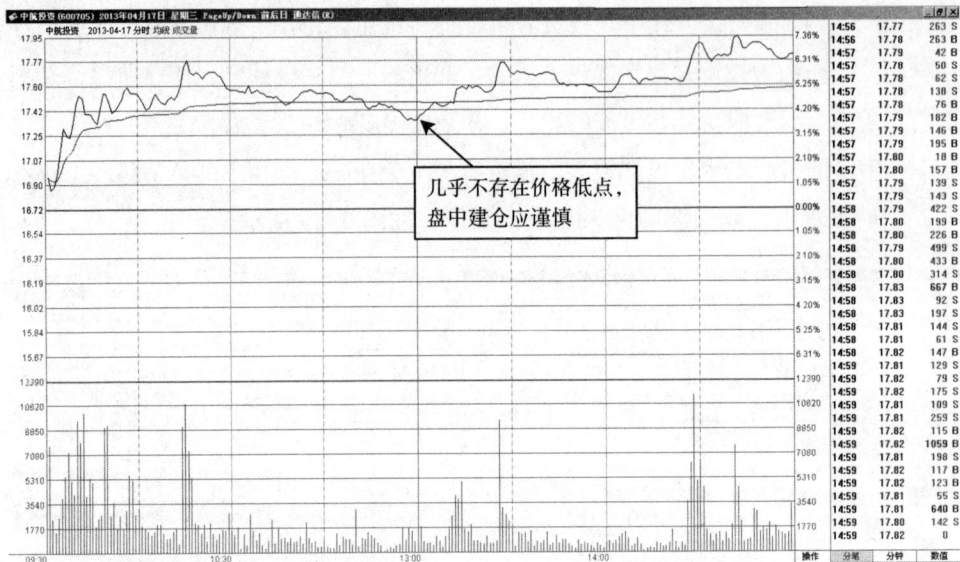

图 2-20　中航投资——价格冲高，止盈容易建仓很难

避免高位持股风险。

　　事实上，中航投资的价格走势并不适合投资者高位建仓。但是，投资者却可以使用少于半仓的资金来买入该股，这样潜在建仓风险会小得多。

　　中航投资——又一个 T+0 止盈动作，如图 2-21 所示。

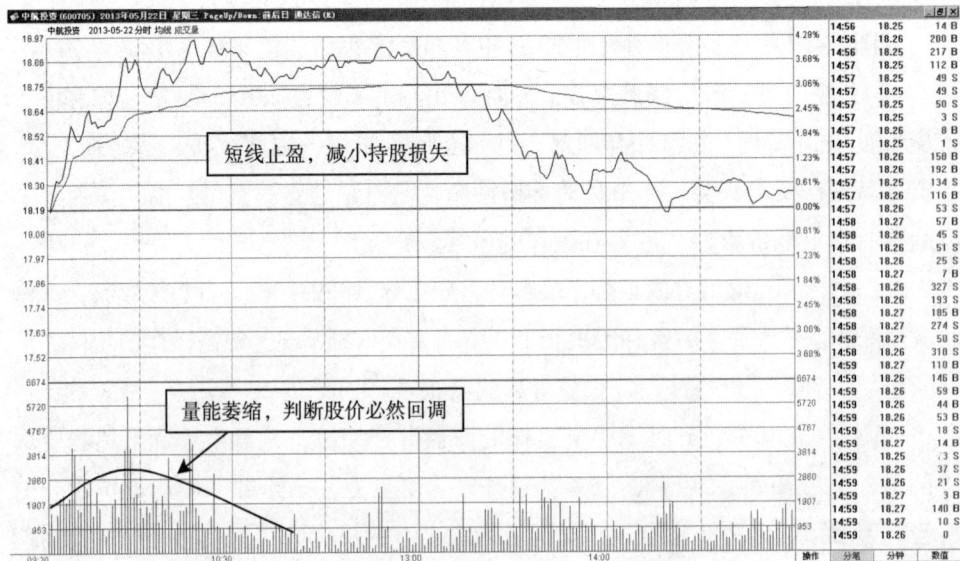

图 2-21　中航投资——又一个 T+0 止盈动作

如图 2-21 所示，从股价在分时图中的表现看来，上午盘中航投资更加强势。考虑到量能维持高位运行，该股出现了上午盘的回升趋势。放量冲高便是理想止盈机会，在成交量萎缩之前，投资者尤其应该卖出持有的股票。盘中股价缩量回调，到了尾盘该股上涨幅度几乎为零，便是 T+0 操作的建仓时机了。

从分时图股价走势看来，虽然该股最终出现上涨收盘，但是高位放量显然套牢了不少散户。由此可见，分时图走势必然在日 K 线中画出冲高回落的十字星形态，明显成为价格高位的卖点了。在分时图中，冲高回落的走势容易造成股价第二天的开盘下跌。中航投资的分时图走势就是如此。但是，投资者不仅是半仓操作，而且是在价格低点建仓，风险就小很多。

中航投资——分时图在日 K 线中的位置，如图 2-22 所示。

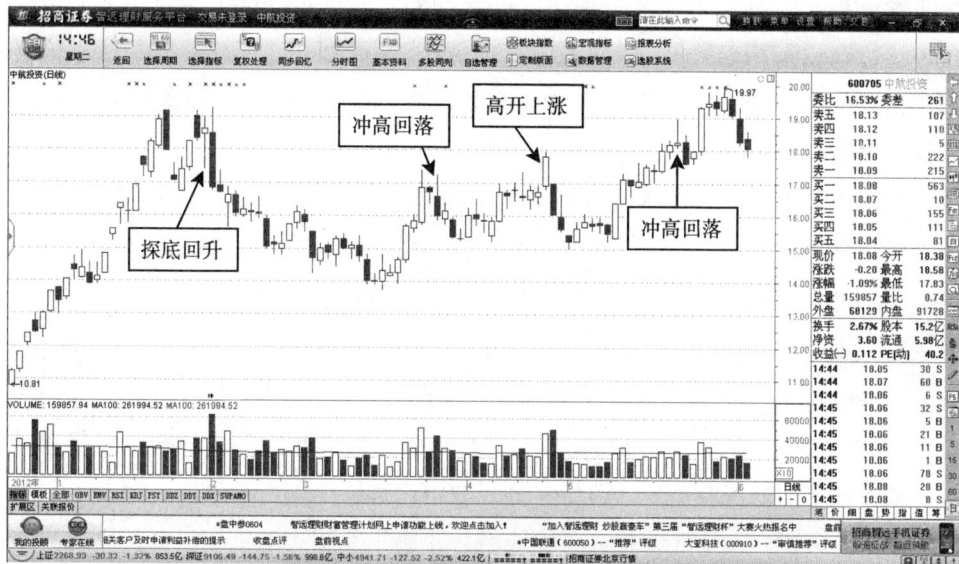

图 2-22　中航投资——分时图在日 K 线中的位置

如图 2-22 所示，分时图中股价的探底回升、冲高回落和高开上涨的情况，全部出现在日 K 线中的价格高位。图中显示，虽然中航投资价格高位出现了多种强势波动的形态，但是投资者能够在高卖低买的操作中成功脱身。价格波动空间高，并不意味着一定要顺势追涨杀跌。尤其是股价处于上升趋势的价格高位时，投资者的 T+0 操作方式尤其能够减小高位持股和低价卖股风险。

第三节 持仓成本低

一、半仓持股成本低

T+0 的操作方式中，持股成本很低，这不仅体现在资金投入上的半仓投入，还体现在短线价格低点的抄底上。每一日股市收盘后，投资者持有的股票占用资金为总资金的一半，这也降低了投资者的操作风险，同时降低了持仓成本。短线投资买卖的过程中，投资者在价格低点买入，自然降低了持仓成本。实战当中，持仓成本相对降低，对投资者的盈利至关重要。没有足够低的抄底价格以及相对少的资金投入，既不能保证投资者放大投资回报，也不利于投资者减小持股风险。

T+0 的优越性就是体现在操作方式上灵活，能够成功降低持股成本，这对于投资者的盈利至关重要。股票价格的上涨或者是下跌要比预想的灵活得多，T+0 操作可以更灵活地适应价格变动，投资者可以更轻松地抓住价格波动提供的利润。

中源协和——26.39 元的跌停价建仓，如图 2-23 所示。

如图 2-23 所示，中源协和的分时图显示，该股开盘后放量下跌，上午盘呈现出单边回落的情况。可见，股价在分时图中运行情况相当不乐观。对于 T+0 操作的投资者来讲，盘中股价进入跌停板后，正是半仓买入的机会。从持仓风险上看，即便股价在第二天继续低开，考虑到投资者的持仓资金比较有限，承担损失能力会大大提高。以股价下跌 3% 为例，投资者损失的资金应该在 1.5%，这是可以承受的损失。

中源协和——价格低开高走，T+0 操作仍盈利，如图 2-24 所示。

如图 2-24 所示，中源协和的分时图显示，该股开盘价格已经出现了 4% 以上的跌幅，但是股价探底回升，并且很快就出现了 2% 以上的涨幅。从 T+0 操作的角度看，股价低开并且完成底部形态的过程中，正是投资者建仓的机会。图中显示，该股低开却强势回升，为前一日买入股票的投资者提供了止盈的机会。股价

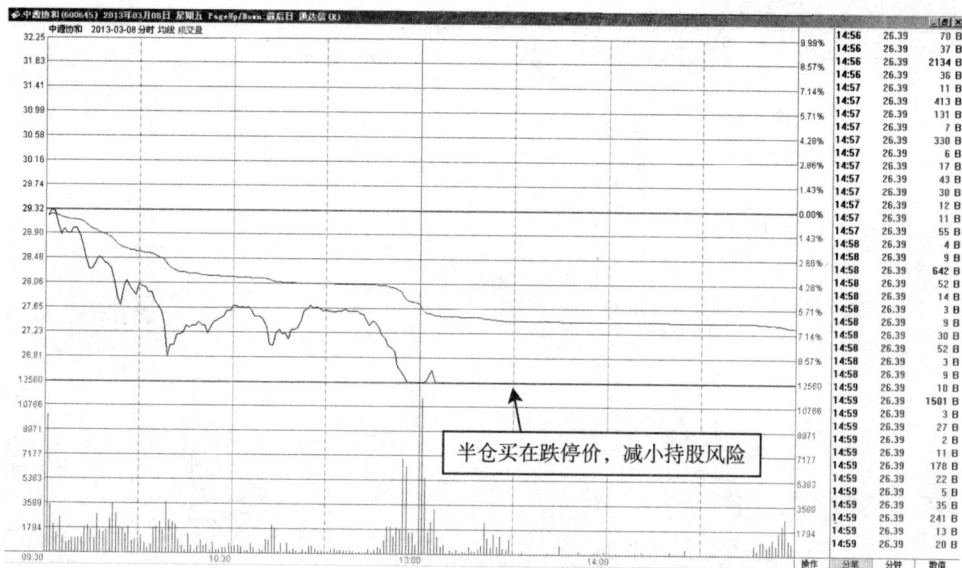

图 2-23　中源协和——26.39 元的跌停价建仓

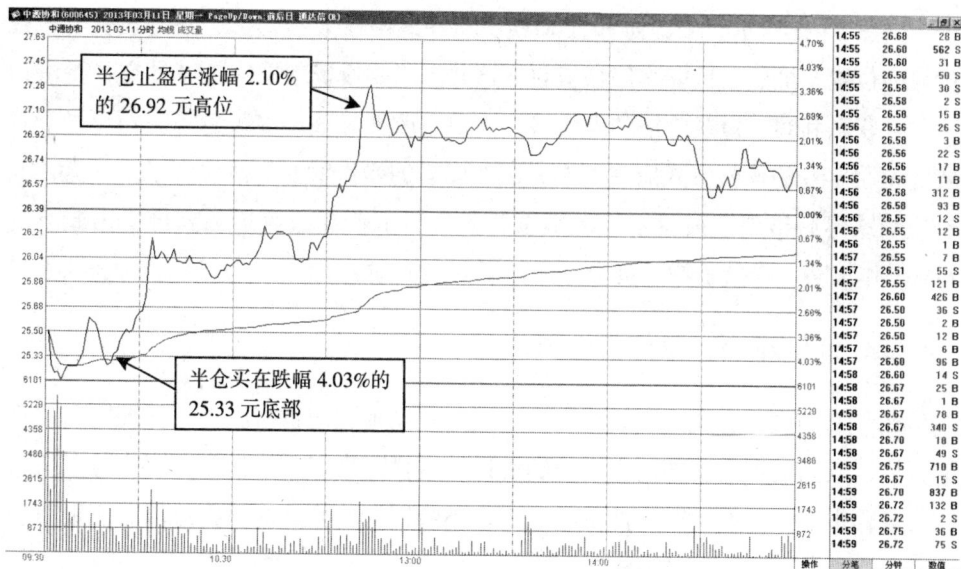

图 2-24　中源协和——价格低开高走，T+0 操作仍盈利

在涨幅 2.10% 以上的价位横盘时间很长，完全有时间止盈出局。而开盘阶段该股继续放量低开，为 T+0 操作提供了建仓的机会。

中源协和——半仓持股降低跌停板抄底风险，如图 2-25 所示。

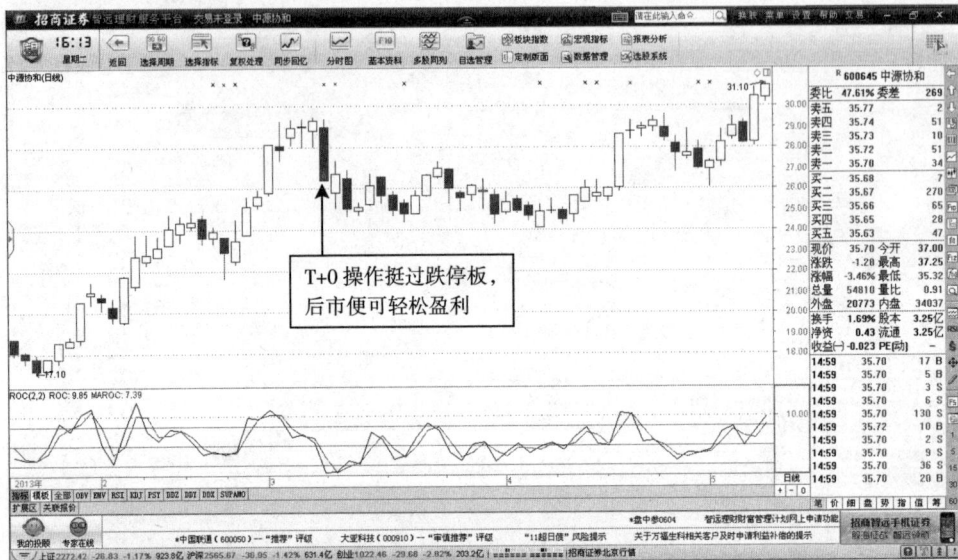

图 2-25　中源协和——半仓持股降低跌停板抄底风险

如图 2-25 所示：中源协和日 K 线图所在跌停板 K 线形态，正是投资者短线抄底的位置。虽然股价以跌停板报收，这并不影响投资者采取 T+0 的交易手法抄底并且获得利润。短线价格跌停走势，并没有改变该股的多头趋势。相反投资者若能利用 T+0 的操作方式应对利润，那么以后的操作就要简便得多了。毕竟，股价短线跌停后出现了横盘企稳的继续，投资者低价买入股票和高价卖出股票的 T+0 操作策略，降低了持股资金，增加了获利概率。

二、低价建仓，降低持仓成本

在 T+0 的交易方式中，投资者能够更加主动地适应价格波动，抓住随时出现的价格低点完成半仓抄底买入个股的动作。这样一来，无论何时都存在低点买入的机会，很显然能够持续降低持仓成本，不会因为价格大涨就去追涨，有助于投资者获得利润。

股票交易中，微小的利润可以聚集成很大的投资回报。事实上，投资者每一次在分时图中价格低位买入股票后，盈利机会都是要增加一些的。如果投资者能够精准把握住买卖机会，那么短线利润集腋成裘，必然带给投资者巨大回报。

博威合金——股价高位回落的建仓机会，如图 2-26 所示。

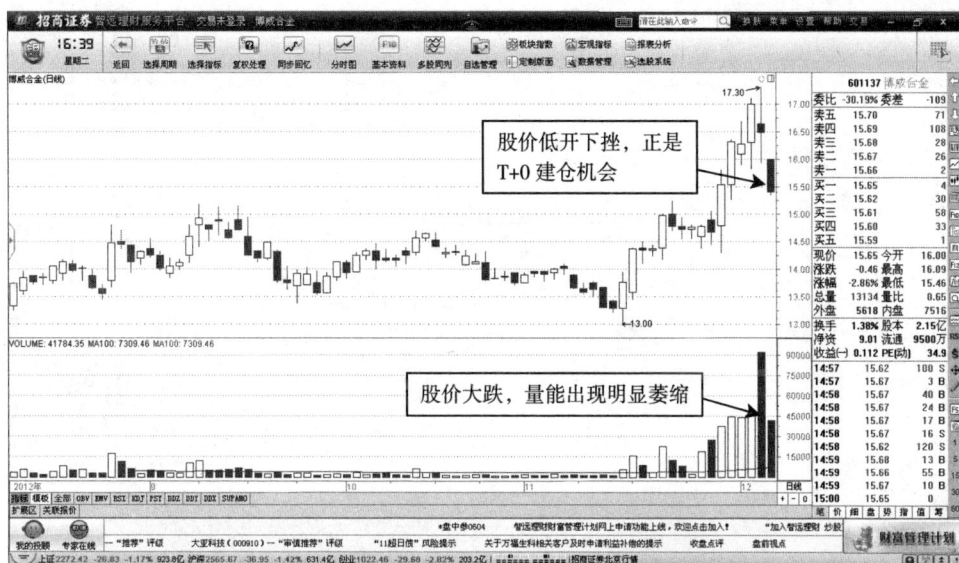

图 2-26 博威合金——股价高位回落的建仓机会

如图 2-26 所示，博威合金的日 K 线图显示，股价在短线冲高回落中低开下挫，并且完成了一根大阴线形态。从图中看出，量能萎缩显示很少有投资者主动买入这样的股票。而事实上，股价大幅下挫以后，正是 T+0 交易的投资者买入股票机会。这样的股票虽然跌幅很大，投资者低价建仓，显著降低了持仓成本。一旦股价第二天反弹上涨，投资者将会因此获利。持续跳空的下跌并不多见，投资者可以在第二天价格高位止盈，不会出现持股风险。

博威合金——分时图中低价建仓，如图 2-27 所示。

如图 2-27 所示，博威合金分时图中的下跌持续时间很长，盘中多数时间都处于弱势回调状态。当股价跌幅过大以后，投资者能够把握住的建仓价格可以低至 15.51 元。对于打算建仓的投资者来讲，抓住低价买入股票的机会并不困难，关键在于能否获利。T+0 的低价建仓策略的好处在于，投资者能够以半仓低价的形式买入股票，这样盈利机会就很大了。

博威合金——低价建仓能够轻松获利，如图 2-28 所示。

如图 2-28 所示，博威合金的日 K 线图显示，前期价格低开回落的低点建仓以后，投资者能够发现接下来的 50 个交易日中，收盘价基本都处于投资者的建仓价格以上。这表明，投资者还是能够获得利润的。价格短线回落以后，收盘低点并非后期价格波动的高位，而是收盘价格的低点。从中期看米，投资者 T+0 抄

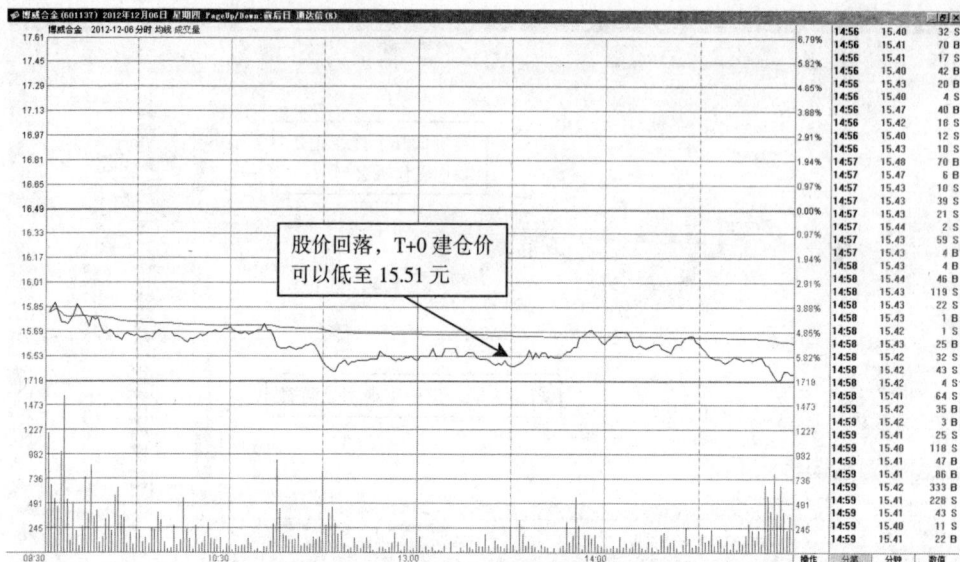

图 2-27 博威合金——分时图中低价建仓

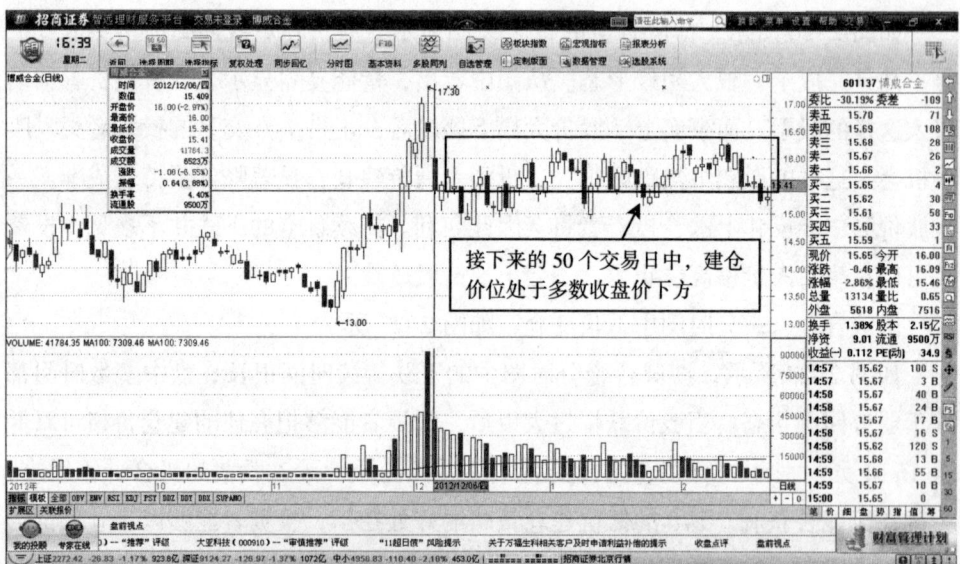

图 2-28 博威合金——低价建仓能够轻松获利

底操作有望获得利润。

博威合金——股价高位回落建仓可轻松获利，如图 2-29 所示。

如图 2-29 所示，即便投资者在 T+0 买入股票后第二天止盈，损失也不会很大。图中显示，该股收盘下跌以后，接下来的第二个、第三个交易日都出现了上

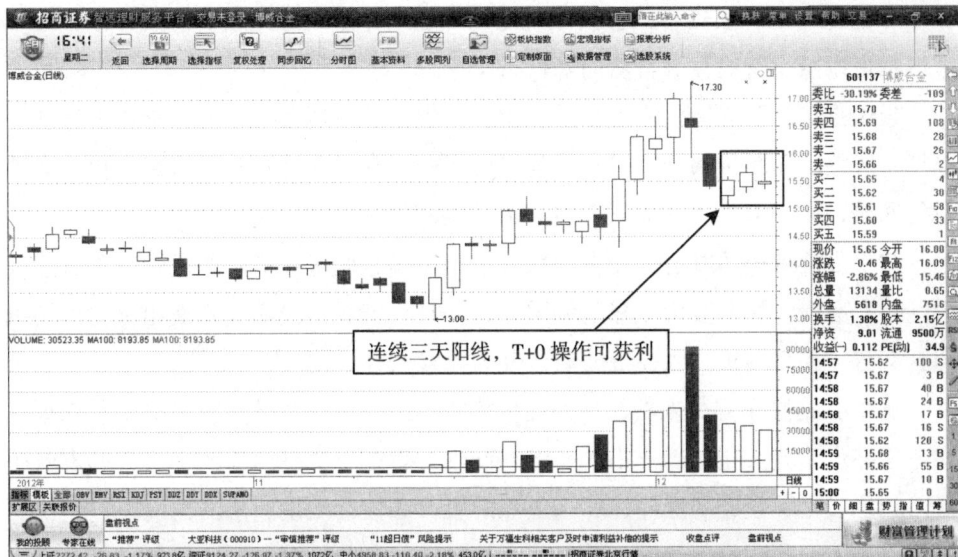

图 2-29　博威合金——股价高位回落建仓可轻松获利

涨。并且在第四个交易日中继续冲高回落。短线 T+0 的交易方式中，投资者能够在价格反弹的时候获利。即便第二个交易日中股价反弹幅度不高，也可不赔不赚出货。

分时图中采取 T+0 的交易方式，投资者就是能够在低价建仓的基础上获得利润。在股价的短线回调的走势中，半仓低价买入股票，降低持仓成本。买入股票的仓位轻、建仓的价位低，是 T+0 操作的重要优势，也是投资者短线操作获利的关键。

第四节　减少持仓盲目性

一、避免价格高位过多持仓

在实际的股票交易中，投资者理性掌控持仓资金并不是件容易的事情。事实上，多数投资者会在多数情况下重仓持股，很少有投资者灵活调整仓位应对价格涨跌。而 T+0 的操作方式，恰好为投资者提供了一种减小盲目持股风险的手段。

在 T+0 的操作中，投资者能够按照既定的计划来持股，即便股价短线冲高，投资者依然可以减小持股数量，从而降低持仓风险。

T+0 的交易手法是高位止盈低点建仓，决定了投资者不可能在价格大涨的阶段持有股票。而股价回调之时，成为投资者的建仓机会。很多风险来自价格大涨后的回调，而 T+0 的操作方式却可以避免这种情况出现。

如果投资者按照既定的交易计划来进行买卖，股价冲高阶段投资者不可能长时间持有股票。除非股价上涨趋势明确，并且投资者已经明显判断出价格的持续回升态势，那么继续持股在价格高位并非风险来源。

从 T+0 的操作方式来看，即便在价格持续回升阶段，投资者根据交易计划也应考虑逐步止盈。止盈操作不仅是将利润收入囊中，更是提前减小损失的有效手段。如果股价不会成功涨停，那么上涨的股价必然会出现回落的情况。与其说等待价格进入回落阶段，倒不如动态减仓持股。一旦股价真的见顶回落，投资者再将全部资金止盈出局，这样损失就小很多了。

东富龙——"一字"涨停板的止盈机会，如图 2-30 所示。

图 2-30　东富龙——"一字"涨停板的止盈机会

如图 2-30 所示，东富龙的日 K 线图显示，股价持续放量回升以后，价格在拉升的过程中出现了"一字"涨停板的情况。投资者如果在之前就已经采取了 T+0 的交易方式，那么该股的"一字"涨停板显然带来了不错的收益。根据 T+0

操作的交易原则，投资者应该考虑这个位置做空了。即便该股依然能够大幅度上涨，也应坚持止盈操作。

没有采取 T+0 操作方式的投资者，更多的肯定是在涨停之时继续持股。而 T+0 操作的投资者却会在股价涨停的时候止盈，避免高位持股风险。

在接下来的交易日中，东富龙开盘下跌，止盈的投资者就轻松避免高位持股，提前获得了利润。

东富龙——盘中低开杀跌后的建仓机会，如图 2-31 所示。

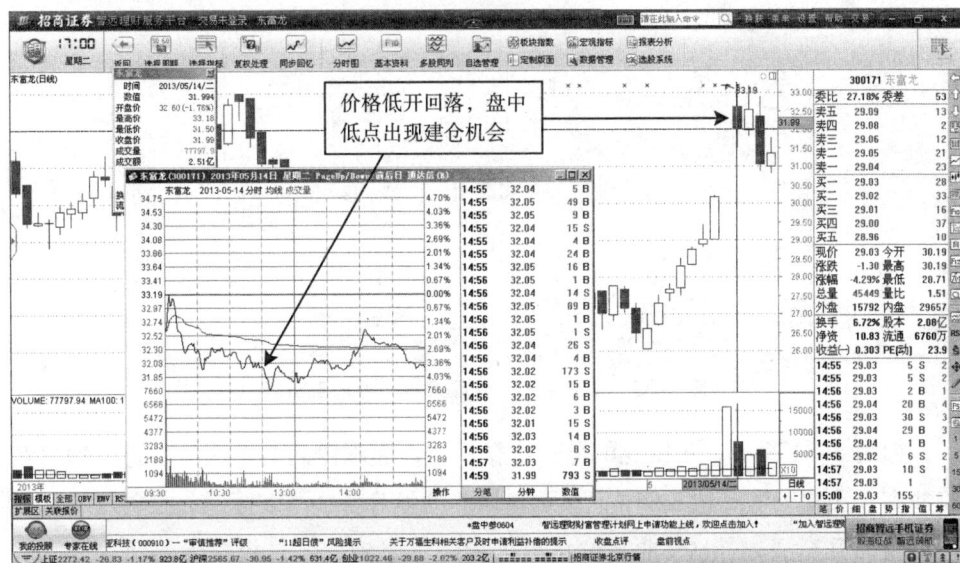

图 2-31　东富龙——盘中低开杀跌后的建仓机会

如图 2-31 所示，东富龙的日 K 线图显示，第二天该股开盘下跌，并且在盘中一路回落，跌幅高达 4.0% 以上。分时图中股价在盘中低点运行时间很长，这也为投资者建仓创造了条件。如能在股价回升之前买入股票，投资者可以获得不错的利润。

前一日该股已经出现了"一字"涨停的情况，显然几乎不会有投资者能完成建仓动作。但是 T+0 操作还是要继续，那么投资者只能在股价"一字"涨停的时候高位止盈了。

当股价盘中回落之时，也为投资者的建仓提供了帮助。"一字"涨停后的价格回调值得投资者低价买入股票。这个时候，该股的活跃度还是很高的，投资者 T+0 操作的买涨动作能够轻松获得利润。

前一日该股涨停的时候，投资者在涨停价止盈，避免了价格高位持股风险。涨停后该股低开回调，恰好是建仓的时机。

东富龙——开盘大涨，可止盈出货，如图 2-32 所示。

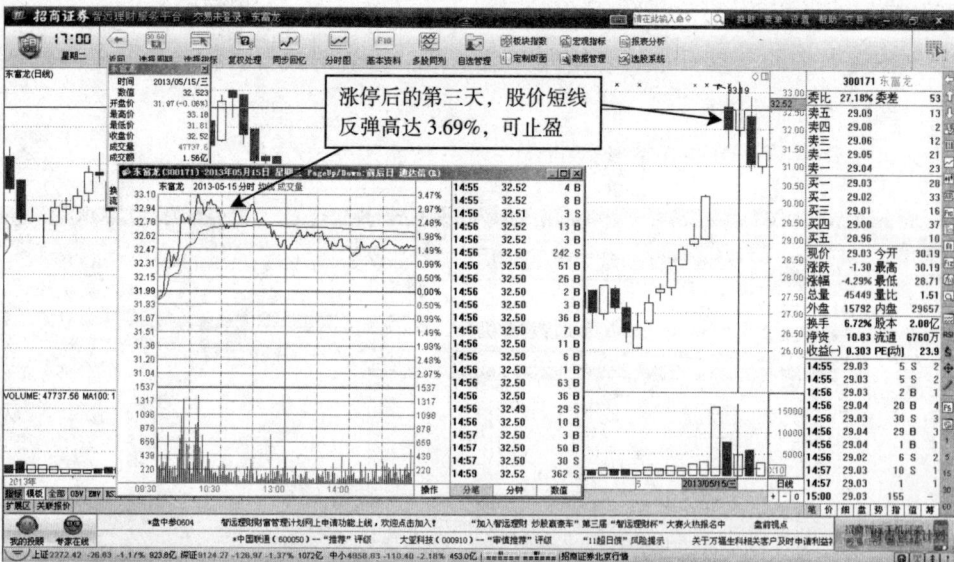

图 2-32　东富龙——开盘大涨，可止盈出货

如图 2-32 所示，东富龙的分时图显示，该股涨停后的第三天，盘中股价快速冲高，涨幅一度高达 3.69%，显示出该股的强势特征。实际上，投资者有希望在价格回升至涨幅 3.69% 的高位止盈出货。考虑到前一日投资者的建仓成本较低，获利潜力必然在 3.69% 以上。

在东富龙"一字"涨停的时候，投资者虽然错过了当日建仓机会，却在止盈后抓住了第二天的买涨点。而接下来的第三天该股冲高回落，显然为投资者提供了再次盈利的机会。

采取 T+0 的交易方式，投资者确实可以避免错过抄底机会的情况发生。如果股价的波动比较强，那么分时图中价格低点无疑是重要建仓位置了。分时图中的交易机会并非不存在，只是很多投资者更喜欢追涨杀跌，而错过了股价回落时候的买点。T+0 的交易形式却能帮助投资者避免错过抄底机会。

二、避免错过抄底机会

追涨杀跌是投资者最容易犯的错误。如果说 T+0 的止盈操作让投资者减小高位持股风险，那么对应的建仓操作就增加了买入廉价筹码的交易机会。事实上，当股票价格在分时图中回落的时候，更多的投资者会马上出货。但是接下来的交易日中很可能又是反弹的走势。特别是股票价格运行趋势明显向上，短线跌幅又不是很大的个股，就会再次出现上涨的情况。果真如此的话，投资者在价格回落期间半仓买入股票，显然已经购入了廉价筹码。

在多头趋势中，股价的上涨并非不可以延续。即便在价格回调的情况下，投资者在分时图中的抄底动作依然可行。实际上，在 T+0 的买卖方式中，投资者买入股票的资金始终维持在总资金的 50%，这样肯定能够减小持股风险。投资者短线买入股票的价格低廉，即便股价在第二天出现了低开调整，损失同样不会太多。

表现抢眼的个股，就算价格已经短线回调，也不会长时间维持在底部。最大可能性出现的情况是，股价盘中杀跌后快速反弹，形成类似 V 形态反弹的走势。如果股价反弹速度很快，提前做好超跌准备的投资者一定可以抓住理想买点。

友利控股——日 K 线中低开建仓机会，如图 2-33 所示。

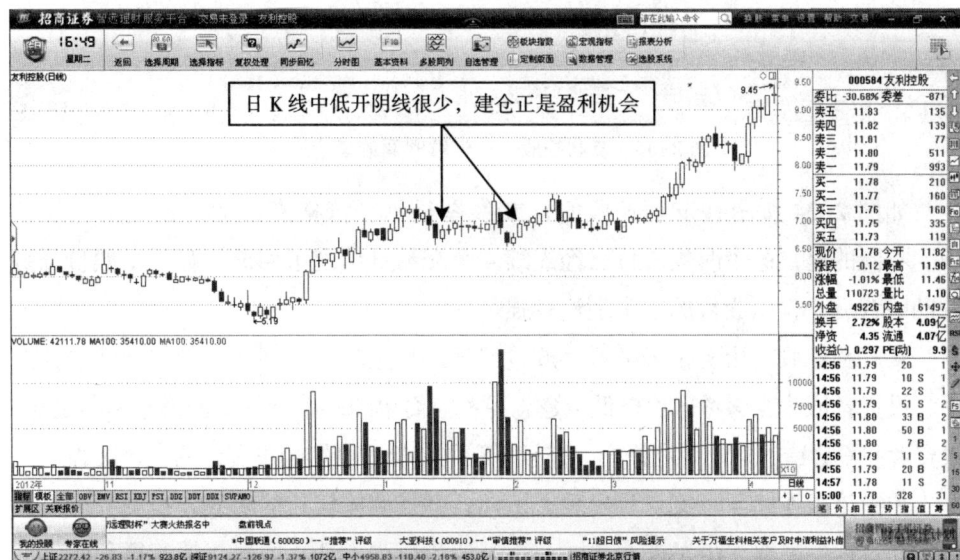

图 2-33　友利控股——日 K 线中低开建仓机会

如图 2-33 所示，友利控股的日 K 线图显示，股价在多头趋势中运行，低开下跌的阴线偶然会出现一次，却为投资者提供了建仓的良机。图中显示，该股横向运行的时候，出现了两次低开回落的阴线。虽然建仓风险很高，但是 T+0 操作的规则就是需要投资者抄底建仓。股价在日 K 线图中低开回落，投资者更容易判断该股的弱势下跌趋势。从图中看来，友利控股的表现还是比较强的，显然股价短线回落不会得到延续。即便从短线来看，股价低开下跌也并非代表了该股的主要运行趋势。

友利控股——连续回调的建仓机会，如图 2-34 所示。

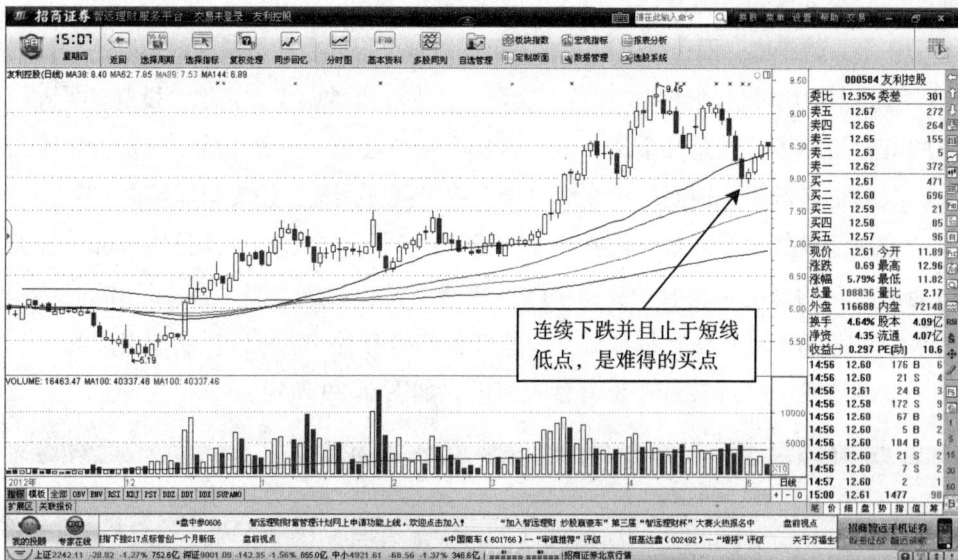

图 2-34　友利控股——连续回调的建仓机会

如图 2-34 所示，友利控股的日 K 线图显示，价格高位的回调走势再次出现。不同的是，这个时候股价已经连续 4 个交易日出现了回调，显示出股价强势波动的背后，打压股价的空头理论较强。

从友利控股的历史走势来看，放量回升还是主基调，即便在价格回调的情况下，投资者依然能够考虑价格低点建仓盈利。简单的一个交易日的跳空回落走势，投资者并不会错过建仓盈利机会。连续下跌的股价才会影响投资者的建仓决心。

图中该股连续 4 个交易日出现了回调，都是实体较长的阴线，投资者可以考虑减仓过程中采取 T+0 的交易方式。一旦股价反弹上涨，同样能够获得利润。

友利控股——价格放量突破前期高位，如图 2-35 所示。

如图 2-35 所示，友利控股的日 K 线图中，持续阴线回调以后，股价开始逐步企稳。图中两根回升大阳线形成有效突破，股价很快就站在前期高位以上。这样看来，投资者的 T+0 操作并非不能获利，投资者只要把握好分时图中的操作位置，在价格回调期间逐步减仓，还是可以获得反弹中的利润的。特别是在股价大

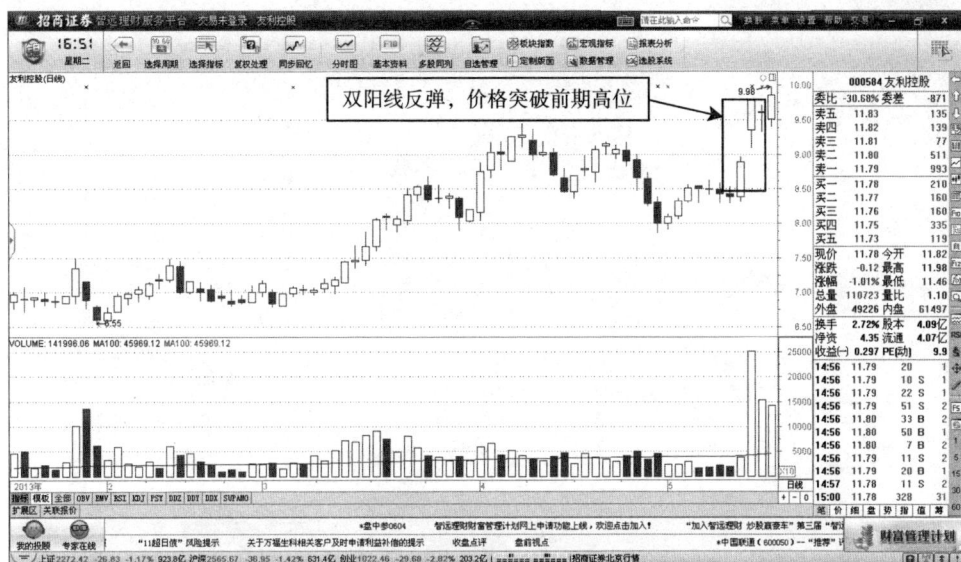

图 2-35　友利控股——价格放量突破前期高位

阳线反弹期间，持股的投资者更容易获得利润。

　　该股的走势非常活跃，上涨和下跌也经常连续出现，这也为投资者提供了操作信号。真正的 T+0 操作中，投资者并不用考虑日 K 线中价格走势，更重要的是关注股价的波动方向。在股价回升阶段，投资者更容易获得利润。而一旦价格短线回调，不仅投资者需要向下调整持股资金，还需注意买点需要非常低，而卖点尽可能地提高，才有希望获得短线操作的利润。

第三章　仓位要点

第一节　T+0 的增仓操作

一、少半仓止盈

在 T+0 的增仓操作中，投资者总体持仓状况应该随着交易的进行而增加。考虑到价格的持续回升，投资者总体增仓并不会减小持股风险。在 T+0 的交易中，虽然买卖操作应该在每天都会进行。但是买入股票和卖出股票数量可以灵活选择。如果股价处于上升通道，那么回调必然是短期现象，投资者增仓的话更容易获得利润。这样，如果投资者已经动用一半资金来持有底仓，那么可以在价格冲高的过程中卖出一部分股票，而不是将所有股票一次性卖光。一旦分时图中价格出现回落，使用总资金的一半完成短线建仓，这样也可以在总体增仓的过程中采取 T+0 的操作策略。

在多头趋势中，股票价格随时都有可能大涨，投资者高位卖出股票很容易踏空。而如果采取价格高位卖出部分股票的做法，不会错过价格大涨的盈利机会。少量资金始终处于持股状态，这样就不会出现踏空情况。

当然，投资者考虑始终维持一部分资金持有股票，这样做的前提是价格上升趋势明确，并且股价短线调整空间有限。这样，不管投资者以多少资金持股，都能够持续获得利润。

宝石 A——日 K 线中量能出现突破，如图 3-1 所示。

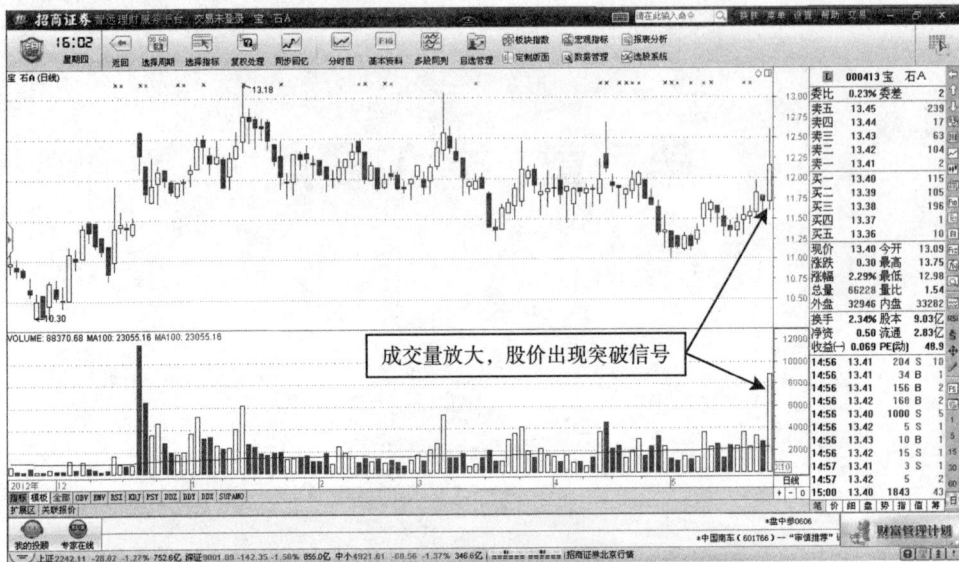

图 3-1　宝石 A——日 K 线中量能出现突破

如图 3-1 所示，宝石 A 的日 K 线图中，该股放量拉升出一根上影线很长的阳线，该股由此形成向上的突破信号。可以预见的是，多方已经占据了主动权，开始拉升股价回升。图中放量突破的阳线就很能说明问题。相比前期量能，这根大阳线对应的成交量显著放大 3 倍，实际上，这也成为投资者采取 T+0 操作的依据。

如果量价齐升，那么没有理由不去参与该股的多头行情。实际上，当股价完成突破信号并且加速回升的时候，止盈价也会随着提高。T+0 首要问题是提高每次持股后的盈利空间，而不是设法寻找价格的低点建仓。在股价回升阶段，很低的买点不容易出现。投资者买涨热情高涨，一旦股价短线回落，势必会出现大量买盘推高股价，这也限制了投资者的盈利空间。

宝石 A——价格冲高，少半仓止盈，如图 3-2 所示。

如图 3-2 所示，宝石 A 的日 K 线和分时图显示，随着股价放量向上突破，该股盘中冲高回落，明显是强势回升的趋势。虽然尾盘股价涨幅出现了回调，但这并不影响该股继续放量回升。从分时图中价格走势看，止盈机会出现在开盘后不久。T+0 的交易方式要求投资者必然在每次止盈的过程中卖出半仓持有的所有股票。但对于该股的回升趋势来讲，投资者完全可以剩余一些股票不去抛售。因为价格上涨的过程中，股价低点的建仓机会与价格高位的差距会缩小，完全使用半仓买卖的办法会错过交易机会。事实上，少半仓止盈以后，投资者有一半以上

图 3-2 宝石 A——价格冲高，少半仓止盈

的资金处于持股状态，这样减小了踏空风险。

宝石 A——价格大幅拉升，止盈空间增加，如图 3-3 所示。

图 3-3 宝石 A——价格大幅拉升，止盈空间增加

如图 3-3 所示，宝石 A 放量冲高以后，第三个交易日中继续放量上涨。分时图中股价开盘后快速回升，盘中几乎没有出现任何有效的卖点。从操作机会上

看，投资者很容易卖在股价的高位，而低价建仓就很困难了。盘中股价持续上涨，这也是多数强势回升股票应有的运行趋势。从开盘到收盘的交易时段中，最低价居然出现在开盘价上，这也是很多投资者不能轻松抄底的重要原因。开盘后价格一路走强，继续等待只能错过买入股票的好机会。

从宝石 A 的日 K 线图看来，股价在放量突破后很容易继续回升，而分时图中的价格低点也不再是那么低了。股价波动的重心不断向上移动，投资者可以在价格还未见底之前考虑建仓。多方资金踊跃看涨的情况下，投资者其实很难发现比较低点的买点了。价格在强势突破以后，这样的股票总能吸引很多投资者疯狂介入，而投资者要做的事情，便是在尽可能低的价格上买入股票，以便在股价冲高期间获利。

二、半仓建仓

在 T+0 的增仓操作过程中，每次用于建仓的资金一定是总资金的一半。也就是说，投资者始终以半仓买入股票，这样做的好处在于，不会因为价格下跌减小买入股票的资金。建仓资金维持不变的情况下，就不会错失价格回调的买入股票机会。

在价格上涨期间，如果投资者判断股价的波动方向始终向上，那么只要价格回调便可以短线补仓买入股票。在 T+0 的交易方式中，虽然投资者并没有在当日卖出所有股票，但是在先卖后买的情况下，投资者总有一半以上的资金用于建仓。那么股价在分时图中短线回调，投资者可以在更低的价位上买入股票，从而获得利润。

在 T+0 的交易方式中，半仓买入股票的时间一般会在当日交易时段的盘中或者下午盘阶段。股价如果尾盘拉升的话，那么盘中或者下午盘阶段很容易出现价格低点。如果投资者考虑先卖后买的话，那么股价的走势应该是冲高回落的情况。这样，投资者可以在股价冲高的时候先行止盈获得利润。等待价格回落以后考虑在价格低点半仓买入股票。

在冲高回落的情况下，投资者更容易把握的价格低点很可能在盘中出现。或者说，尾盘阶段股价也容易形成价格低点，投机者尾盘买入股票也可获得利润。

在多头趋势中，价格可以很容易出现冲高回落的走势。股价的回落成为投资者重要的半仓买入的机会。虽然半仓买入股票以后，当天不一定获得利润。但是随着趋势的延续，第二天股价也很容易冲高，投资者可以在第二天的价格高位止盈半仓买入的股票，以便完成 T+0 的交易方式。

宝石 A——平淡开盘放量突破，如图 3-4 所示。

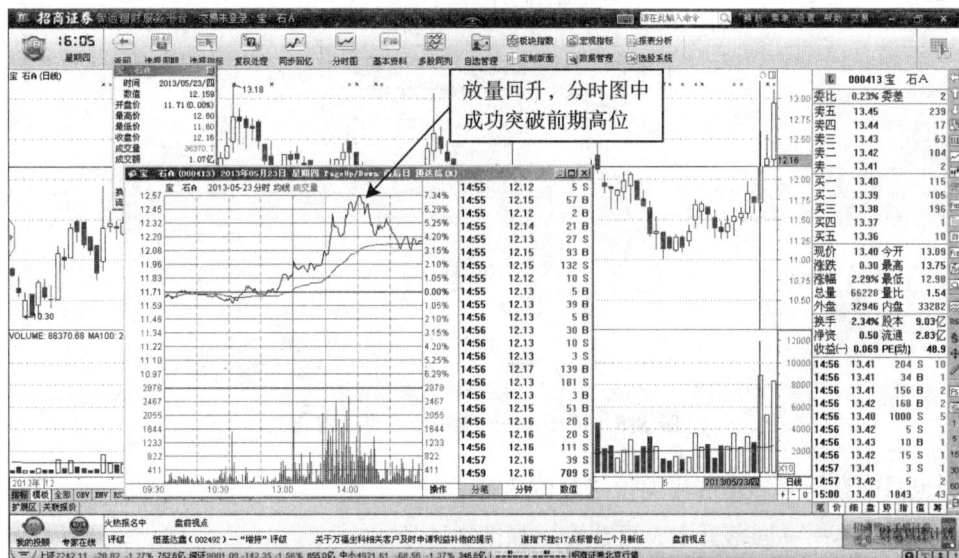

图3-4　宝石A——平淡开盘放量突破

如图 3-4 所示，宝石 A 的分时图显示，该股首次放量回升的时候，价格显著上涨。盘中股价涨幅高达 7.51%，显示该股的突破力度很大。虽然尾盘持续了回调，但这并不能改变该股形成日 K 线中的放量突破。在股价有效突破前期高位以后，T+0 交易方式的买点恐怕再也不会出现更低价位。投资者在少于半仓资金止盈的情况下，买点应尽可能抓住价格低点，这样每次建仓的获利空间才会高。

宝石 A——盘中低点可以建仓，如图 3-5 所示。

如图 3-5 所示，宝石 A 的分时图显示，股价在开盘后快速回升，盘中该股多数时间处于涨幅 1.27% 以上，表明投资者要想低价建仓显然是不可能的。股价在盘中和尾盘出现了价格低点，但仍然高于前一日的收盘价格。

在实际操作中，如果投资者首次在止盈期间卖出了部分股票，那么隔夜持股所用资金应该在半仓以上才对。这样一来，即便股价在第二天高开上涨，投资者依然以多于半仓的资金买入股票，更容易获得真正的利润。

在分时图中，宝石 A 的盘中和尾盘的价格低点虽然并不是理想的买点，但真正的价格低点显然不容易出现。毕竟，宝石 A 仍旧处于回升阶段，投资者要想获

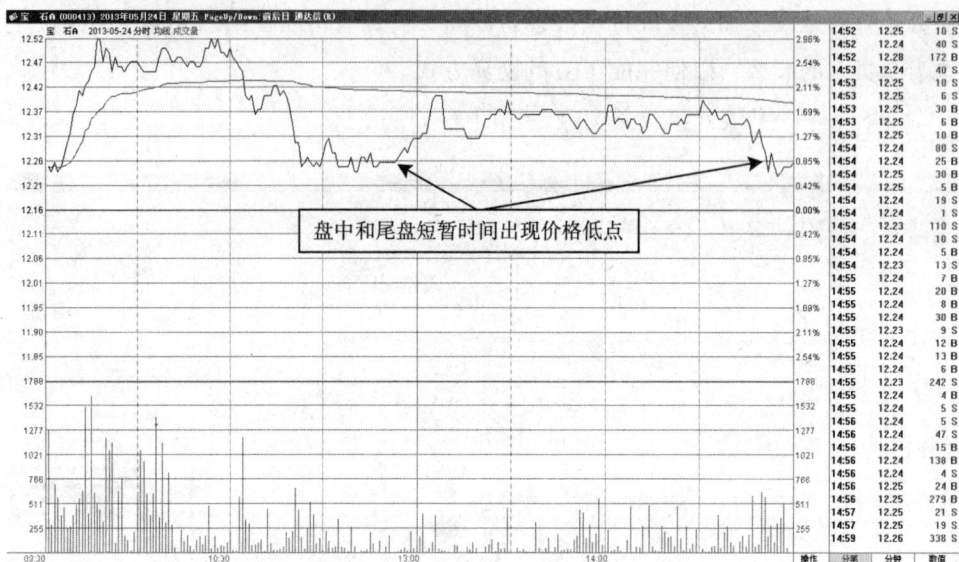

盘中和尾盘短暂时间出现价格低点

图 3-5　宝石 A——盘中低点可以建仓

利也只能选择有一定涨幅的价格高位建仓了。

宝石 A——回落开盘，可建仓，如图 3-6 所示。

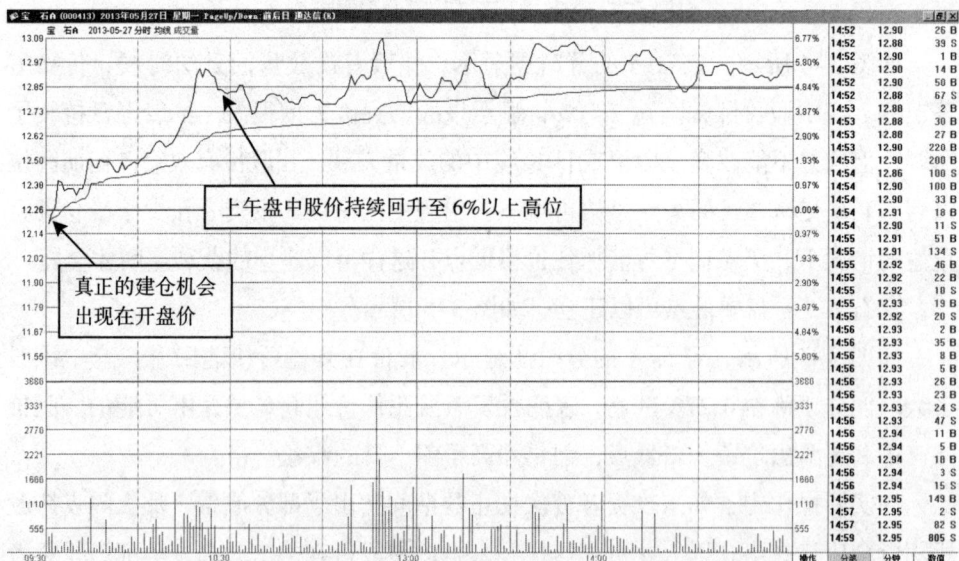

上午盘中股价持续回升至 6% 以上高位

真正的建仓机会
出现在开盘价

图 3-6　宝石 A——回落开盘，可建仓

如图 3-6 所示，宝石 A 放量上涨趋势非常明确，分时图中该股再次持续走
强。在该股回升期间，投资者能够把握住的买点出现在开盘那一刻。随着交易的

进行，股价在不足 1 小时的时间里达到涨幅 6% 以上，显示出极大的回升潜力。如果说图 3-5 的价格回升还不能说明该股的强势状态，那么分时图中股价再次持续拉升就表明了该股的强势。

面对放量突破后的价格走势，最理想的建仓机会已经不是每天分时图中价格低点，而是股价突破初期的价格低点。这也是投资者少半仓止盈而半仓建仓的重要原因。

第二节　T+0 的减仓操作

一、半仓止盈

投资者采取减仓操作的 T+0 交易形式，肯定是在空头趋势中完成的。在股价震荡下跌的时候，即便是动态的 T+0 交易形式，其中的持股风险也很大。价格的反弹可能会持续减弱，投资者采取动态持股，总体减仓的交易方式，正好适应了价格回落的走势，有助于投资者减少持股时间，降低持股风险。

在实际操作中，已经持股的情况下，投资者显然应该在止盈阶段卖出半仓持有的所有股票。在下跌趋势中，股价的反弹并非能够扭转下跌趋势，全部止盈的做法有助于投资者控制持股风险，保住来之不易的利润。

T+0 的交易形式本身涉及当日半仓买入股票和半仓卖出股票的问题。实际操作中，投资者可以在价格反弹的分时图高位卖出股票，并且考虑在价格下挫的分时图低点买回股票。由于股票波动的重心持续向下移动，买入股票的资金可以相对减小，并且买入价格可以尽可能地低一些。更为可行的办法是，如果价格下跌幅度很大，又不存在比较理想的买点，投资者完全可以更换股票，选择更容易使用 T+0 交易方式的股票来操作。

上柴股份——股价盘中下挫，该股进入调整阶段，如图 3-7 所示。

如图 3-7 所示，上柴股份的分时图显示，股价开盘后快速杀跌，盘中跌幅一度高达 4%，表明该股走势已经出现逆转信号。当分时图中该股盘中冲高回落，并且完成了日 K 线的高位棒槌线以后，真正的做空信号出现了。以棒槌线为起

图 3-7 上柴股份——股价盘中下挫，该股进入调整阶段

点，上柴股份将逐步进入到回落趋势中。投资者若要采取 T+0 的操作方式盈利，必然应该考虑降低持股资金。

T+0 操作中，投资者在半仓止盈的情况下半仓买入股票。但是考虑到上柴股份已经出现见顶信号，投资者可以相对降低建仓资金，在不改变半仓止盈的情况下，在减少资金的过程中采取 T+0 的操作形式盈利。

上柴股份——调整阶段的 T+0 操作，如图 3-8 所示。

如图 3-8 所示，上柴股份日 K 线中的棒槌线见顶以后，该股短线连续下跌。虽然期间也存在 T+0 操作的盈利机会，但是盈利空间并不高。并且，只有投资者明确把握住价格的低点和高位的情况下，才有可能获得 T+0 操作的利润。一旦操作失误，不仅抓不住稍纵即逝的价格高位和低点，还会因此快速遭受损失。可见，T+0 操作虽然也可在股价回落期间采用，但过夜持股资金不应超过总资金的一半。而止盈价格的选择上更有难度，若没有精挑细选，那么投资者不可能抓住最重要的卖点。

二、少半仓建仓

在 T+0 的减仓操作中，用于建仓的资金应该持续回落。鉴于价格下跌的趋势还在持续，投资者采取动态调整建仓资金，达到减仓中实现 T+0 交易的操作目

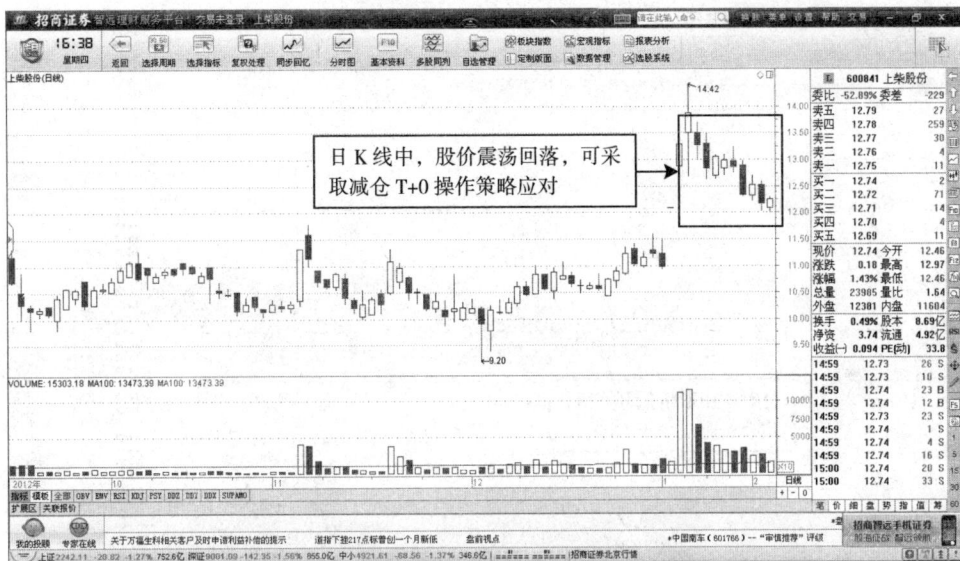

图 3-8   上柴股份——调整阶段的 T+0 操作

标，同样能够达到比较理想的投资效果。减仓操作其实很容易实现，投资者只要控制好建仓资金数量，就能够达到目标了。

在减仓操作的 T+0 交易方式中，止盈操作涉及全部持股。而价格短线杀跌后，投资者用于建仓的资金仅涉及部分资金，而不是半仓资金买入股票。特别是在股价下跌，投资者处于套牢状态的时候，这种动态中调整仓位，并且实现半仓 T+0 交易到整体减仓操作转变的交易形式，必然对投资者减小损失扩大投资回报有很大帮助。

上柴股份——价格低开探底，如图 3-9 所示。

如图 3-9 所示，上柴股份分时图显示，股价在开盘期间低开杀跌，并且盘中反弹空间很小，投资者要想高位止盈显然做不到。当股价已经在日 K 线中见顶的时候，投资者采取 T+0 操作应主动建仓买入股票。股价高位回落的时候，获得高卖低买的价差并不容易。减仓操作的好处在于，既没有主动放弃短线买卖的机会，也没有按照之前的操作持股。投资者采取更少的资金参与高抛低吸的买卖，在投资风险与回报上达到一种平衡。

上柴股份——小幅高开后杀跌，如图 3-10 所示。

如图 3-10 所示，上柴股份分时图显示，该股见底后第三天继续弱势回调。虽然开盘价格出现了小幅上涨，但是开盘后该股快速回落，俨然一个空头下跌行

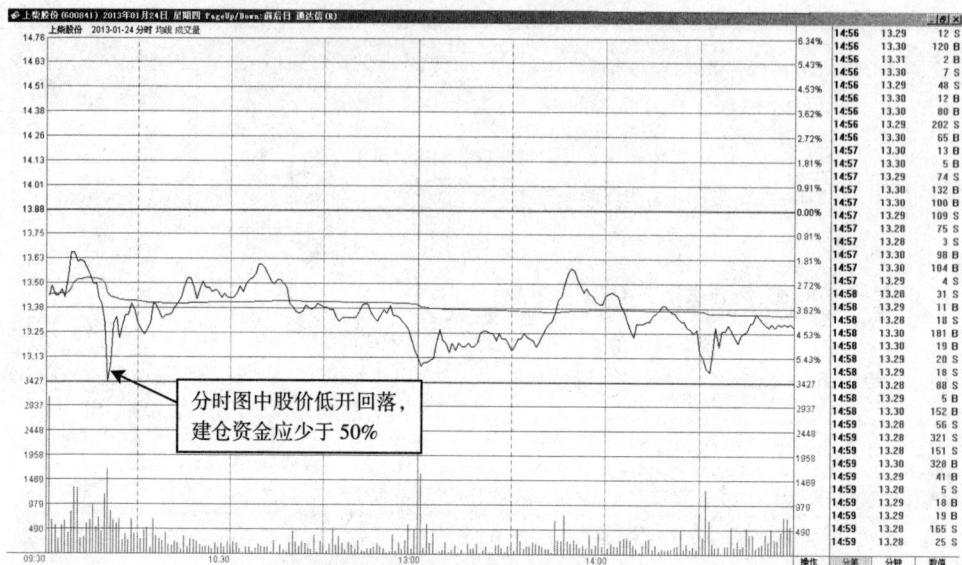

图 3-9　上柴股份——价格低开探底

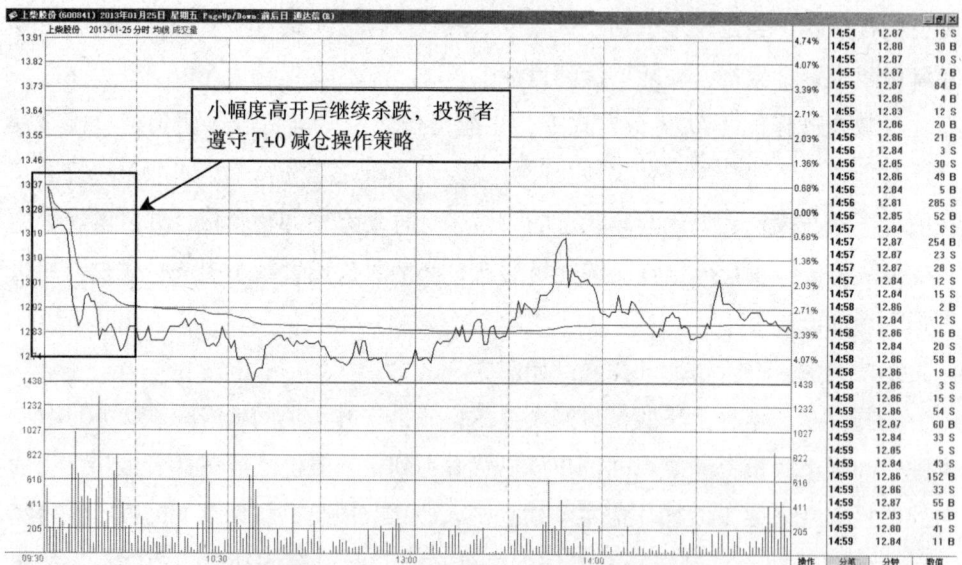

图 3-10　上柴股份——小幅高开后杀跌

情。从价格表现来看，投资者能够获得的交易机会，出现在盘中和尾盘阶段。盘中股价杀跌，价格回落后可以少量资金建仓。而尾盘该股出现了反弹走势，价格高位便是止盈机会了。

上柴股份——小幅低开后反弹，如图 3-11 所示。

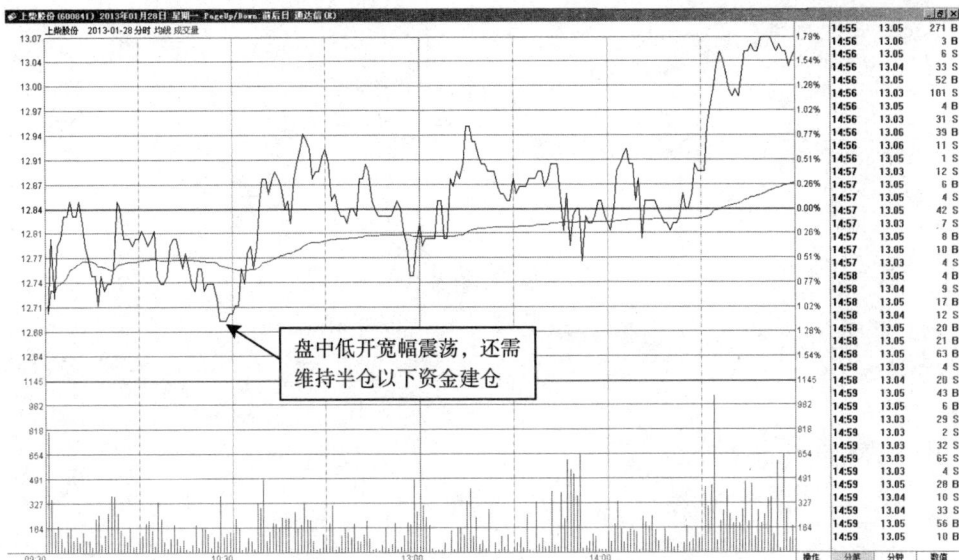

盘中低开宽幅震荡，还需维持半仓以下资金建仓

图 3-11 上柴股份——小幅低开后反弹

如图 3-11 所示，上柴股份的分时图显示，该股开盘阶段虽然第二次低开，但是股价在开盘后的表现更强一些，股价短线波动空间加剧，显示当日该股反弹高位可能会更大。这样一来，投资者可以在开盘后的价格低点考虑建仓该股。而随着量能的放大，股价震荡回升，止盈目标由此向上移动。

从分时图中价格走势来看，等价线对股价的支撑还是比较有效的。虽然股价连续多次跌破等价线，但是回落仅在瞬间出现，之后该股不断企稳回升，最终尾盘出现了涨幅 1.5% 的止盈机会。

上柴股份——低开回落后反弹，如图 3-12 所示。

如图 3-12 所示，上柴股份分时图中第三个交易日出现了低开走势。股价开盘就出现大幅度杀跌，但是回落时间持续不过半小时而已。当股价企稳回升至等价线后，反弹行情形成。

整体来看，分时图中股价低开回落后企稳回升，最终反弹至前一日的收盘价格以上。虽然该股并未出现有效上涨，但尾盘的价格高位还是成为投资者止盈操作的机会。在 T+0 操作中，投资者止盈在价格高位当然是好事，但考虑股价处于下跌趋势，这种高位止盈的做法显然难以实现。该股的分时图走势就是明显例证。

上柴股份——低开后冲高回落，如图 3-13 所示。

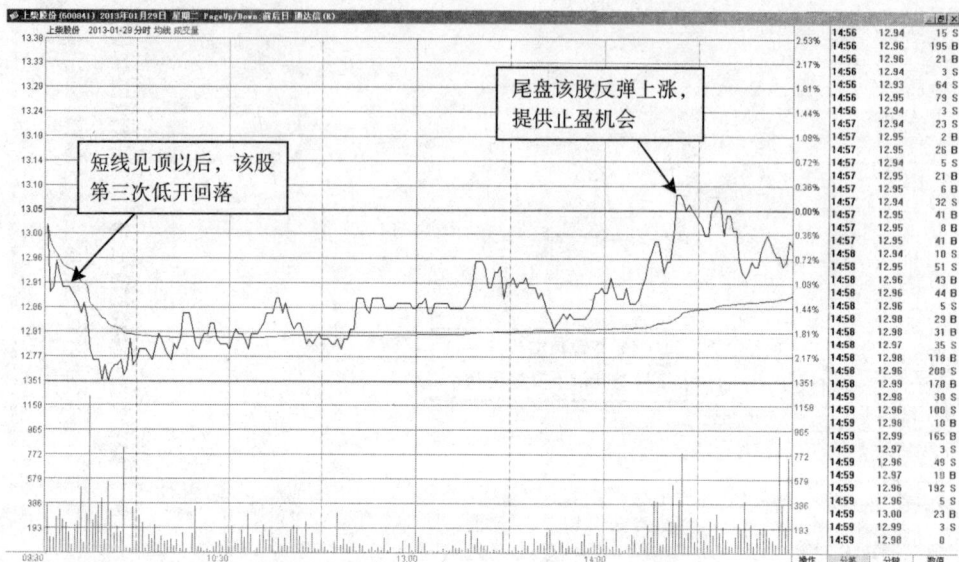

图 3-12　上柴股份——低开回落后反弹

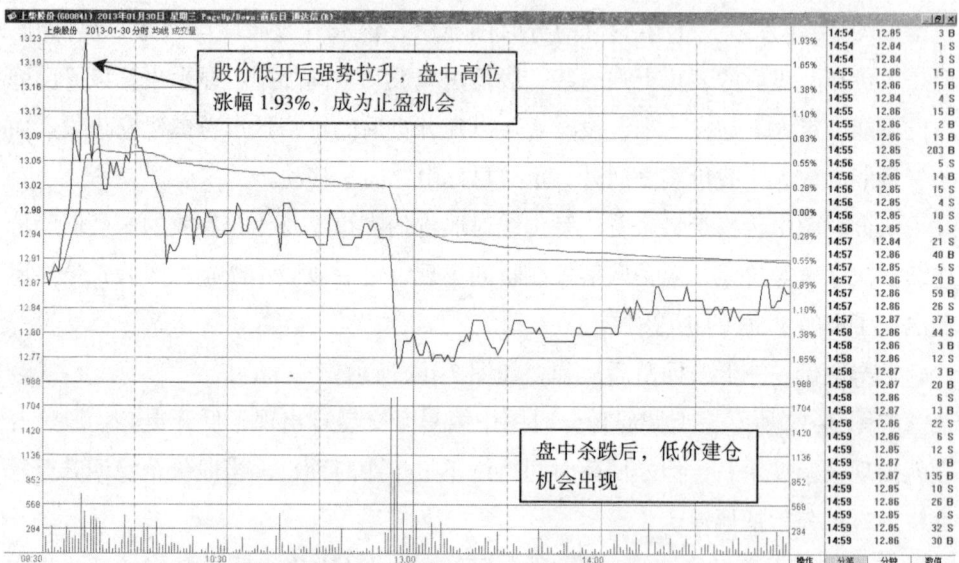

图 3-13　上柴股份——低开后冲高回落

如图 3-13 所示，上柴股份的分时图显示，股价低开后强势反弹，仅用时 13 分钟上涨幅度就高达 1.93%。从成交量上看，并未出现显著放大迹象。随着股价快速冲高，缩量回调出现，可见价格短线反弹的高位成为不错的止盈机会了。考虑到股价高位运行时间很短，投资者有效止盈价位可在涨幅 0.8% 附近完成。

在分时图中,股价冲高回落的情况很容易出现。即便该股还未出现冲高回落走势,投资者从成交量上判断该股上涨空间不会很高。这样一来,真正的卖点正是在该股冲高期间出现。盘中该股放量杀跌,股价最低点已经低于开盘价格,显示出空方做空力度还是很大的。

在日 K 线中股价的回落期间,最重要的价格走势,是股价始终处于连续回落的趋势中。不管股价低开还是高开,最高价总不会很高,而最低价不容易真正出现。这样一来,投资者更应该在价格处于高位的时候止盈,并且耐心等待价格低点出现后建仓。

第三节　T+0 的稳定操作

一、半仓止盈

如果股票价格处于上升趋势中,但短线上涨空间有限,投资者可以使用半仓止盈来做 T+0 的短线操作。股价运行情况稳定,采取 T+0 的交易方式,投资者很容易获得短线回报。特别是在价格波动强度较高而短线上涨空间有限的时候,投资者半仓止盈后可获得价格合理的抄底机会。

与增仓 T+0 和减仓 T+0 的交易方式不同,稳定的 T+0 操作方式中的资金买卖都是以半仓形式操作的。从分时图中价格冲高后止盈操作来看,投资者以半仓做空达到止盈目标。止盈完成以后,总资金的一半将从持仓状态转变为持币状态,投资者短线获利了结头寸,等待价格短线回落以后考虑再次建仓。

实际上,T+0 的稳定操作方式,是在价格处于强势波动中实现的。虽然股价上涨幅度不大,但是价格波动强度高,为投资者提供了止盈的机会。大部分时间里,股价会在盘中形成放量冲高走势,为投资者 T+0 的止盈操作提供了机会。

东材科技——量能稳定,股价波动不大,如图 3-14 所示。

如图 3-14 所示,东材科技的日 K 线图显示,成交量放大速度很慢,股价的上涨出现了减缓的迹象。不过,考虑到成交量还处于放大状态,已经接近了 100 日等量线,投资者可以进行 T+0 的短线操作。股价虽然没有显著放量上行,但是

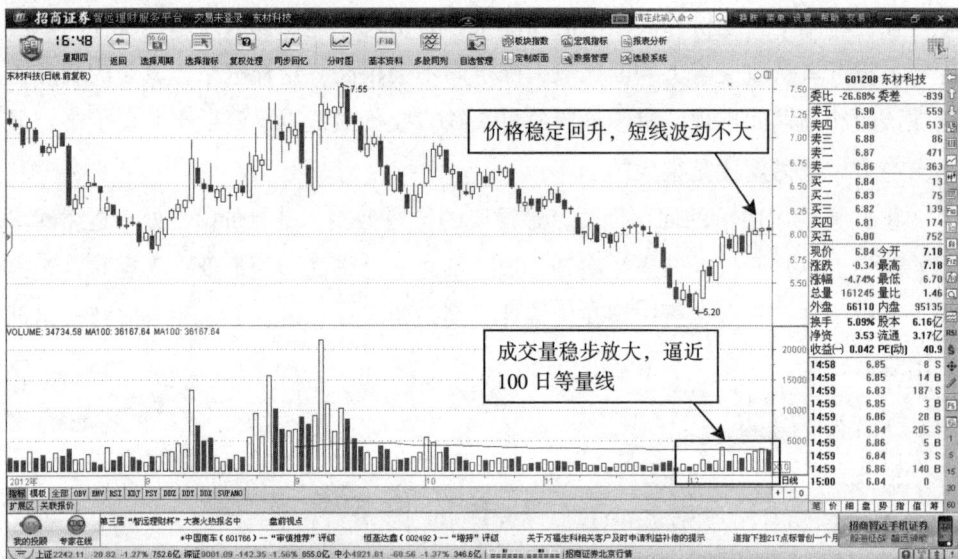

图 3-14　东材科技——量能稳定，股价波动不大

近期走势表明，该股还是处于强势状态。可以预见的是，随着成交量再次放大，该股横盘时间不会太长，投资者的 T+0 操作还是能够获利的。从买卖的仓位上看，可以按照正常的半仓 T+0 买卖进行，可以在短线操作中获利。

东材科技——放量横盘延续，如图 3-15 所示。

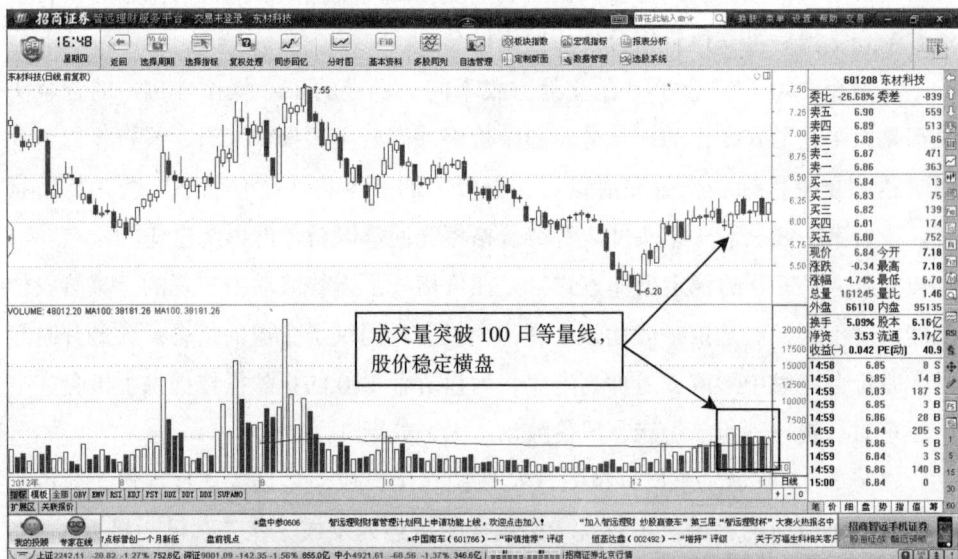

图 3-15　东材科技——放量横盘延续

如图 3-15 所示，东材科技波动空间虽然不高，但成交量已经处于 100 日等量线以上，显示该股的活跃度有所提高。这样一来，股价有望从短线横盘状态发展到放量突破走势。该股何时才能有所突破，就看成交量的放大趋势了。这个阶段，投资者依然能够按照 T+0 的交易策略来进行股票的短线操作。

价格稳定运行的基础是成交量处于放大状态，该股前期运行情况稳定，短线量能又有所提高，显然有助于股价走强。在股价处于横盘状态的时候，投资者可以按照 T+0 的正常操作进行。如果该股能够放量走强，那么 T+0 的操作更容易获得较好回报。

东材科技——横盘走势被突破，如图 3-16 所示。

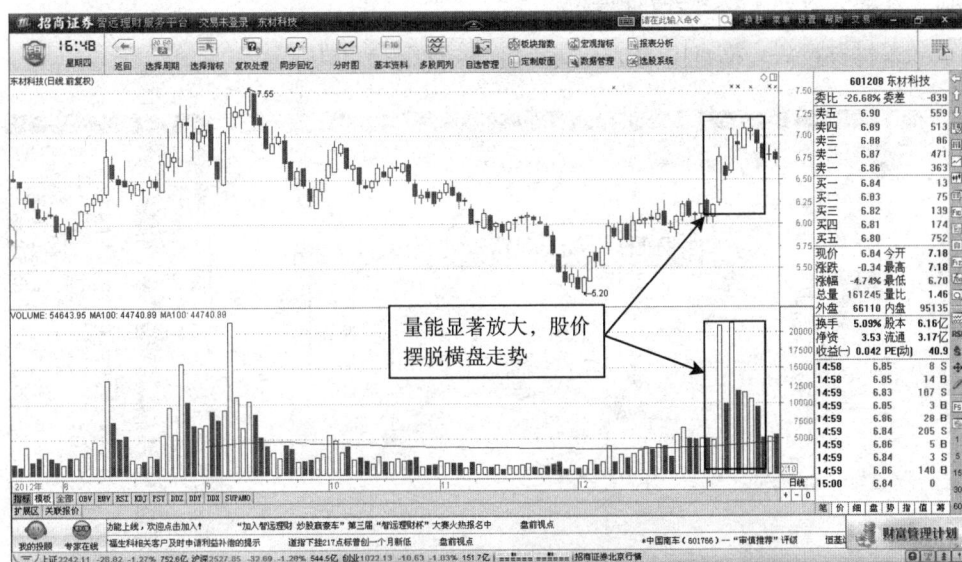

图 3-16 东材科技——横盘走势被突破

如图 3-16 所示，东材科技的日 K 线图中，股价在量能放大的情况下快速突破横盘区域，出现了难得一见的大阳线突破走势。可见，在股价横盘期间，成交量的放大有力支撑了该股的稳定回升。T+0 操作的止盈价虽然不会很高，投资者依然按照半仓止盈的操作进行。在量价回升的过程中，只要不是显著的拉升走势中，投资者半仓持股资金全部在分时图中止盈，就非常必要。

二、半仓建仓

半仓买入股票的做法，投资者能够以更低廉的价格获得短线利润。在 T+0 的交易方式中，投资者不仅能获得高位止盈的获利机会，还有希望在价格短线回落的时候抄底，达到低价建仓的目标。

　　稳定的 T+0 交易方式中，投资者每次止盈和建仓的资金都是半仓形式。也就是说，投资者以总资金的一半止盈卖出股票，同样以一半资金建仓买入股票，达到当日完成买和卖操作的目标。

　　可以说，比较高的价格波动强度以及适当的上涨趋势，是投资者 T+0 操作的必然前提。只要价格波动强度足够大，投资者才有希望获得短线回报。T+0 的频繁买卖动作，必然建立在价格强度运行的基础上。考虑到投资者买涨才能够获利，股票价格的运行趋势即便不是明显大幅拉升，也应该在强势波动中不断走强，这样才有助于投资者获得利润。

　　东材科技——横盘中的 T+0 交易机会，如图 3-17 所示。

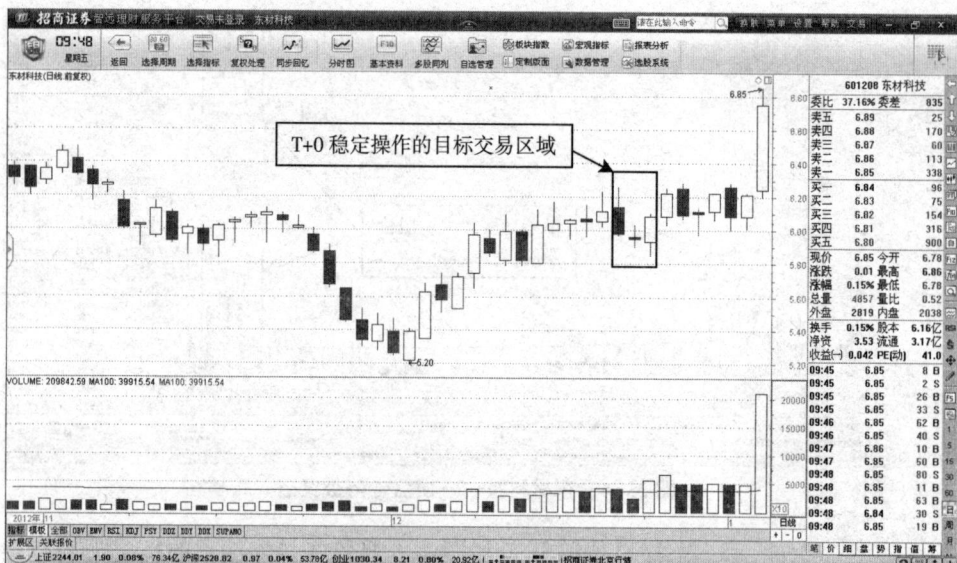

图 3-17　东材科技——横盘中的 T+0 交易机会

　　如图 3-17 所示，东材科技的日 K 线图中，价格处于横盘阶段的时候，投资者能够短线操作股票的机会出现在图中位置。实际上，在价格并未大幅度攀升之前，这样的短线操作机会也是不错的。股价上涨幅度不高，但是涨跌互现的时候，盈利机会就出现在其中。T+0 操作尤其适用横盘期间的操作。这个时候，投资者半仓持股滚动买卖，却可以获得稳定利润。

　　图中三根 K 线是以冲高回落阴线开始的，表明股价短线震荡走弱。T+0 操作的话，投资者可以在价格反弹的高位止盈，并且在动态调仓中完成短线操作过程。

东材科技——尾盘 T+0 建仓机会，如图 3-18 所示。

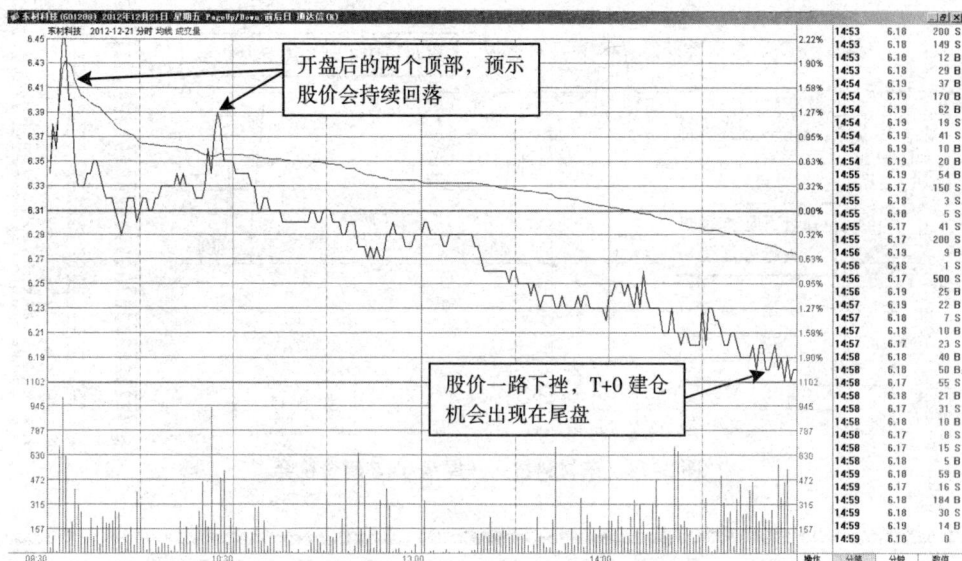

图 3-18　东材科技——尾盘 T+0 建仓机会

如图 3-18 所示，东材科技分时图的价格走势呈现出单边下跌的趋势。从开盘后 1 小时内价格表现来看，该股在开盘阶段两次冲高回落，显示出价格高位的抛售压力还是很高的。开盘后该股双峰见顶，表明投资者在高位止盈的过程中，建仓动作需要等到尾盘才能完成。股价出现回落的两个价格高位，说明下跌趋势明确，尾盘必将形成盘中价格低点。

从股价运行的经验看，分时图中即便是短暂的交易时段，价格也会出现较大波动。更何况在股价运行趋势向下的情况下，投资者在上午盘的建仓风险很大。如果等到收盘前建仓，股价的下跌已经非常充分，价格处于底部是更好的买点。

东材科技——尾盘 T+0 建仓机会，如图 3-19 所示。

如图 3-19 所示，开盘价格出现低开，而盘中股价反弹空间不大，正是投资者半仓买卖的机会。股价处于日 K 线中的横盘运行期间，分时图中该股低开下挫，表明短线调整还未完成，上午盘中价格反弹幅度不大，投资者止盈后能够获得微利。到了下午盘阶段，股价震荡走低，并且在收盘前形成价格底部，也是 T+0 操作的建仓位置了。

东材科技——开盘后不久的 T+0 建仓机会，如图 3-20 所示。

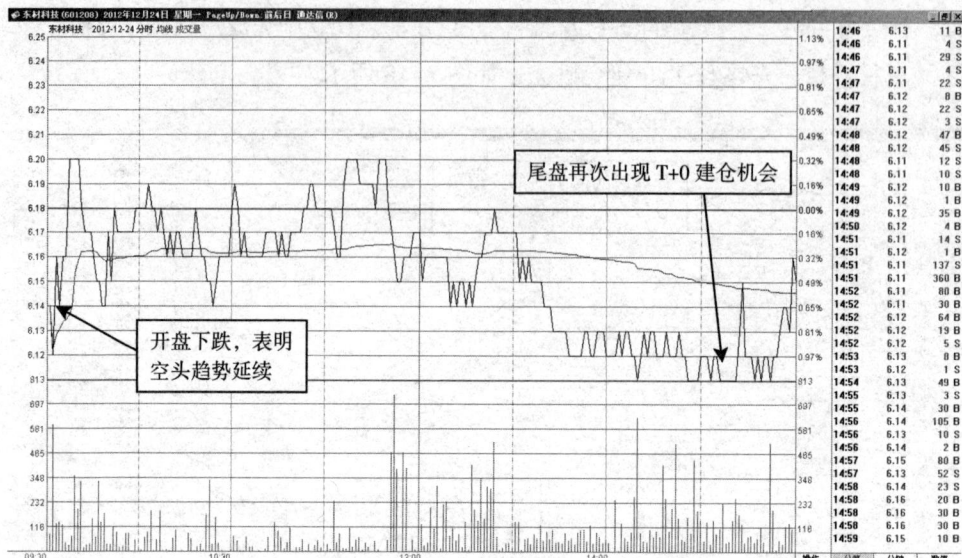

图 3-19 东材科技——尾盘 T+0 建仓机会

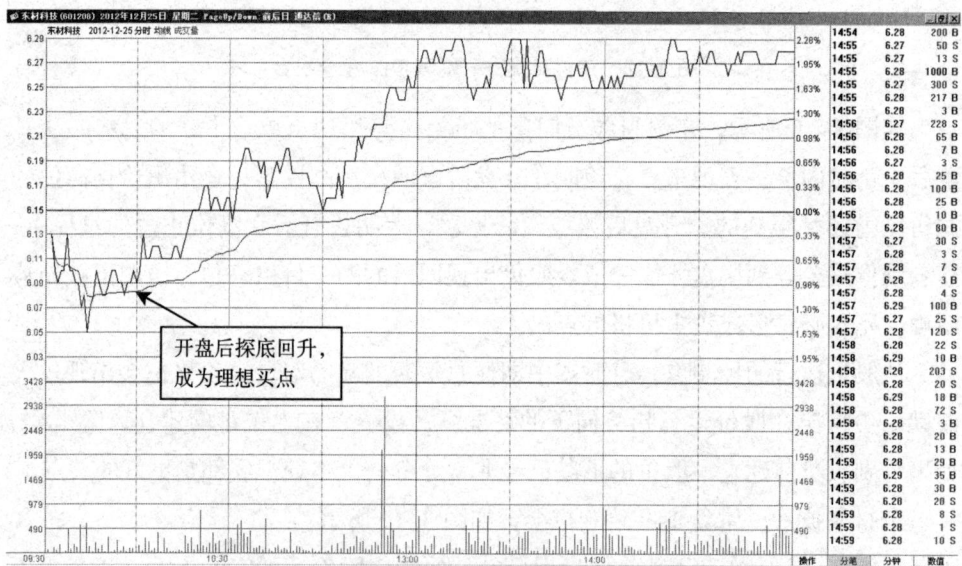

图 3-20 东材科技——开盘后不久的 T+0 建仓机会

如图 3-20 所示，第三个交易日中，东材科技低开回落后快速反弹，几乎在半小时内完成了 V 形反转的形态。从操作上看，投资者很容易在开盘阶段判断该股的走强信号，并且提前在开盘阶段建仓。而随着价格的逐步回升，当日建仓资金已经处于获利状态，那么价格回升至尾盘高位后，正是投资者止盈的机会。

　　在 T+0 操作中，投资者首先对价格强弱状况有一个明确的认识。特别是在开盘后的一个小时内，价格形态以及波动方向一目了然。如果股价明确反弹，那么可以首先完成建仓动作，等到股价拉升以后再考虑止盈。而一旦股价高开回落，或者根本就是低开走弱的情况，及时卖出股票就比较重要，而建仓操作可以等到尾盘阶段进行。

第四章　趋势与反转的重要性

第一节　多头趋势的 T+0 操作

一、多头趋势可总体增仓

T+0 操作的基本价格趋势，应该依据股价震荡回升的多头行情。如果价格并未处于上升时期，投资者即便采取有效的 T+0 短线操作策略，也很难持续获得投资回报。价格在波动过程中上涨，投资者可以在事先持股的前提下，在价格高位尽可能地卖出股票。这样一来，短线获得利润就非常容易了。在股票价格冲高回落的过程中，在价格深度探底的时候买入价格低廉的筹码，为今后的获利提供条件。

股价的运行趋势对 T+0 的交易方式至关重要。如果价格并未运行在多头趋势中，那么投资者采取 T+0 的操作方式风险就很高了。价格如果不论如何都会见顶回落，那么投资者将不得不在价格回落的过程中高买低卖。股票价格震荡下挫，投资者在分时图中卖出的价位必然很高，而抄底以后价格反弹空间总会持续下降，这并不利于投资者获得利润。

对于打算在 T+0 操作中获利的投资者来讲，将不得不选取尽可能好的多头趋势，以及波动强度较大、上涨趋势明确的个股来操作。在多头趋势中采取 T+0 的交易形式，投资者更容易踏空，而不是买在高位。因此，关注股票价格的波动方向，尽可能地选择多头趋势中运行的股票来操作，会更容易获得利润。

瑞普生物——趋势明确，适合 T+0 操作，如图 4-1 所示。

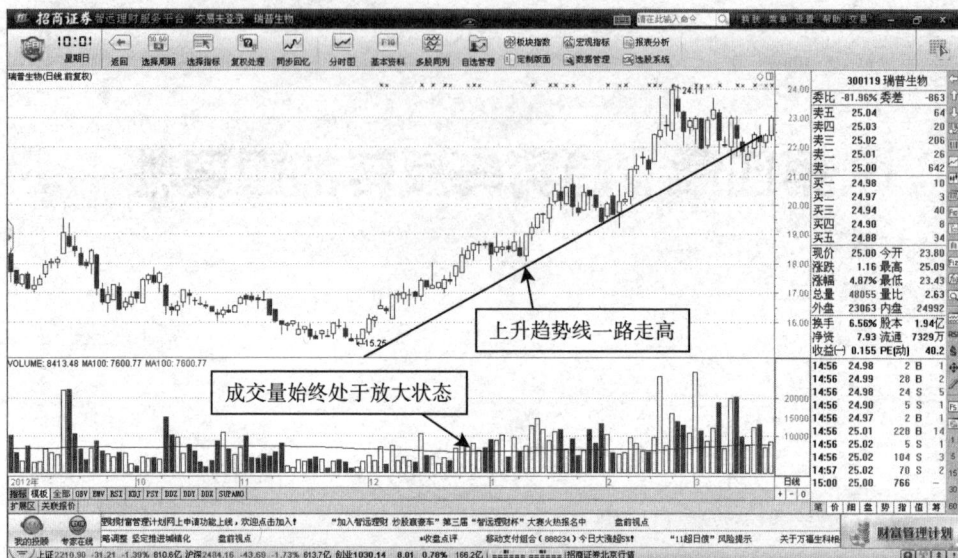

图 4-1 瑞普生物——趋势明确，适合 T+0 操作

如图 4-1 和图 4-2 所示，瑞普生物的日 K 线中显示，随着成交量的稳定放大，股价上升趋势逐步形成。价格上涨累积上涨空间很大，判断该股运行趋势关键在量能放大和价格上涨上。成交量持续回升，支撑股价不断创出新高。而价格的反转一旦形成，上升趋势线上股价不容易出现较大的回调。只要成交量始终处于放大状态，投资者就有机会赢得利润。在股价大趋势向上的情况下，回调走势并不影响投资者的 T+0 操作。股价调整的空间有限，投资者在 T+0 操作中很容易获得利润。

值得一提的是，成交量稳定放大，显然支撑了价格回升走势。股价上涨趋势明确，即便短线价格调整，也很少出现跳空的情况。既然不存在跳空缺口，价格的双向波动就有助于投资者短线 T+0 操作的实施。价格存在双向波动，当股价出现上涨空间的时候，投资者可以选择止盈卖出股票；而股价回落之时，又能够建仓买入股票，这就完成了 T+0 的操作。

瑞普生物——短线连续回调很少，如图 4-2 所示。

万润科技——量能不够稳定，短线操作风险极大，如图 4-3 所示。

如图 4-3 所示，万润科技的日 K 线图显示，价格的上升趋势虽然维持得很好，但是要想在该股的短线操作中获利还是很困难。股价上涨的走势出现在量能脉冲放大阶段，股价快速拉升后便会持续回调。考虑到价格调整之时波动空间有

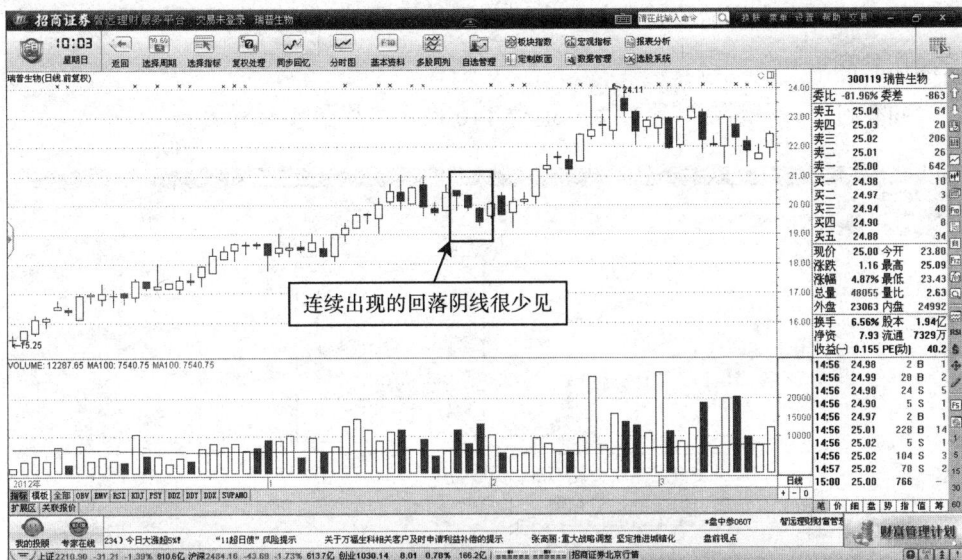

图 4-2　瑞普生物——短线连续回调很少

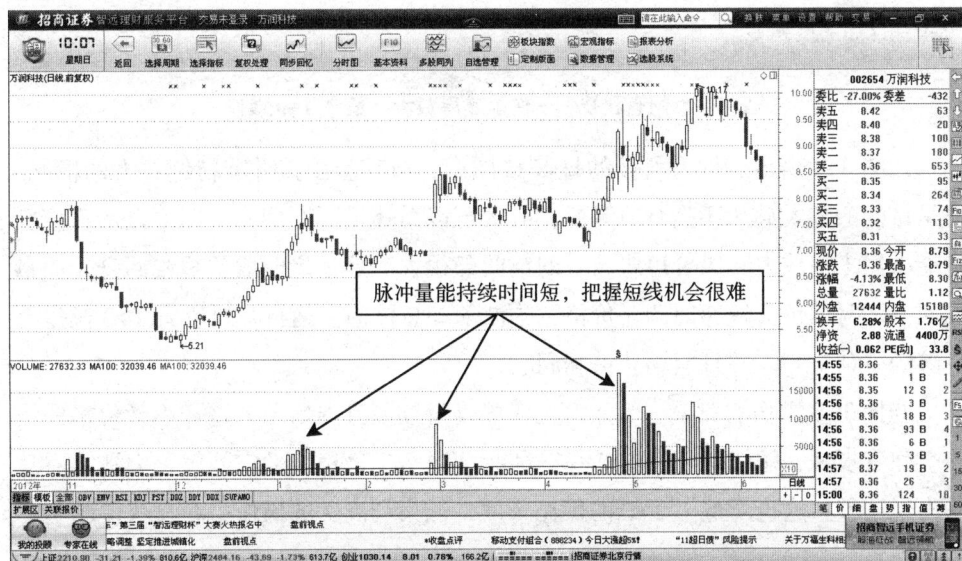

图 4-3　万润科技——量能不够稳定，短线操作风险极大

限，失去了短线 T+0 操作的意义。

图中显示，三次集中放量阶段，股价短线上涨的情况明确。除此以外，该股在其他时间段都是缩量调整，价格总体回落以及量能萎缩无助投资者盈利。

万润科技虽然不适合 T+0 操作，却适合波段操作。股价上涨与下跌时段都非常明确，这样在上涨阶段持股并且在股价开始回调的时候卖出股票，便可获得波段操作利润。

同有科技——量能零星放大，适合 T+0 操作，如图 4-4 所示。

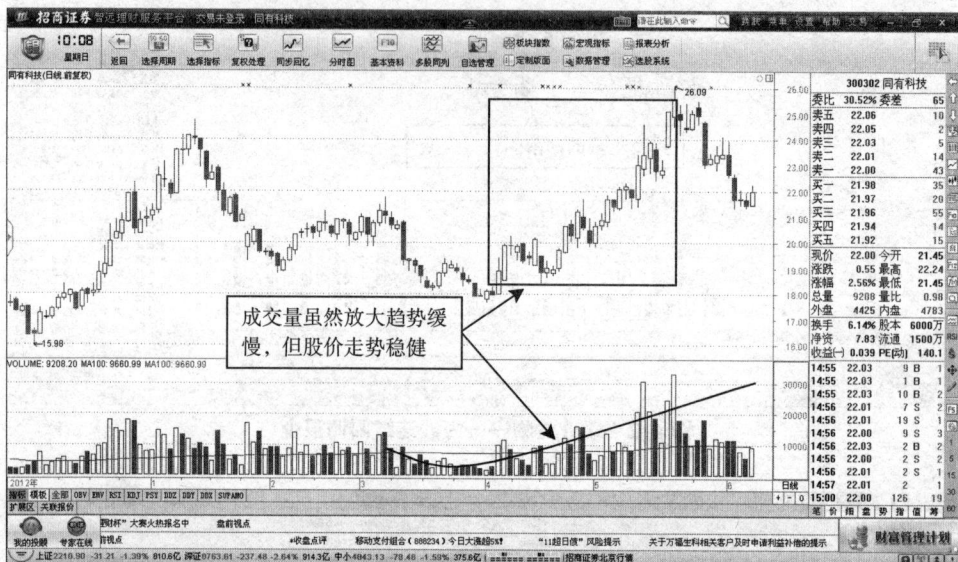

图 4-4　同有科技——量能零星放大，适合 T+0 操作

如图 4-4 所示，同有科技的日 K 线图中，成交量虽然并非持续放大的情况，但是量能的放大显然还是有节奏的，股价可以总体上不断回升。图中显示，该股量能虽然零星放大，股价短线波段的空间却很大。放量之时股价短线回升，而量能回落之时股价又快速回调，价格宽幅波动却总体向上运行，投资者 T+0 操作有足够的盈利空间，并且能够获得利润。

选择 T+0 操作的股票，当然首先应该是持续回升的情况，这样不管价格回调的空间有多大，短线建仓总能够获得利润。当然，价格波动空间大，大涨之后总是出现调整，这也降低了 T+0 的操作难度，低买和高卖的操作更容易获得成功。

二、关注反转，减小损失

股票价格的波动趋势对投资者非常重要，而价格的反转走势同样对投资者影响很大。在 T+0 的交易过程中，股票价格冲高回落的走势将限制投资者短线操作的水平，最终影响到资金安全。

不管价格处于何种运行趋势，投资者都能够以正确的方式应对。但是，股价短线出现反转走势以后，还没来得及调整操作的话，就会在价格下跌的时候遭受损失。股票价格从高位反转回落，股价的下跌空间会不断扩大，投资者抄底买入股票的价格虽然在底部，但是价格继续创新低的过程中也不容易获得利润。

反转走势出现的那一刻，股价会明显冲高回落。实战当中，投资者可以根据分时图中价格冲高回落的幅度，以及日 K 线中见顶信号综合判断价格反转的位置。

在日 K 线中，价格反转回落之前必然会出现冲高回落的日 K 线形态。成交量从天量萎缩下来，而股价高位下挫，便是理想的反转信号。分时图中，股价高位杀跌并且套牢很多散户的走势，同样也是反转走势出现的信号。

山东如意——成交量存在虚高风险，如图 4-5 所示。

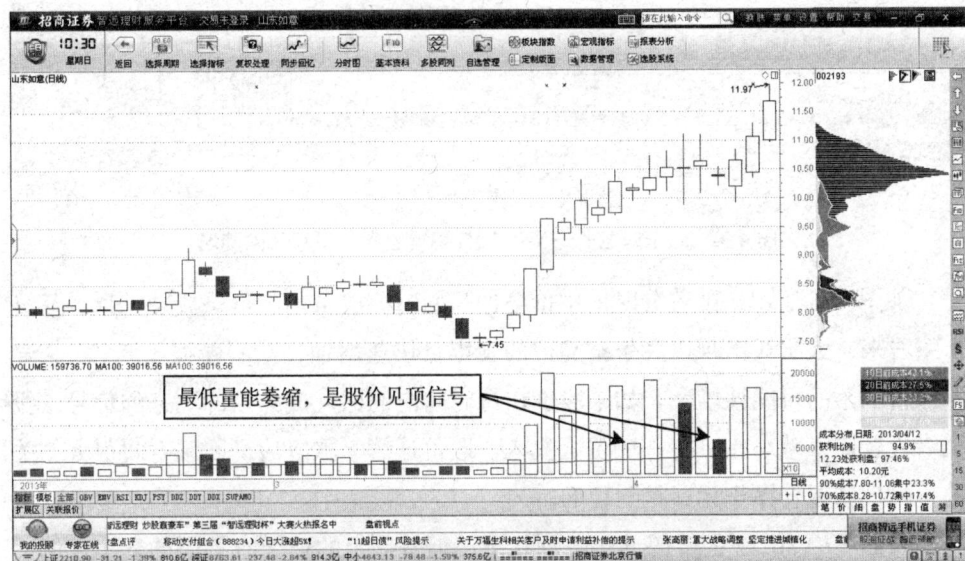

图 4-5　山东如意——成交量存在虚高风险

如图 4-5 所示，山东如意的日 K 线图中，该股持续放量回升的过程中，日 K 线在一度连续出现了 12 根阳线，显示出价格回升趋势显著，投资者能够获得的利润很多。但是从成交量上判断，该股的看涨显然遇到了风险，图中最低量能出现了萎缩，已经接近跌破 100 日等量线。可见，该股的短线强势并非能够持续的那种走势。最低量能出现萎缩后，股价在短线高位调整。

量能明显不连续放大的情况下，最低量能说明主力的真正意图。对于山东如意这种短线连续上涨空间较大，并且存在缩量回调风险的股票，并不适合 T+0 操作。一旦该股高位调整，连续大幅度下挫的风险就会暴露无遗。投资者关注反转才能减小损失。

山东如意——接近 20% 筹码套牢，下跌风险陡增，如图 4-6 所示。

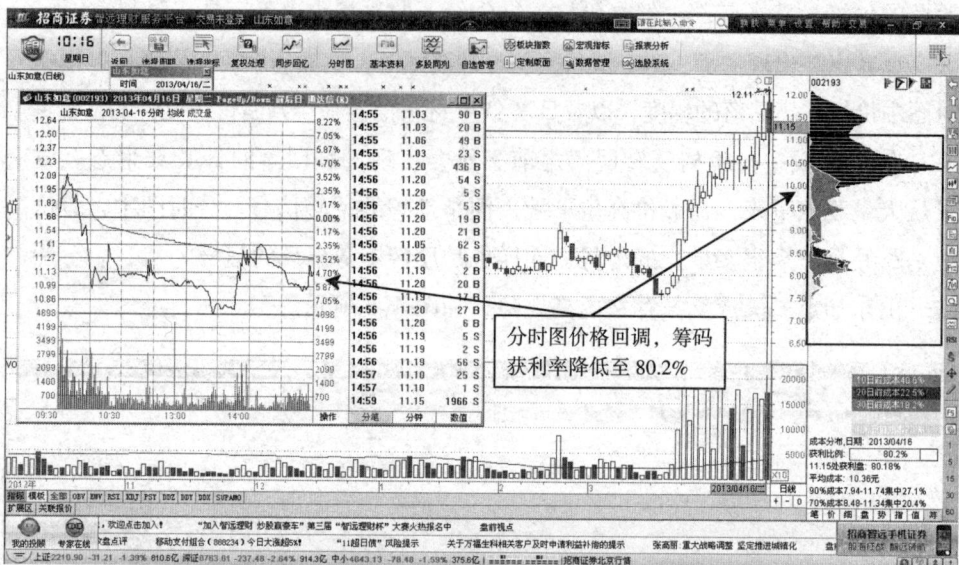

图 4-6 山东如意——接近 20% 筹码套牢，下跌风险陡增

如图 4-6 所示，随着分时图中价格冲高回落，放量当中价格成功见顶。从日 K 线看来，大阴线出现以后价格高位的套牢盘快速增加，获利萎缩至 80.2%，显示股价回落的可能性增大。如果股价在短时间内的回调成为顶部到来的信号，投资者无疑应该减小 T+0 操作的资金投入。股价连续上涨以后，回调空间很大，关注价格反转减仓操作无疑是明智的。

虽然图中 80.2% 的筹码处于获利状态，但是剩余的近 20% 筹码的套牢显然不容忽视。二八法则说的就是 20% 在影响总体的效果时很强。20% 的筹码套牢以后，该股下调风险骤然增加，T+0 操作的建仓更难获得利润。

山东如意——股价加速回落，如图 4-7 所示。

如图 4-7 所示，股价在高位形成阴线以后，缩量调整成为价格运行主要趋势。图中日 K 线连续出现六根下跌阴线，价格几乎回落至前期低点，显示了 20% 筹码被套牢以后的价格回落成为可能。

从股价冲高回落的整个运行趋势看来，价格回升期间的量能放大程度很高，投资者很容易被巨大的量能迷惑住。如果仔细关注一下期间的最低量能萎缩情况，就不难判断该股冲高背后的反转走势了。

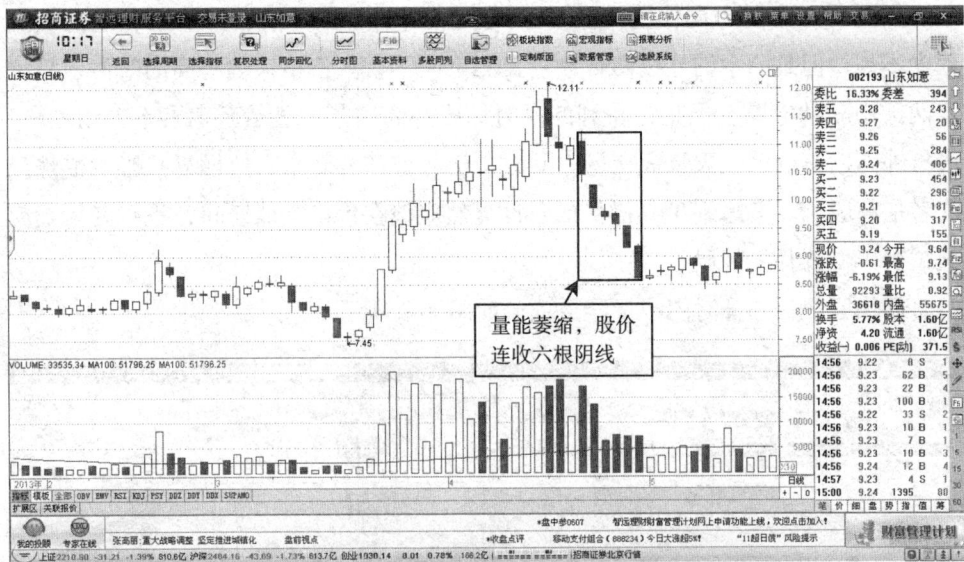

图 4-7 山东如意——股价加速回落

价格回落期间，投资者 T+0 操作很容易遭受损失。虽然股价并非一步到底的下跌，但也只有股价处于高位期间的反弹会很大。随着空头趋势的确立，跳空下跌将成为现实，T+0 操作的难度就会逐步加大直到投资者亏损。

珈伟股份——天量波动，出现调整风险，如图 4-8 所示。

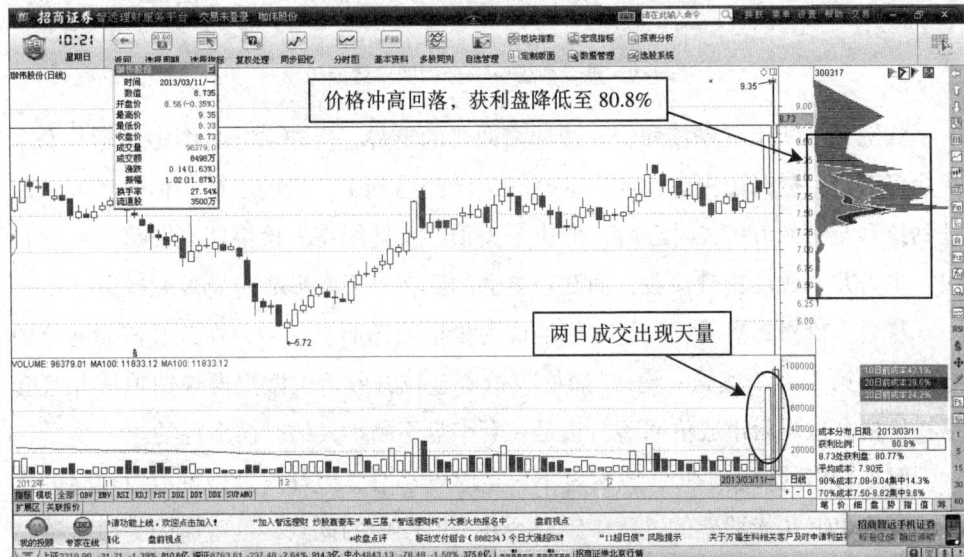

图 4-8 珈伟股份——天量波动，出现调整风险

如图 4-8 所示，珈伟股份的日 K 线图显示，股价持续回升阶段，量能放大程度不高，但是图中的连续两日放量显然不同寻常。价格大幅升高的时候，投资者两天中获利丰厚。但是，获利的同时该股冲高回落，显然套牢了不少的散户。股价冲高回落以后，天量成交量表明散户已经被部分套牢，这样显然影响追涨投资者推高股价。考虑到 T+0 操作的条件显然应该在价格上涨期间，投资者无疑应该减少 T+0 操作的风险。

珈伟股份——分时图中量能见顶，如图 4-9 所示。

图 4-9　珈伟股份——分时图中量能见顶

如图 4-9 所示，珈伟股份短线冲高回落的走势，反映在分时图中显然是套牢了众多散户。分时图中脉冲放大的量能，已经达到了天量的水平。但是该股从低开到拉升至涨幅 6.99% 附近后，形成了尖顶的反转形态。价格冲高回落的速度很快，主力并未成功拉升该股，而散户追涨的话在当天就可能遭受很大损失。

从后市价格走势看，天量双阳线成为价格顶部形态。主力在拉升该股涨停的过程中，第二天"虚晃一枪"，短线少量资金拉升股价，散户便快速追涨并且套牢在价格高位。后市股价回落，正是在套牢盘不断扩大的时候出现的。

对于价格的反转走势，投资者不一定时刻小心，但却应该做好应对风险的准备。高位 T+0 买卖股票的过程中，建仓在分时图中的低点，也可能因为股价第二天低开下跌遭受损失。

第二节 空头趋势的T+0操作

一、空头趋势总体减仓

在股价震荡下跌的过程中，投资者日内的T+0交易方式应该在动态中减仓操作，这样做的目的是减小因为大量资金持仓遭受损失的风险。不管怎样操作，在股价下跌过程中总会遇到持股风险。股价可以在盘中冲高，但结果却是以下跌收盘。如果股价冲高的高度总不及下跌的深度，那么投资者必然会出现损失。高抛低吸的T+0操作要想获得收益，股价应该相对强势一些，弱势中震荡下挫的情况，无助投资者获利。

T+0的操作方式中，资金本来是一进一出，半仓资金在不断循环进出。但是股价如果处于下跌趋势中，投资者在半仓买卖的过程中，也应该考虑适当减少持股资金，避免损失。那么应该在何时减小持股资金呢？当股价反弹结束时可以考虑减仓操作。原因很简单，股价结束反弹走势后，连续下跌的情况总会出现。虽然价格会在分时图中出现反弹情况，但是股价反弹力度可能远不及开盘价格的跳空下跌幅度。这样一来，无论投资者如何在分时图中抄底和逃顶，都不会轻松实现盈利。也就是说，股价不可能在无缘由地反弹上涨。

投资者操作股票都会遇到这种情况，分时图中T+0的操作方式应用虽然非常娴熟，但是总是获利不多却轻易遭受损失。这是什么原因呢？

股价总会出现跳空下跌的情况，而缺口处就是抛压较大的价位。投资者前一日买入股票的价格可能会处于较低位置，却不可能在股价小幅反弹的走势中获利。

中南传媒——连续下跌阴线，如图4-10所示。

如图4-10所示，中南传媒的日K线图显示，股价在随着行情持续回落，连续阴线下跌已经成为常态。股价稳定回落的时候，买点并不多见。从T+0的角度分析，价格放量回升之前，不存在真正的短线操作盈利点。股价随时有可能加速回落，等待放量反弹后的操作机会，才是投资者减小短线操作损失唯一能做的事情。

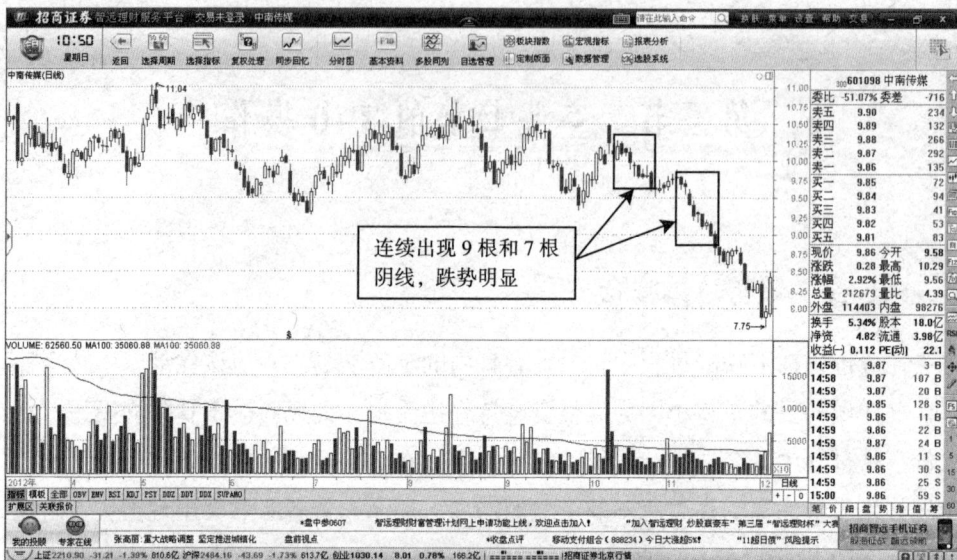

图 4-10　中南传媒——连续下跌阴线

　　股价反转需要成交量放大，只要成交量稳定在 100 日等价线，并且处于放大趋势中，那么价格就不会回落。中南传媒的下跌趋势虽然存在，其实反转只需放量，投资者短线 T+0 的操作机会，也在放量后出现。

　　中南传媒——股价出现企稳信号，如图 4-11 所示。

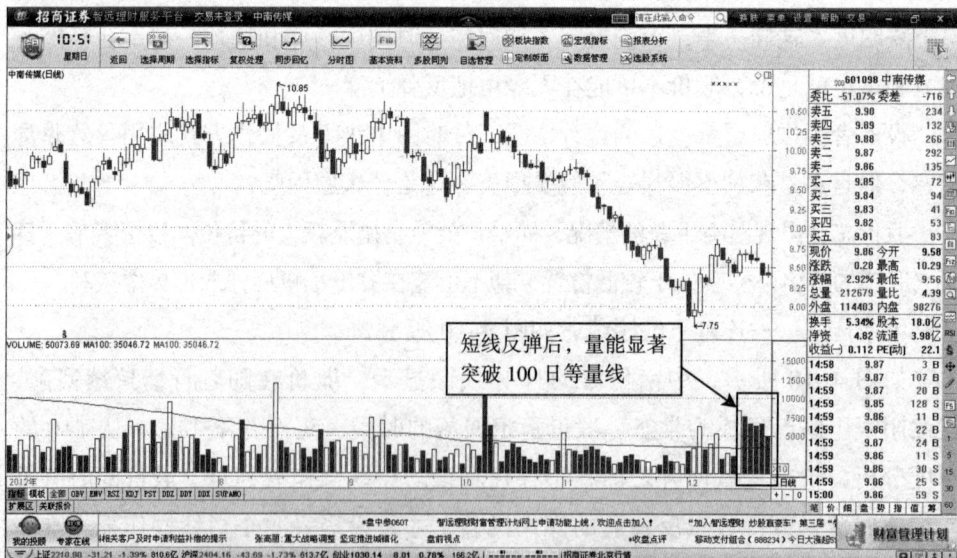

图 4-11　中南传媒——股价出现企稳信号

如图 4-11 所示，该股短线反弹的过程中，成交量已经从小幅度放大转变为持续放量。图中量能虽然出现萎缩，并且是在股价回调阶段出现的，但是成交量已经处于 100 日等量线以下，这表明多空双方参与该股的力度大大增强。量能膨胀以后，价格的上涨也只是时间问题。回调期间的量能放大，说明多方很可能利用这个机会低位吸筹，主力资金如果这么做，该股后市继续放量回升将成为可能。从 T+0 操作的角度分析，量能持续放大以前，价格的回落不可能结束。一旦股价反弹而成交量随之放大，那么价格轻松回升，投资者 T+0 操作获利更容易实现。

中南传媒——放量之后价格持续回升，如图 4-12 所示。

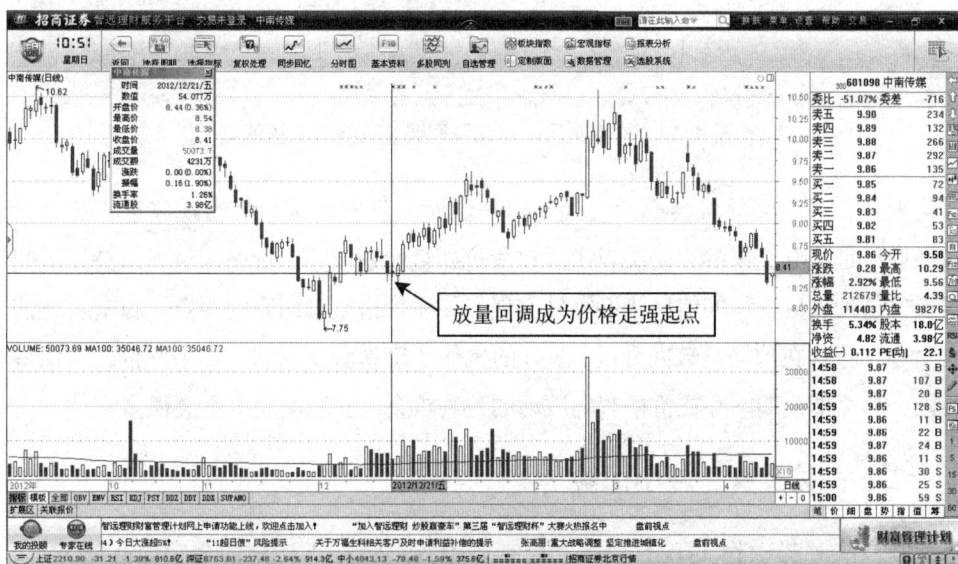

图 4-12　中南传媒——放量之后价格持续回升

如图 4-12 所示，股价持续反弹的起始点，开始于图中放量之时。股价震荡上行，量能稳定在 100 日等量线以上，支撑了价格的回升趋势。从实战角度看，T+0 开始的起始位置，是成交量稳定在 100 日等量线的时候。虽然股价反弹空间不高，但是成交量却在价格回调期间出现显著放大，这显然为投资者的盈利提供了机会。后市来看，价格放量上涨为投资者提供了盈利的机会。

福建水泥——缩量回调，价格可以更低，如图 4-13 所示。

如图 4-13 所示，福建水泥的日 K 线图显示，当股价反弹涨停的时候，成交量明显放大。图中显示的脉冲放量区域，成为价格反弹的重要信号。在股价缩量

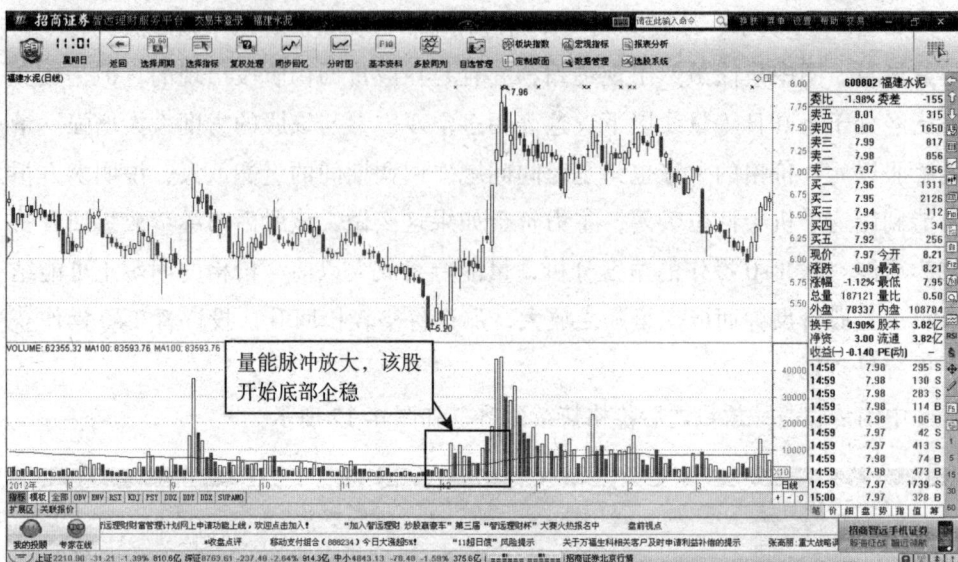

图 4-13　福建水泥——缩量回调，价格可以更低

回调期间，任何交易机会都不会轻易出现。而一旦成交量短线出现放量，那么价格回调便是 T+0 交易的重要买点了。在股价缩量回调期间，价格缩量下跌持续时间很长，这种放量企稳的信号并不容易出现。关注价格放量回升的买点，投资者还需要耐心才行。在价格反转回升后，T+0 的操作才容易获得利润。如果股价处于回落阶段，那么即便期间存在价格双向波动的盈利机会，获利空间也不会很多。

二、关注反弹，减小风险

在空头趋势中作 T+0 的操作，控制风险的关键在于持仓资金应该有所减小。如果持仓资金在获利的过程中不断降低，那么投资者即便没能够获得短线交易的利润，损失也不会太大。

在股价反弹阶段，投资者应该做好充分的止盈准备。如果股价明显进入下跌趋势，投资者在没有出现损失之前，应该尽可能地考虑减仓持股。股价在分时图中的反弹高度可能非常有限，投资者做空获利短时间就能完成。在股价下跌的过程中，价格处于高位运行的时间很短，如果投资者持股价格并不具备优势，那么可快速止盈获得一些利润。

股价本来是下跌的，投资者要想买涨获利难度很大。在股价震荡下挫的过程中，比较重要的应该是卖在高位而不是买在低点。股价下跌过程中，真正的短线低点很难判断,价格反弹的高位却容易形成。股价在下跌过程中反弹幅度有限,这个时候会买的倒不如那些会卖的投资者更能获得利润。

T+0 的操作中,投资者可以在价格反弹的高位半仓止盈,却在价格回落的低点少半仓买入股票,这样持股总会出现减小,持仓风险会明显降低。在股价下跌阶段,即便没有获得比较好的回报,降低在股价下跌阶段遭受的损失,也无形中提高了投资者的资金效率。

西部牧业——量能突然放大,调整结束,如图 4-14 所示。

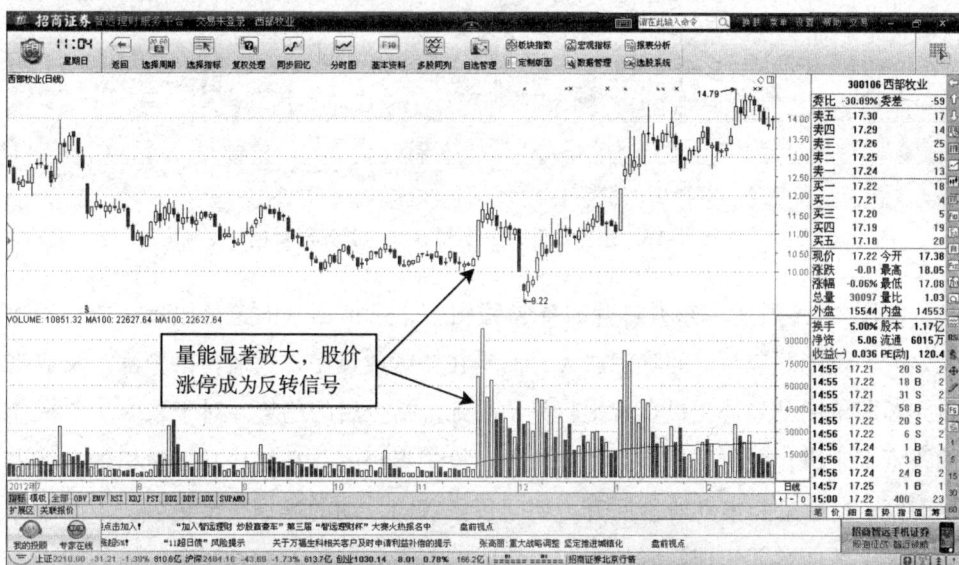

图 4-14 西部牧业——量能突然放大,调整结束

如图 4-14 所示,西部牧业的日 K 线图显示,随着成交量的快速放大,该股出现了显著的涨停走势。自从该股成功涨停以后,随后的成交量成倍放大。股价放量企稳的过程中,投资者选择尽可能低的价格建仓后获利空间很大。

在股价持续回落期间,操作机会很少出现。突如其来的涨停走势,刺激了散户追逐的敏感神经,该股随后放量走强,正是主力短线拉升该股后形成的。

主力资金并不是持续流入该股的,从股价走势上就能够看出来。在首次拉升股价涨停以后,短短八个交易日后,该股便出现了跌停的走势。但是主力资金介入的程度很大,该股依然在放量中震荡回升。可见,投资者完全可以在价格回升期间把握做多盈利机会,并且获得持续利润。

东方日升——个易察觉的圆弧形量能,如图 4-15 所示。

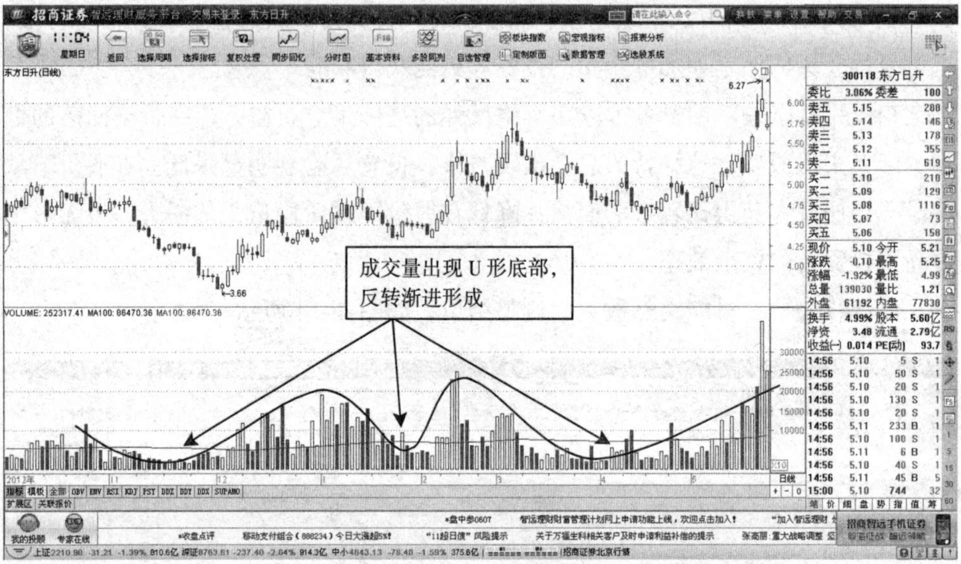

图 4-15　东方日升——不易察觉的圆弧形量能

如图 4-15 所示，东方日升的日 K 线图中，价格回升的走势出现在成交量放大之时。量能并非短时间集中放大，而是在持续放量中加速股价的上涨。由成交量判断股价回升趋势，投资者很容易预测到价格今后的趋势。对于采取 T+0 操作的投资者来讲，股价处于持续回升阶段，投资者很容易获得成功。价格的上行需要时间，U 形量能推动股价回升，期间价格双向波动的操作机会更多。不同于那些加速上涨而量能快速膨胀的个股，该股的这种走势显然为投资者的盈利提供了机会。

杭钢股份——放量之前早有企稳信号，如图 4-16 所示。

如图 4-16 所示，杭钢股份的日 K 线图显示，股价缩量回落的过程中，放量反弹为投资者提供了信号。虽然图中量能放大程度不高，但是股价的反弹还是出现了。在股价反弹结束并且继续回落期间，成交量显然没有萎缩至前期量能的水平，这说明放量反转很可能不久后出现。投资者要做的事情，是关注价格反转的信号，一旦量价齐升便可短线 T+0 操作了。

杭钢股份——量能突破 100 日等量线的看点，如图 4-17 所示。

如图 4-17 所示，杭钢股份的日 K 线图中，成交量已经显著放大至等量线以上。由此看来，该股已经进入稳定回升期间。可以预见的未来，该股将会延续放量回升的趋势，投资者利用价格反弹的机会 T+0 操作，能够获得不错的利润。量

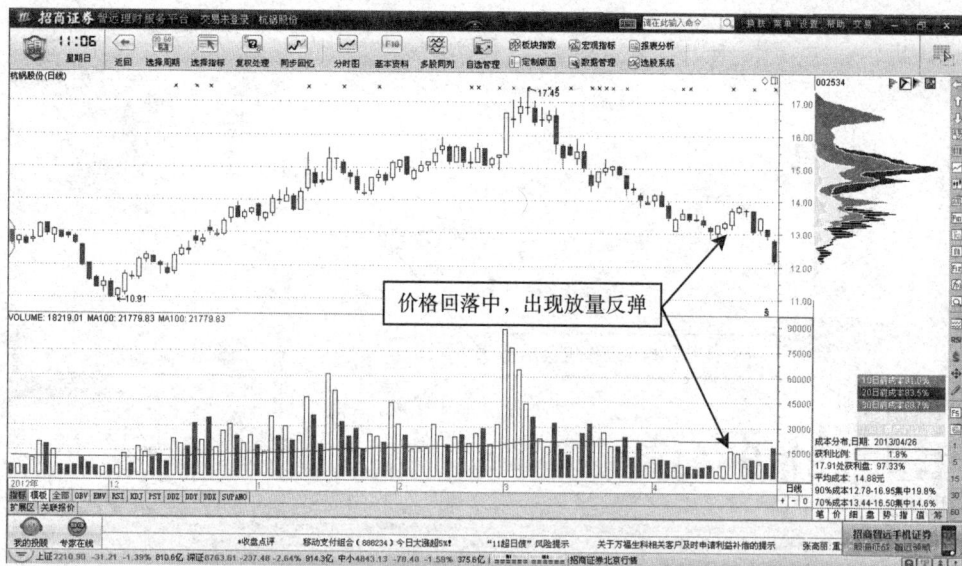

图 4-16 杭钢股份——放量之前早有企稳信号

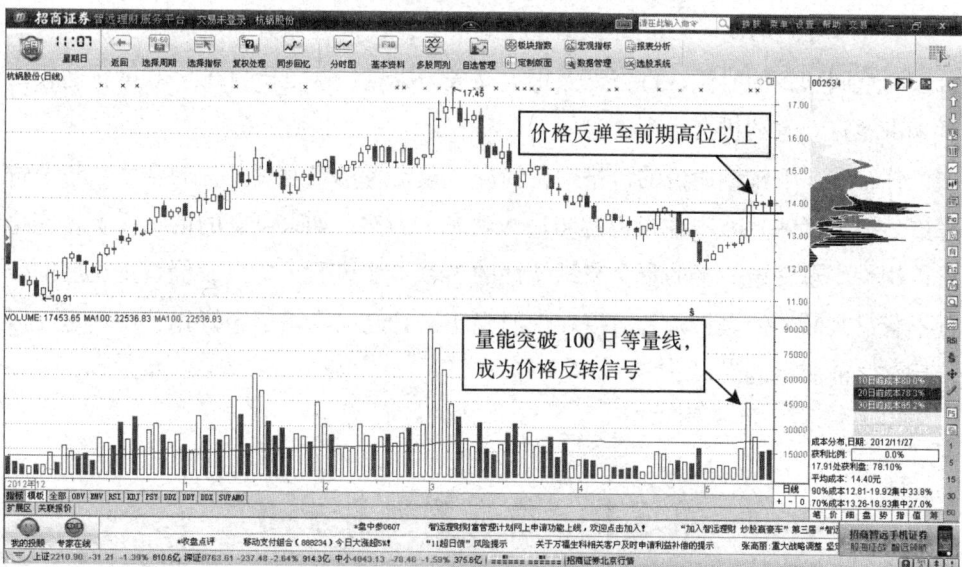

图 4-17 杭钢股份——量能突破 100 日等量线的看点

能突破 100 日等量线，并且股价突破反弹高位以后，各种迹象都显示了该股的回升趋势。

杭钢股份——脉冲放量，价格一路上扬，如图 4-18 所示。

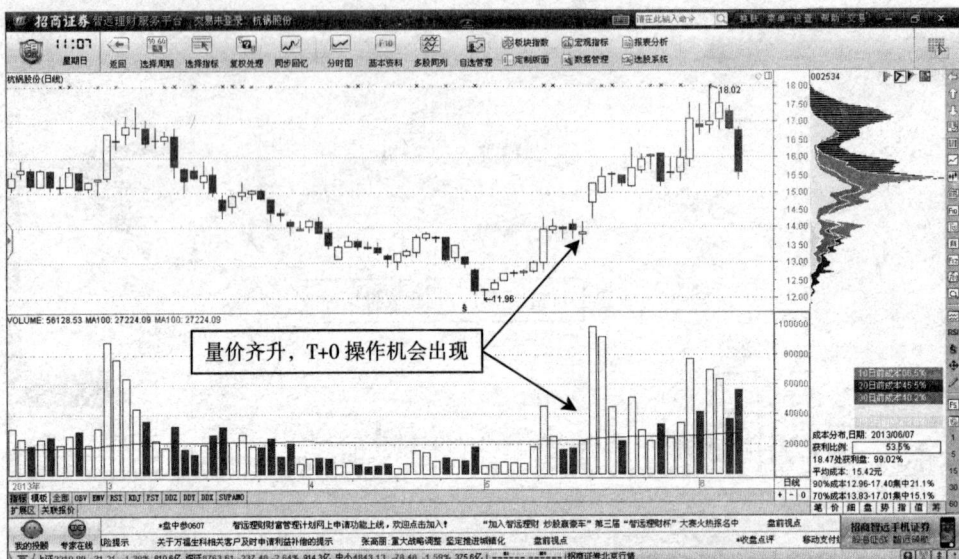

图 4-18　杭钢股份——脉冲放量，价格一路上扬

如图 4-18 所示，日 K 线中股价放量回升，投资者的盈利空间逐步扩大。股价波动空间加大的时候，价格低点很容易成为买点，这对于短线 T+0 操作的投资者来讲意味着盈利机会增多了。

仔细看一下杭钢股份的价格运行情况，投资者不难发现股价的企稳趋势渐进完成。投资者的 T+0 操作可以逐步进入状态。当然，如果可以的话，投资者完全可以用少于总资金一半的资金来试探性的 T+0 买卖该股。毕竟股价真正见底的位置不容易判断，但是投资者可以在该股真正回升之前少量资金操作，说不定在股价反转之前获得利润。

第三节　横向整理的 T+0

一、关注突破，减小操作风险

股价在横向整理的过程中，投资者采取 T+0 的操作策略，盈利的关键在于股价具备较大的波动率。既然价格运行方向不明朗，那么短线震荡的空间越大，投资者在分时图中的高抛低吸 T+0 操作更容易获得利润。横向运行期间，股价的波动强度决定了投资者的获利潜力。

横向整理的走势并不是一成不变的，而是在动态调整中最终形成突破信号。在股价突破调整形态的时候，关注突破方向非常重要。如果股价向上突破，那么投资者持股获利空间将会打开。如果以大阴线下挫跌破调整形态，那么今后 T+0 操作将会面临风险。

在股价突破调整形态之前，短线的 T+0 操作没有问题，投资者将会持续获利。事实上，T+0 的操作方式很适合投资者短线买卖股票。

浙大网新——横盘当中量能稳定，如图 4-19 所示。

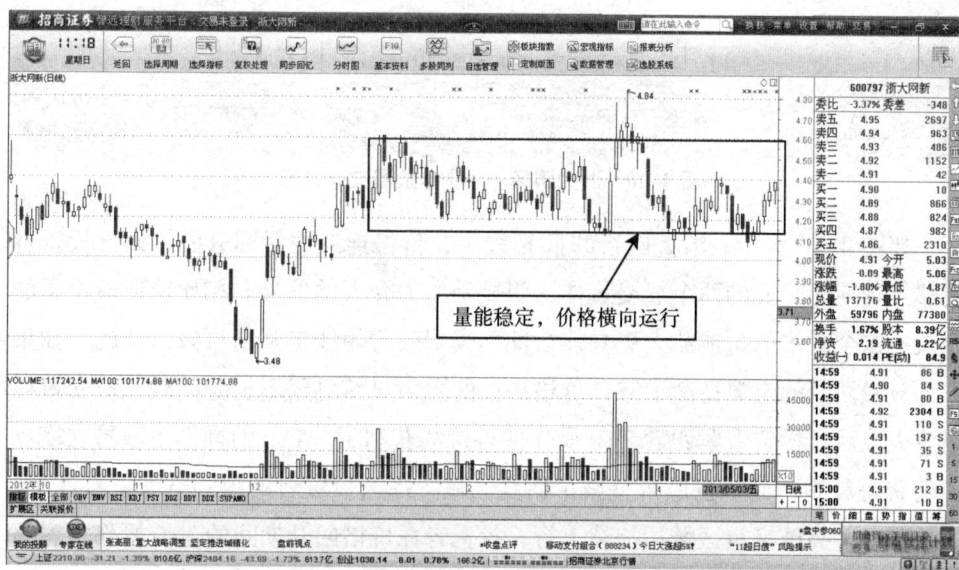

图 4-19 浙大网新——横盘当中量能稳定

如图 4-19 所示，浙大网新的日 K 线图中，股价横向运行的走势非常明显。价格在横盘期间，成交量比较稳定，刚好处于 100 日等量线以上。随着价格横盘走势的持续，图中 A 位置出现的价格连续拉升值得投资者关注。在横盘期间，价格低点成为短线买点，而股价回升至调整形态高位的时候，投资者可以卖出股票盈利。连续拉升出来的小阳线，说明股价短线回升非常稳定，当然股价可能突破调整形态，并且进入到更大的回升趋势中了。这样，本来是在价格调整期间进行 T+0 操作的投资者，却可以在新的行情中短线操作了。

浙大网新——密集放量突破在即，如图 4-20 所示。

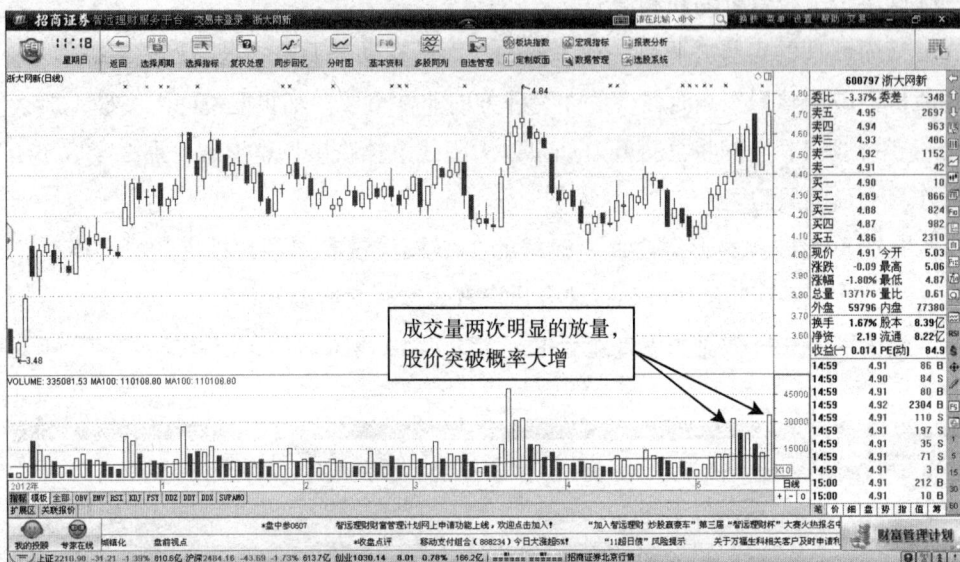

图 4-20　浙大网新——密集放量突破在即

如图 4-20 所示，浙大网新的日 K 线中，价格连续放量回升的时候，投资者能够发现期间明显的两个成交量柱，明显是主力介入的信号。相比前期成交量的放大，这个时候的量能放大更具连续性，表明股价短线走强是可以持续的。如果这种放量回升的走势持续下来，价格高位的阻力显然已经不再是问题。成交量继续放大以后，投资者紧跟着 T+0 操作便可持续获利了。T+0 的操作不容易在横盘期间获得利润，而一旦股价突破了横盘区域，那么投资者的盈利空间就打开了。股价可以再突破横盘区域后持续上行，投资者在价格回升期间的 T+0 操作很容易获得高额回报，而股价在调整期间却也是不错的买点。

浙大网新——放量以后大涨 20%，如图 4-21 所示。

如图 4-21 所示，放量回升趋势延续，该股就像预期那样快速走强，短时间上涨空间高达 20%。相比股价横盘整理期间，投资者在价格突破以后的盈利空间现在放大。该股强势回升以后，即便短线缩量回落，价格的宽幅波动也是可以 T+0 操作的。对于 T+0 操作的投资者来讲，股价横盘期间的盈利空间并不会很多。一旦股价顺利突破了横盘区域，T+0 操作的建仓资金就容易获得利润了。

奋达科技——高位横盘，突破一触即发，如图 4-22 所示。

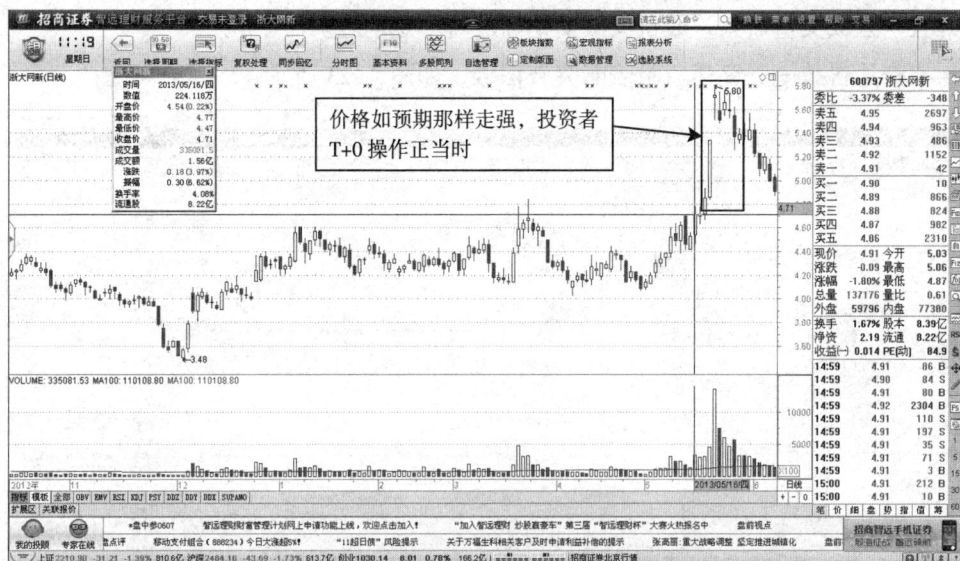

图 4-21　浙大网新——放量以后大涨 20%

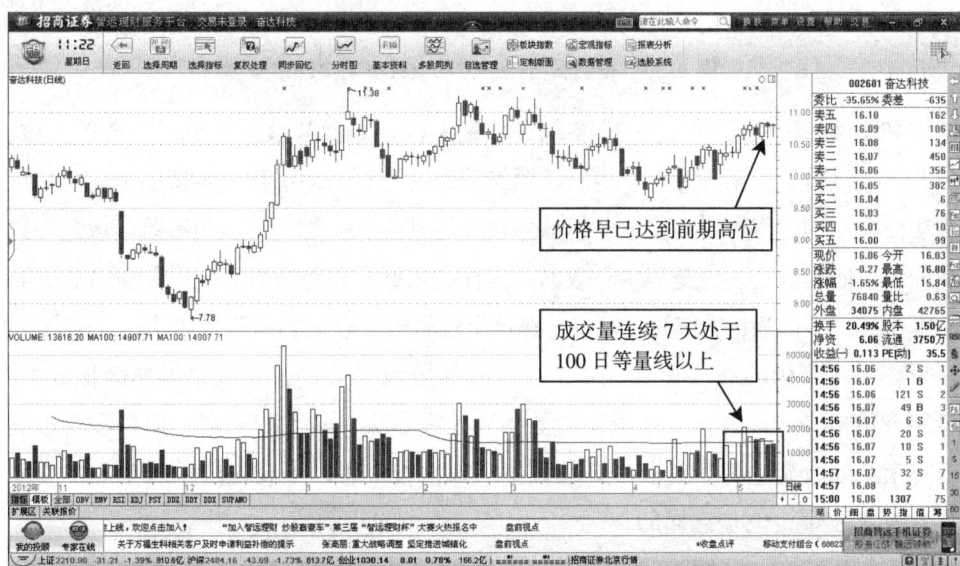

图 4-22　奋达科技——高位横盘，突破一触即发

如图 4-22 所示，奋达科技的日 K 线图显示，成交量已经连续 7 天出现了放量，但是股价上涨空间并不是很大。很显然，价格高位的阻力很强，而成交量稳定放大的过程中，该股明显有向上突破的迹象。图中成交量稳定在 100 日等量线附近，表明多空双方争夺还是比较激烈的。多方资金不断介入，缓慢抬高股价，

并且一旦成交量放大，股价突破前期高位将不是问题。

奋达科技——突然放量表明突破信号，如图 4-23 所示。

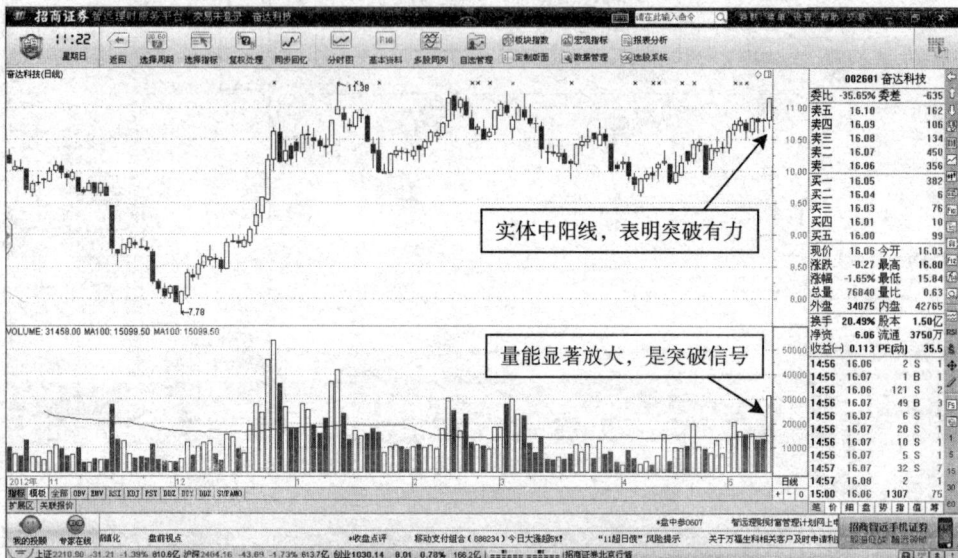

图 4-23　奋达科技——突然放量表明突破信号

如图 4-23 所示，股价在日 K 线中放量上行，不仅 K 线上形成了有效的实体，成交量也显著放大至等量线以上，说明投资者的盈利机会出现了。事实上，股价突破历史高位的过程可以很多，放量涨停当然是其中的一种了，但是股价已放量中阳线的形式向上突破，也是非常有效的。这种放量回升走势得到延续，投资者就很容易获得利润了。T+0 操作的投资者，在这个位置的建仓更容易获得成功。

如果成交量的放大趋势未变，投资者的短线 T+0 的盈利效果必然会很好的。量能和价格齐升的时候，投资者的盈利空间在放大。从实战来看，股价在突破的节点上的建仓资金更容易获得高额回报。即便投资者以半仓资金采取 T+0 的交易方式买入股票，也是这样的。

奋达科技——连续 13 根阳线拉升，如图 4-24 所示。

如图 4-24 所示，随着成交量急剧膨胀，股价连续拉出 13 根上涨阳线，投资者也因此获得丰厚利润。成交量的放大程度很高，明显是前期量能的 3 倍以上，而股价飙升的过程中，连续出现了两次跳空涨停板，也为投资者的获利提供了机会。

在股价飙升的起始阶段，上升趋势很容易因为量能的快速回升得到延续。该

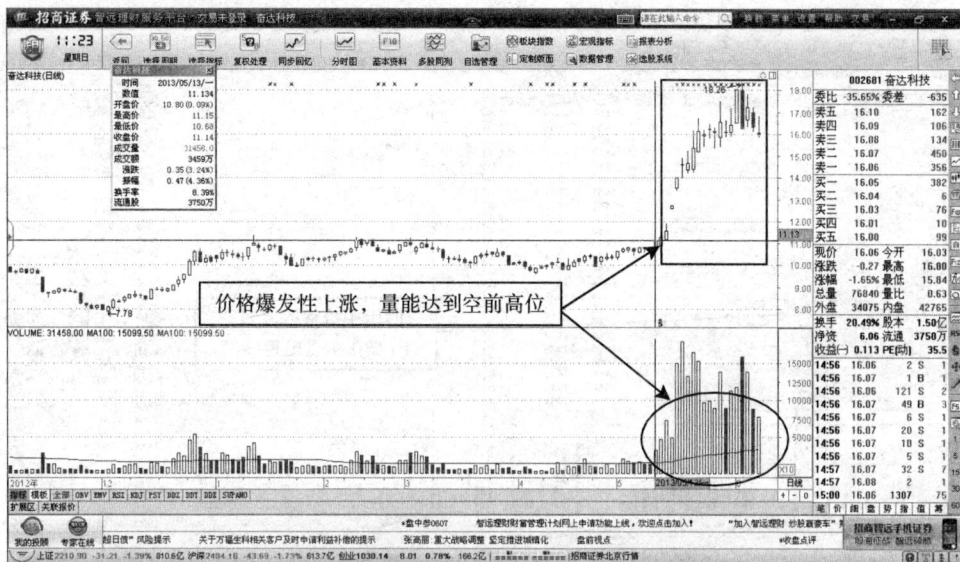

图 4-24　奋达科技——连续 13 根阳线拉升

股价的突破走势就是这种情况，股价放量突破很有力度，价格的上行也很轻松地实现了。对于 T+0 操作的投资者来讲，放量回升的股价提供了更好的盈利机会。投资者即便买入股票在价格高位，依然能够持续获利。只是出于减小持股风险的角度看，投资者并不一定要增加仓位持股，还是要延续前期高价卖出股票和低价买入股票的半仓操作原则。

二、高卖低买可持续获利

最简单的横向调整形态，投资者短线操作越容易获得利润。特别要说的是，矩形的调整形态，最适合投资者 T+0 的短线操作。在矩形调整形态中，股价波动范围比较固定，投资者选择价格低点和高位更容易实现。

矩形调整的上限和下限不容易被突破，是投资者 T+0 操作的重要止盈和建仓位置。当价格短线冲高至矩形上限时，投资者可以在这个时候做空获利，减小高位持股风险。当股价冲高回落，并且接近价格下限时，应该动用场外半仓资金买进股票。

奋达科技——分时图中的探底回升机会，如图 4-25 所示。

如图 4-25 所示，奋达科技的分时图显示，价格在盘中快速杀跌后强势反弹，考虑到股价正处于横盘期间，这个时候的价格低点无疑为投资者的 T+0 操作提供

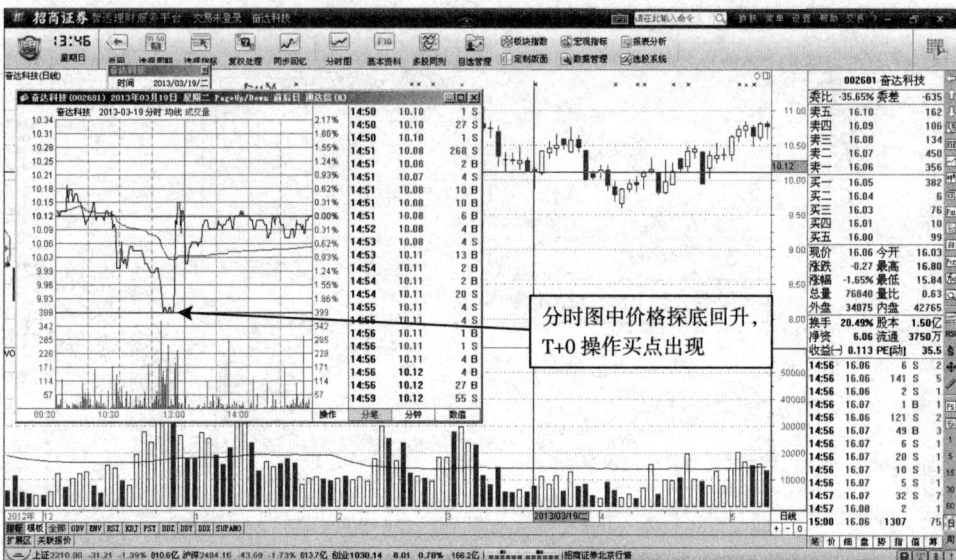

图 4-25　奋达科技——分时图中的探底回升机会

了买入股票的机会。股价波动空间在 2.5% 以上，投资者 T+0 操作的空间还是有的。从价格运行的整体形态上看，投资者可以在分时图中继续高卖和低买。从获利潜力上看，该股突破横盘形态之前不会出现较大涨幅，这一点投资者应该清楚。

奋达科技——放量上涨便可盈利，如图 4-26 所示。

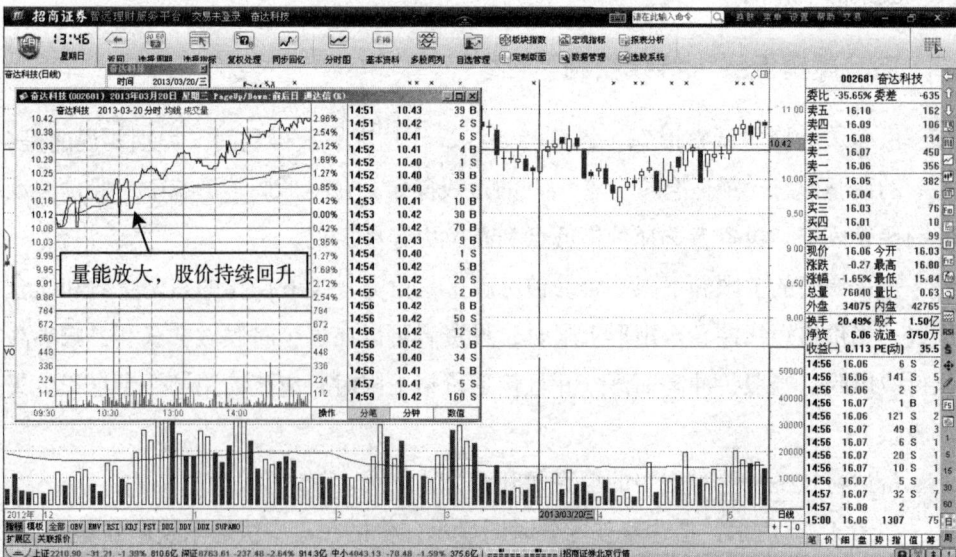

图 4-26　奋达科技——放量上涨便可盈利

如图 4-26 所示，分时图中价格持续回升，并且尾盘阶段股价收盘在最高价格。前一个交易日中价格低点建仓以后，投资者可以在这个位置减仓获利了。股价上涨空间虽然不高，却也为投资者的盈利提供了机会。分时图中价格持续走强的过程中，投资者的获利空间逐步增加。同样地，考虑价格处于日 K 线中横向整理阶段，投资者无疑获得了短线建仓和获利的机会。图中股价持续回升，并且在尾盘阶段达到分时图中最高位，显然为投资者提供了获利止盈的机会。

第五章 容易操作的 T+0 个股

第一节 ROC 指标较强

一、高 ROC 提供操作空间

从股价的波动率来看，投资者选择那些波动幅度较大的个股短线操作，更容易获得较好的投资效果。股价波动强度可以用 ROC 指标来衡量，该指标的高低表明股价波动强度。如果股价日常波动强度可以高达 5%，那么投资者在 T+0 的操作中更容易获得利润。

股价的波动率指标高达 5%，从建仓的角度来看，投资者能够发现价格强势波动过程中的买点还是很多的。价格波动强度较大，表明股价上下波动的范围更广泛。从止盈的角度来看，股价在日常波动的强度较大，如果价格的运行趋势向上，投资者可以在分时图中把握住更理想的卖出股票的机会。

从 ROC 指标的波动幅度来看，该指标的波动空间较高，说明股价本身就是很活跃的。而股价处于回升趋势的时候，价格的波动强度会更大，投资者也更容易获得利润。

汇通能源——ROC 高位可达 5%，如图 5-1 所示。

如图 5-1 所示，在汇通能源的日 K 线图中，从两日 ROC 指标的数值来看，该指标运行在 0~5% 的区域，表明价格波动强度还是比较高的。操作上，如果投资者能够以 T+0 的买卖策略进行交易，那么盈利机会很多。股价的上升趋势稳定，两日内的价格波动强度达到 5% 附近，显示出投资者的短线操作利用可以接近 5%。

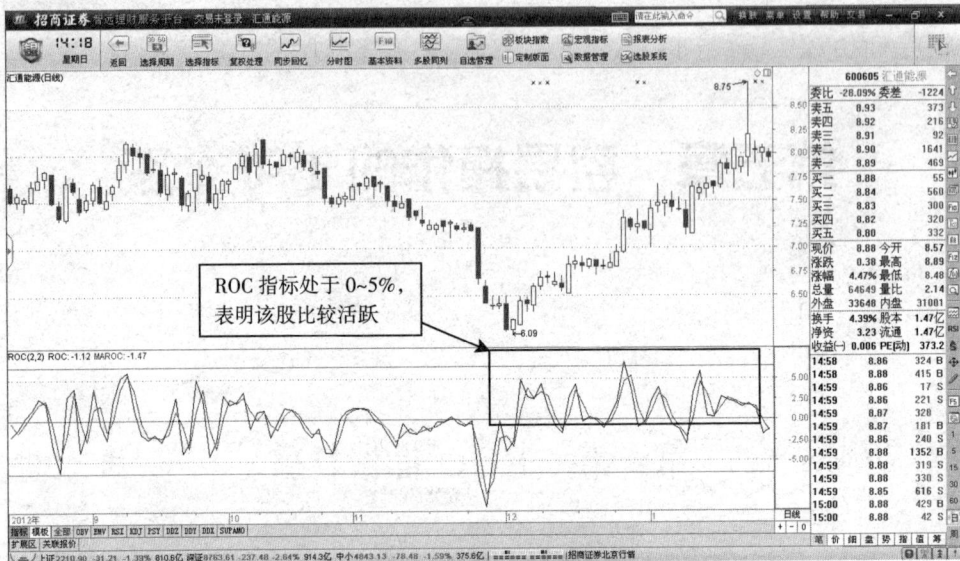

图 5-1　汇通能源——ROC 高位可达 5%

汇通能源——成交量稳定回升，如图 5-2 所示。

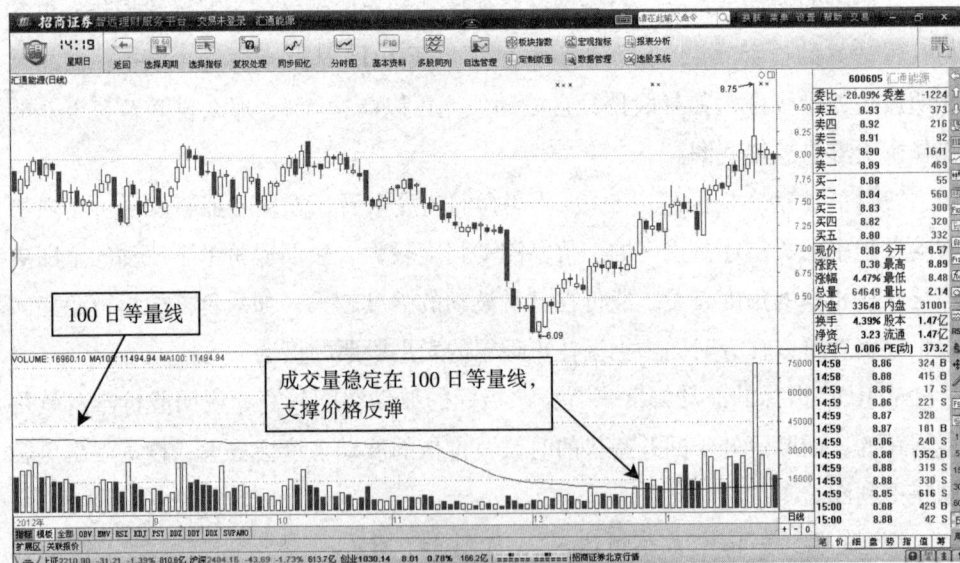

图 5-2　汇通能源——成交量稳定回升

如图 5-2 所示，从量能放大情况看，该股基本具备了走强的条件。成交量不仅突破了 100 日等量线，量能还持续运行在 100 日等量线以上，并且支撑股价显著回升。从形态上看，该股俨然是一个 V 形反转的走势。价格向上动能，投资者的 T+0 操作具备获利潜能。

汇通能源——主力 6383 手套牢涨停价，如图 5-3 所示。

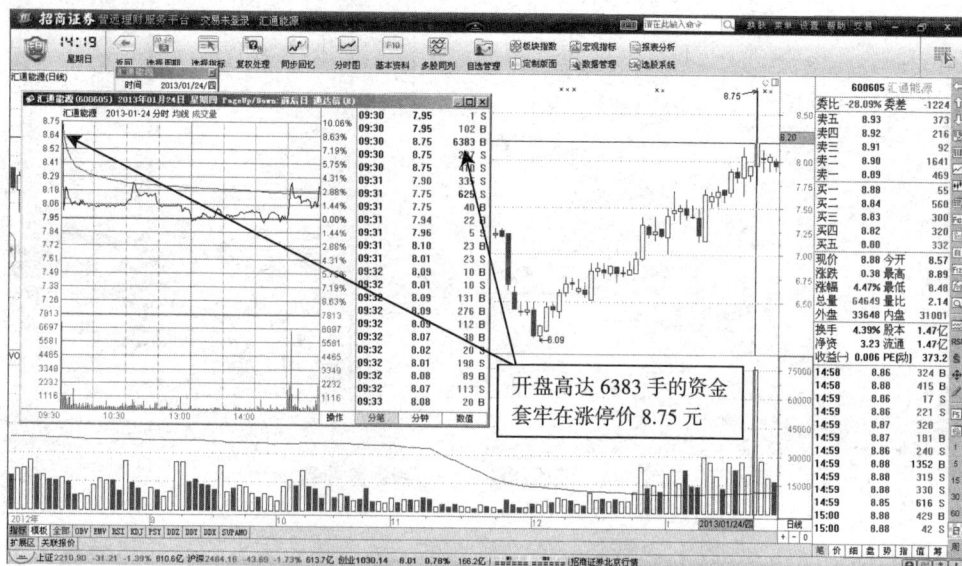

图 5-3 汇通能源——主力 6383 手套牢涨停价

如图 5-3 所示，汇通能源分时图中显示，该股开盘后快速冲高回落，高达6383 手买盘拉升股价到涨停板。但是价格快速回落又套牢了买入该股的主力。股价多头趋势并没有结束的迹象，投资者可以考虑价格回落期间进行 T+0 的建仓动作。

值得一提的是，若是资金量小的散户拉升该股，价格冲高回落基本不存在反弹可能。但是 6383 手以 8.75 元买入股票，耗费资金为 559 万元。若不是主力为了拉升该股，散户不可能以涨停价拉升股价。既然主力资金打定了主意，投资者考虑建仓是明智之举。主力在后续交易中还会有新的动作，该股再次走强只是时间问题。

汇通能源——短线强势冲高，如图 5-4 所示。

如图 5-4 所示，成交量持续放大，价格波动空间较高，该股在见顶之前出现连续放量拉升走势。图中显示，股价连续完成了 6 根回升阳线。股价从 7.81 元的收盘低点回升至 9.60 元的价格高位，上涨幅度高达 22.9%。如果采取 T+0 的操作策略，半仓资金滚动操作的获利空间会更多。

成交量放大程度越高，股价一般会更加活跃。从 ROC 指标来看，2 日 ROC

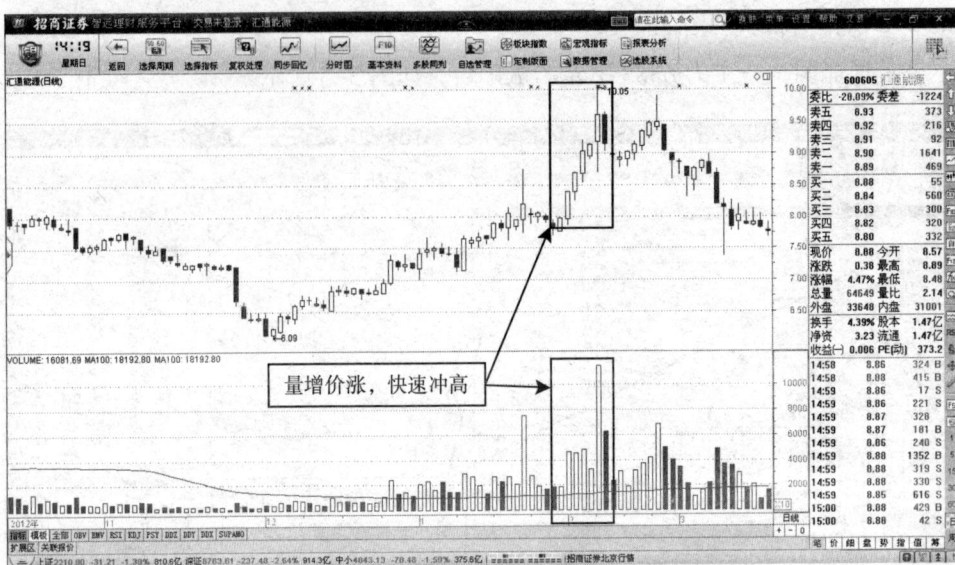

图 5-4　汇通能源——短线强势冲高

指标波动空间在 5%以上，显示股价操作会多一些，投资者更容易获得短线买卖的利润。如果 ROC 指标大部分时间运行在 0 轴线以上，表明波动率强的走势多数出现在上涨阶段，这有助于投资者获得利润。即便建仓价位不够理想，套牢风险也非常小。

二、ROC 规律波动，容易操作

股价的波动率较高，说明个股的活跃性很好。不过，虽然 ROC 指标的波动强度较高，股价的运行趋势却不一定很好。实战表明，但凡能够大幅上涨的股票，ROC 指标的波动规律都很强。投资者可以根据 ROC 指标的波动规律性，发现那些波动空间较大并且具备大涨潜力的股票去建仓，可获得较好的回报。

对于 ROC 波动比较规律的股票，投资者能够发现主力其实早已介入其中了。如果仅仅是散户参与个股的买卖，那么股价的波动规律性不会很好。但是，一旦主力持续介入，并且已经达到了控盘的程度，那么这只股票的波动率就会具备规律性。

判断个股 ROC 指标波动是否具备一定的规律，可以根据股价的波动趋势以及波动强度来看。个股总存在的运行趋势，价格上涨和下跌的过程中，ROC 指标的波动方向也会出现类似的规律性。在股价强势上涨之前，投资者可以根据 ROC 规律波动的特征，选择更为恰当的操作机会建仓，并且获得较好的投资回报。

华菱星马——ROC 运行有规可循，如图 5-5 所示。

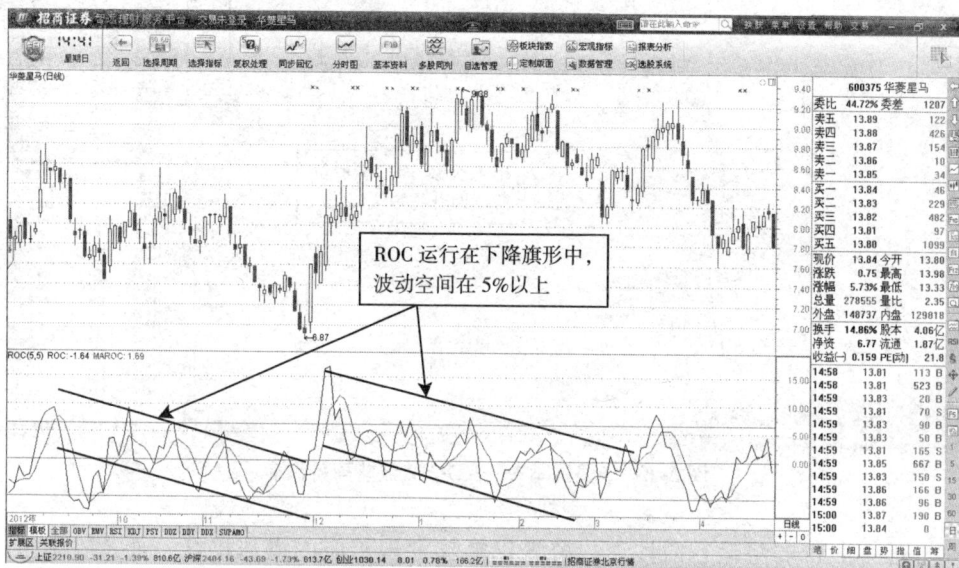

图 5-5 华菱星马——ROC 运行有规可循

如图 5-5 所示，华菱星马的日 K 线图显示，ROC 指标运行在下降旗形中，而股价却没有再创新低。这表明，价格强势波动的背后，该股已经出现了企稳的迹象。虽然 ROC 指标运行在下降旗形中，但是 5 日的 ROC 指标波动空间高达 5%以上，表明价格非常活跃。

即便股价还处于回落阶段，投资者可以时刻关注股价的波动情况。一旦股价止跌企稳，那么较高的 ROC 指标将是投资者短线操作的重要机会。事实上，价格波动空间较大，并且 ROC 指标的运行非常规律，表明主力很可能已经介入其中。价格的回调还需时间，一旦量能放大股价回升，这样的股票非常适合 T+0 的买卖操作。

华菱星马——ROC 突破前高可做多，如图 5-6 所示。

如图 5-6 所示，随着 ROC 顺利突破 5%的指标高位，股价也连续回升并且达到了短线高位附近，显然是突破前的建仓信号。对于 T+0 操作的投资者来讲，ROC 指标的突破一改往日的回落形态。当 ROC 指标突破短线高位以后，表明价格的波动出现了转机。指标的走强意味着股价连续回升的幅度更大，这也是多方力量增加和价格即将突破前的信号。

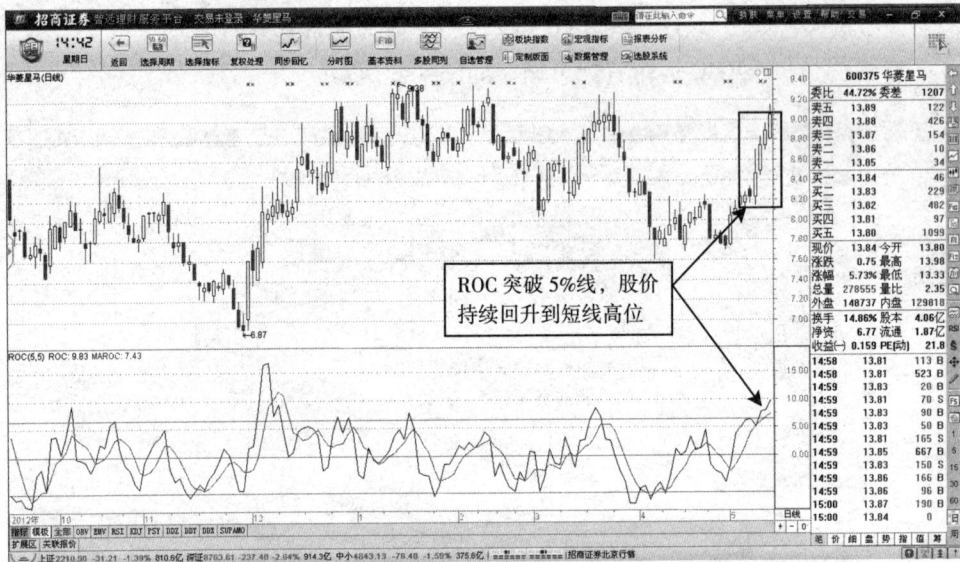

图 5-6　华菱星马——ROC 突破前高可做多

前期股价弱势运行阶段，投资者都能够发现相应的操作机会。而现在 ROC 已经顺利突破了指标高位，显示出价格和指标向上突破的迹象更加明确，投资者的盈利空间由此打开。

华菱星马——适合 T+0 的活跃股，如图 5-7 所示。

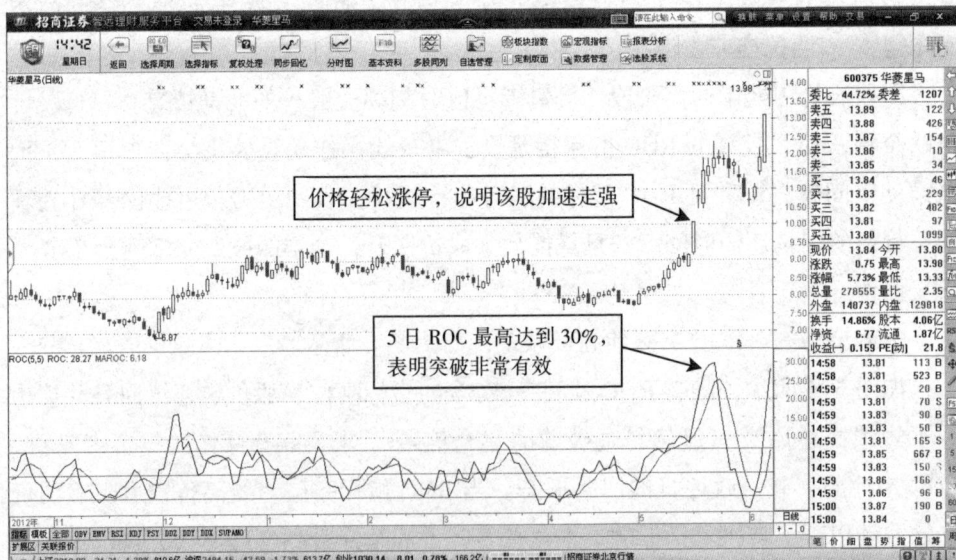

图 5-7　华菱星马——适合 T+0 的活跃股

如图 5-7 所示，5 日 ROC 强势回升到 30 线附近，而该股短线涨停突破前期高位，显然是投资者 T+0 操作盈利的重要时机。前期股价波动空间也很高，但是相比价格突破前期高位以后的波动空间要小一些了。实际上，当 ROC 指标强势回升以后，主力已经开始拉升股价获得利润了。

长期以来，该股 ROC 指标波动规律性都很强，而股价上涨空间却不高。主力在股价规律波动过程中担当了操盘的"重任"，等待 ROC 强势回归以后，投资者可以趁机赢得利润。

较高的 ROC 指标，是股价强势的重要信号。如果 ROC 指标双向运行规律性很强，即便股价还未企稳回升，投资者也可以采取 T+0 的操作策略获得利润。T+0 的操作策略兼顾了资金的投入合理性以及价格买卖的恰当性。双向波动的 ROC 指标提供了投资者 T+0 操作的盈利空间。投资者可以利用规律运行的 ROC 指标判断买卖时机，并且获得持续利润。

第二节　换手率足够大

一、换手率大表明个股活跃

换手率高低表明一只股票的活跃程度。如果个股真的能够大幅度上涨，或者说能够在强势波动中震荡走强，那么换手率必然会很高。大盘股的换手率相对较低，而中小盘股的换手率会很高。特别是小盘股，换手率高达 10% 以上的情况都会很多。

如果个股换手率高，股价波动强度会更大，而价格波动过程中的买卖机会会很多。根据换手率指标，投资者能够发现更多的操作机会。

当然，判断一只股票的活跃性，从短线的换手率变化很难有真正的发现。只有根据股价持续波动的换手率高低，才能够判断出股价走势的强弱状况。如果换手率指标持续运行在高位，并且呈现了放大的趋势，那么这样的股票继续走强的概率很高。根据换手率指标，投资者能够发现其中的操作机会是很对的。股票在投资者之间频繁换手的过程中，价格强势向上的概率很大。

股价放量回升的过程中，换手率指标会表现出类似的持续回升的情况。这样一来，投资者就可以根据换手率指标的变化规律，来发现股价强势回升中的短线买卖价位。

浙江东方——换手率处于 1.35% 以上，如图 5-8 所示。

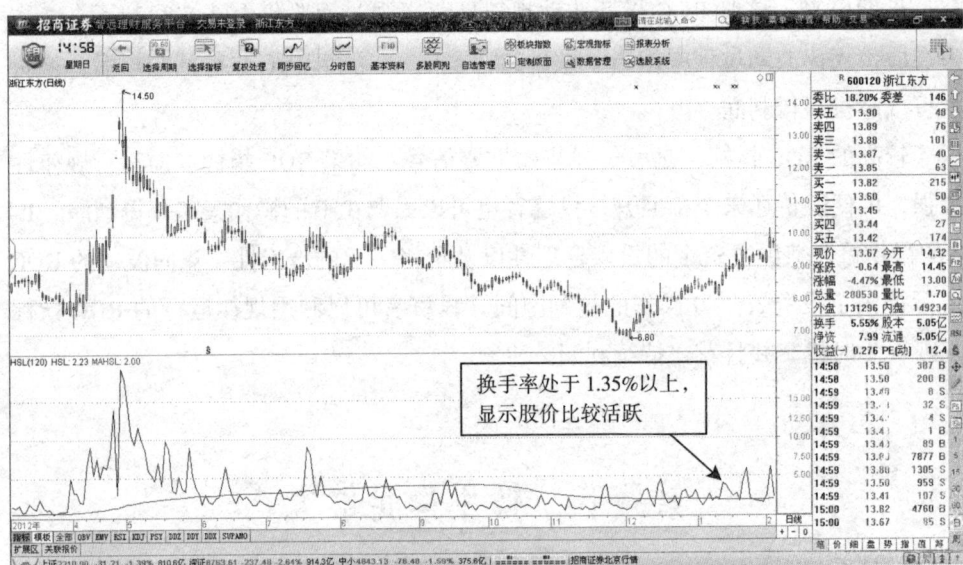

图 5-8　浙江东方——换手率处于 1.35% 以上

如图 5-8 所示，浙江东方的日 K 线图显示，该股在触底回升的过程中，对应的换手率指标已经稳定下来。图中显示，换手率处于 1.5% 以上，表明该股的交投还是比较活跃的。从换手率的变化趋势来看，图中换手率在持续回升的过程中，投资者能够发现价格的波动方向显然是持续向上的。

换手率指标在 1.5% 以上，表明这只股票的价格走势非常稳定。图中显示，换手率温和放大，股价的上行趋势也非常明显。该股虽然短线涨跌空间不大，从中长期看来，换手率持续回升的过程中，投资者能够操作的机会很多。

浙江东方——跌幅很小，价格轻松走高，如图 5-9 所示。

如图 5-9 所示，浙江东方的日 K 线图显示，价格回升趋势非常明显。在成交量不断放大的过程中，股价调整空间非常有限。对于该股的这种运行趋势，投资者 T+0 操作不可能遭受损失。即便在股价回落阶段买卖股票，也有可能获得利润。图中的矩形区域，也算是价格调整空间较大、价格调整时间比较长的位置。即便如此，投资者 T+0 操作可以在这个时候短线操作获利。

图 5-9　浙江东方——跌幅很小，价格轻松走高

二、活跃个股便于 T+0 操作

　　活跃度越高，股价的换手率也会越大，个股的买卖机会也会更多。实际上，根据换手率的高低，投资者能够发现个股的操作机会不同。换手率高于 5% 的个股，价格波动强度会很大，并且投资者短线建仓以后很可能会遇到涨停的情况。那样的话，短线交易获得的收益会非常丰厚。

　　而如果换手率高于 10%，股价不仅短线涨停的概率很大，双向波动的空间也会很高，这有利于投资者采取 T+0 操作方式赢得利润。换手率高于 10% 的情况并不多见，很多股票如果有如此高的换手率，都是当时非常热门的股票。如果换手率的数值很大，并且处于很高的位置运行，表明这样的股票短线走势非常凌厉，价格波动强度很高，非常适合短线的 T+0 操作。如果股价放量走强，投资者短线 T+0 建仓的资金能够轻松获得利润。

　　强势运行的股票，换手率指标处于高位运行，股价即便在短线出现了回调的走势，投资者依然能够把握住买点活力。个股活跃度较高，并且持续一个月以上，那么这样的股票对应的换手率不可能短时间萎缩。换手率持续维持高位运行的股票，价格连续走强的概率很大，投资者可以据此判断交易机会。

　　复旦复华——换手率狂飙，如图 5-10 所示。

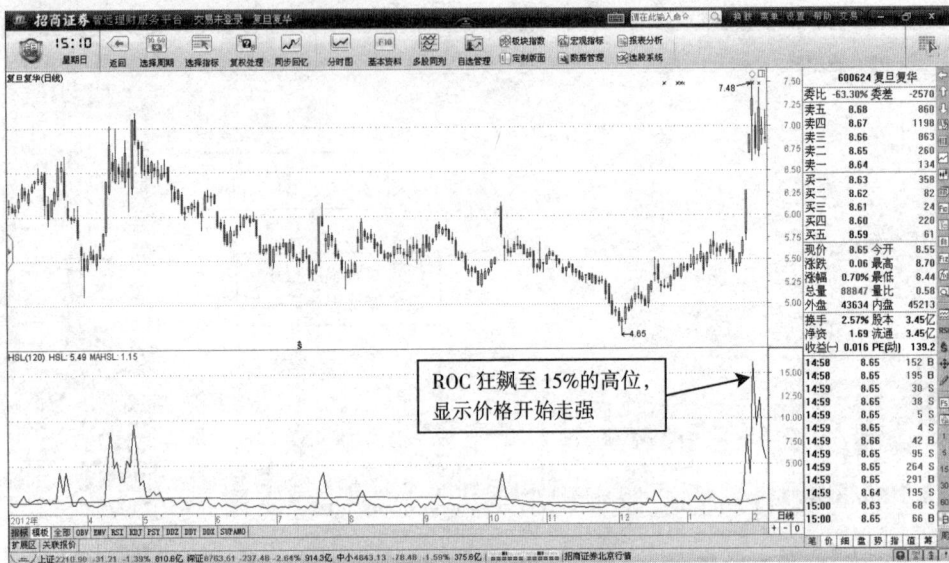

图 5-10　复旦复华——换手率狂飙

如图 5-10 所示，从换手率指标看来，图中换手率显然出现了狂飙的情况。换手率指标从 1%附近飙升至 15%，说明股价活跃程度急剧增强。从价格走势看来，连续出现的两次涨停走势，也是换手率回升的重要原因。如果这种换手率高位运行的情况得到延续，股价表现无疑会更好。至少从价格走强上看，该股不会轻易出现见顶回落的走势。并且，在高换手率的情况下，价格波动空间加大，T+0 的获利机会增加，投资者更容易短线获利。

复旦复华——价格波动加大，T+0 交易机会多，如图 5-11 所示。

如图 5-11 所示，在该股连续两日涨停以后，价格波动空间明显增加，而换手率指标运行在 5%~10%的范围内，这有助于股价的迹象回升。从价格运行趋势来看，旗形上涨形态已经形成。对于采取 T+0 操作的投资者来讲，旗形形态的下限提供了建仓机会，而旗形形态的上限也是不错的做空位置。如果投资者按照旗形走强提供的建仓和止盈机会买卖股票，必然获得不错利润。

在分时图中，投资者可以寻找到更好的 T+0 操作的买卖价位，而日 K 线中旗形回升形态，也为投资者提供了判断建仓和止盈的价格位置。对于复旦复华这只股票的买卖机会的选择，应该不是问题。毕竟换手率高位 5%以上，投资者很容易发现价格高位和低点的操作信号。

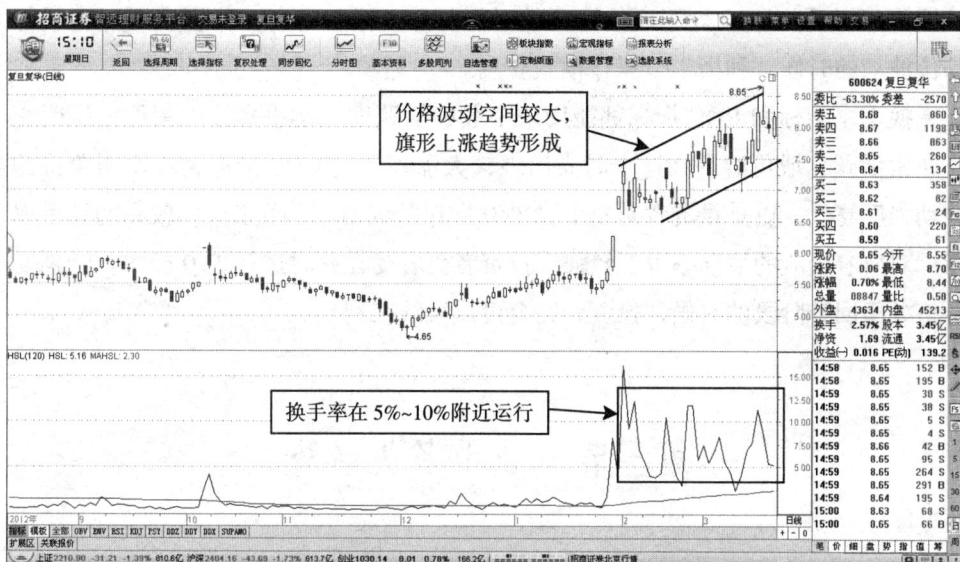

图 5-11　复旦复华——价格波动加大，T+0 交易机会多

复旦复华——5 日 ROC 处于高位运行，如图 5-12 所示。

图 5-12　复旦复华——5 日 ROC 处于高位运行

如图 5-12 所示，复旦复华的日 K 线图显示，随着价格连续两日涨停，ROC 指标显然在多数时间里能够达到 10% 的价格高位。这样看来，投资者的盈利机会还是很多的。较高的 ROC 指标，是投资者短线 T+0 操作获利的关键所在。自从

该股涨停以后，ROC 处于高位运行的时间长达 4 个月之久。投资者可以在指标高位波动的时候，利用 T+0 操作模式获利。

换手率指标和 ROC 指标都能反映个股的活跃度。换手率处于高位，说明交投非常活跃，股价容易在这个时候出现较大涨幅。而 ROC 指标大小说明股价的波动强度高低，更是投资者判断个股 T+0 操作的依据。一般来看，较高的换手率指标对应着个股的波动率也会较强，投资者更容易在此时进行 T+0 操作。特别是价格处于回升阶段的时候，投资者完全可以短线获利。

第三节　处于多头趋势

一、价格上涨不易套牢

投资者参与个股的买卖，应该选择那些尽可能处于多头趋势中运行的股票。如果股价持续回升的态势很明确，那么投资者据此买入股票更容易获得利润。股价的运行趋势无非是上升趋势、横盘运行和下降趋势。股价处于上升趋势的时候，投资者持股以后更容易获得利润。投资者建仓的价格不管有多么高，投资者建仓以后都能够获得利润。股价不会停止回升趋势，那么短线低点必然存在着建仓和盈利的机会。从价格波动方向上看来，使用 T+0 的交易方式，应该尽可能地选在多头趋势中，这样才能够获得稳定的回报。

处于回升趋势中的个股，虽然短线会出现调整的情况，但是价格的回调并不是坏事。投资者 T+0 操作总要选择一个价格低点来建仓，而股价回调后提供了这样的盈利机会。事实上，如果投资者总是能够发现分时图中的价格低点，并且能够在尽可能低的价位买入廉价股票，那么后市就很容易获得投资回报了。

在股价回升阶段，价格的回调既是投资者止盈的结果，也是主力拉升股价的必经之路。当股价上涨空间较大的时候，投资者总是想要在价格高位卖出股票，从而兑现获得的利润。而对于资金强大的主力来讲，他们更倾向于卖出手中的股票，短线打压股价达到洗盘的效果，为今后的拉升股价提供可能。如此一来，买入那些多头趋势中运行的股票，价格回调的机会就是 T+0 的建仓时机。如果投资者能够买入股票在价格低点，也就获得了盈利的条件。

佛山照明——股价温和放量回升，如图 5-13 所示。

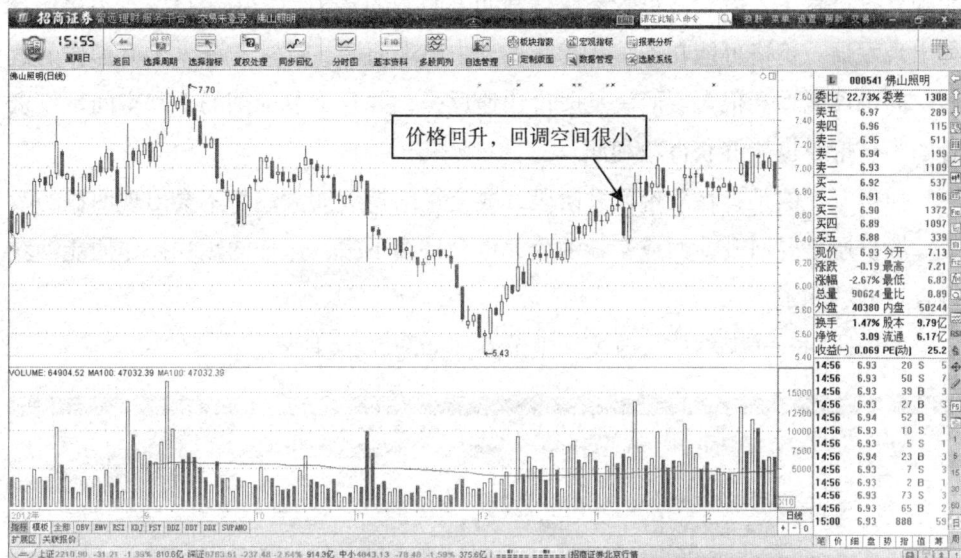

图 5-13　佛山照明——股价温和放量回升

如图 5-13 所示，佛山照明日 K 线图显示，价格回升走势明确，而在成交量持续放大的情况下，投资者很容易在多头趋势中获得利润。如果是 T+0 操作的话，该股短线回调的空间有限，图中显示的一根实体较长的阴线就完成了调整。这样一来，投资者的建仓资金更容易在买入股票后获得收益。而价格继续放量上行，投资者可以选择分时图中的价格高位止盈。

在多头趋势中，T+0 的操作不会因为价格大幅下跌遭受损失。在分时图中采取 T+0 的交易方式，就相当于买了保险的短线股票操作。价格上涨的时候投资者可以止盈，而股价短线回调恰好为建仓提供了机会。

二、买卖错误也不易亏损

如果股价的波动方向是向上的，那么不管股价的回调空间有多么大，投资者在相对低的价格上建仓，都能够获得短线操作的利润。股价总是要回升的，即便个股在回调期间连续形成了几根阴线，如果建仓价格足够低，并且投资者能够把握住分时图中理想的止盈价位，那么今后便能够持续获得利润了。

从股价的波动方向来看，处于多头趋势中运行的股票，投资者操作的话更容易获得利润。多头趋势中运行的个股，投资者买卖操作不容易出现亏损。价格虽然会在回升期间出现调整，但是价格的回调并不是主要趋势。个股的回升趋势越明确，投资者买入股票后更容易获得利润。明确的多头趋势中，投资者买卖不容易出现亏损。价格可能在连续几个交易日中出现回调，投资者短线 T+0 操作的盈利空间也可能不会很大。而一旦股价快速反弹，并且收复前期的下跌空间，投资者的半仓持股也能够获得净利润。

值得一提的是，在股价回升阶段，成交量的持续放大趋势不会出现明显的改变。股价还是要回升，而成交量的放大也会持续下去，这样的短线操作便能够获得真正的利润了。

佛山照明——突然放量改变调整节奏，如图 5-14 所示。

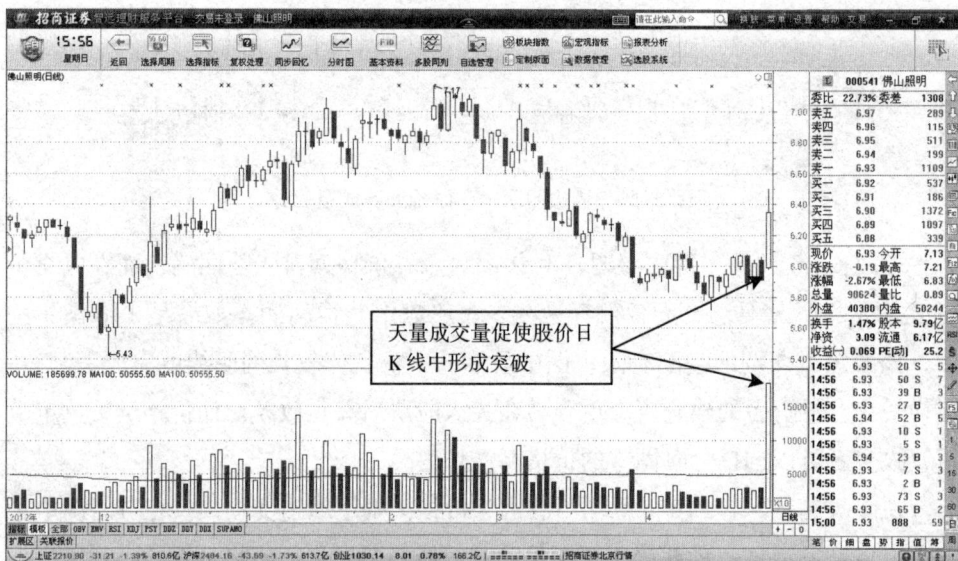

图 5-14　佛山照明——突然放量改变调整节奏

如图 5-14 所示，佛山照明的日 K 线图中显示，股价在底部运行的过程中，出现了明显的企稳迹象。图中显示的天量成交量，显然是股价放量突破的信号了。从图中的放量阳线开始，股价就会进入持续回升的趋势中。从价格的波动方向来看，投资者从这个放量阳线出现后开始短线 T+0 买卖股票，必然能够获得较好的利润。

佛山照明的日 K 线图显示，该股前期放量回升的趋势还是很明确的。在该股缩量回调以后，量能第二次出现了放大信号，表明多头趋势再次开始。在多头趋势中操作该股，总是能在更大概率上获得利润。

佛山照明——股价达到短线高位，如图 5-15 所示。

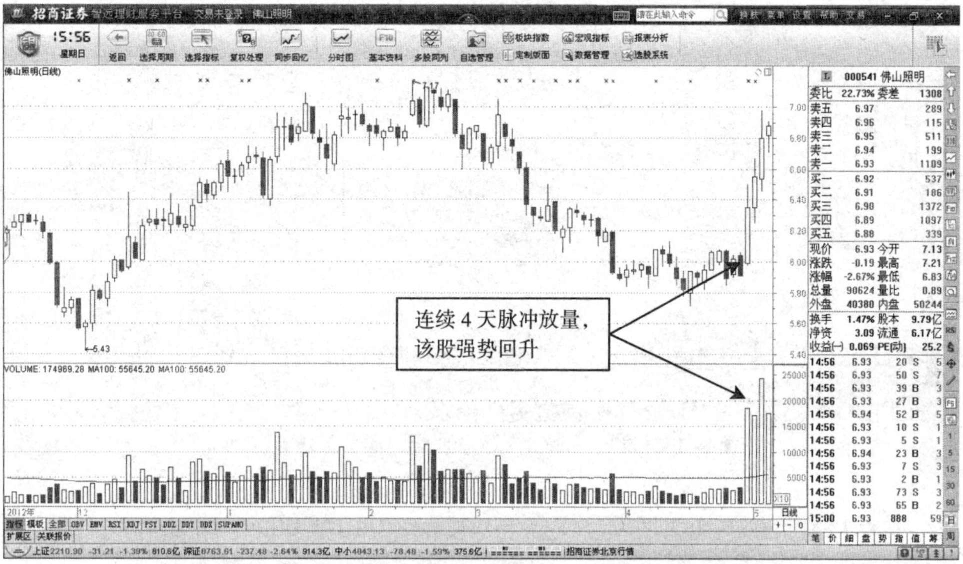

图 5-15　佛山照明——股价达到短线高位

图 5-15 佛山照明的日 K 线图显示，随着脉冲放大量能的出现，该股短线连续形成了 4 根阳线。股价短短 4 个交易日便回到前期高位，显示出明确的走强信号。从成交量上看来，量能远远超越了前期的成交量，说明该股的多头趋势更强，突破前期价格高位将没有任何问题。

从 T+0 操作的角度来看，投资者可以在股价放量向上突破以后开始短线操作。图中连续出现的 4 根回升阳线，是该股多头趋势加速运行的信号。如果股价的回升就这样延续下来，投资者据此可以采取 T+0 操作便能够获得不错的利润了。

佛山照明——放量放大，买在低点可获利，如图 5-16 所示。

如图 5-16 所示，佛山照明的日 K 线图显示，股价在放量突破以后出现了缩量调整的走势。图中显示，该股向下回调，并且两次出现了放量拉升的情况。可见，放量指标股价的回升趋势更为明确，投资者在股价缩量调整的时候短线建仓，可以获得更为丰厚的利润。

从 T+0 操作的角度来看，图中股价短线缩量回调的过程中，投资者能够获得不错的建仓机会。图中显示，股价回调以后还是出现了强势回升的阳线。这样看

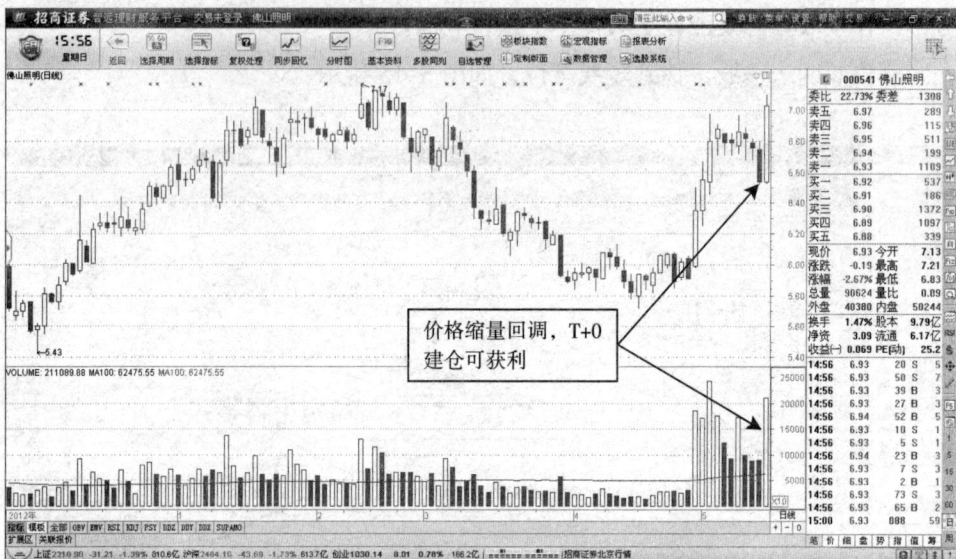

图 5-16　佛山照明——放量放大，买在低点可获利

来，放量以后价格的短线回调，实际上是投资者 T+0 操作的绝佳买点了。股价会在这个时候强势回升，投资者建仓便能够获得丰厚的利润了。

第六章 实现 T+0 应该严守纪律

第一节 无波动不交易

一、波动是 T+0 的前提

从 T+0 操作的角度来看，更适合投资者短线操作的股票，显然是波动强度较大的那些。价格波动空间很高，那么在股价双向运行的过程中，投资者更容易获得真正的利润。实际上，股价的波动空间可能会很高，而价格更容易在波动强度大的情况下创造建仓和止盈的机会。

投资者之所以考虑使用 T+0 的交易方式盈利，是因为股价此期间的波动空间很大，双向波动提供了这种高卖低买的交易机会。除了波动率以外，没有更适合 T+0 操作的价格波动方式了。

值得一提的是，股价波动强度本身就很大，而 ROC 指标又能在短时间内回升至高位的情况中，更容易成为投资者盈利的起始点。如果 ROC 指标快速上扬，那么股价从这个时候开始加速回升，T+0 操作自然能够获得利润。

圣阳股份——ROC 向上突破 6% 高位，如图 6-1 所示。

如图 6-1 所示，圣阳股份的日 K 线图显示，ROC 指标已经回升至 6% 以上，显然已经超过了前期的价格波动率。从这个位置开始，该股很可能加速走强。投资者如果把握这个位置的做多机会，自然能够获得理想的利润了。

2 日的 ROC 指标向上突破，说明多头趋势已经出现了加速的迹象。该股前期的波动率就比较高，ROC 经常达到 5% 附近，为短线操作提供了众多机会。如

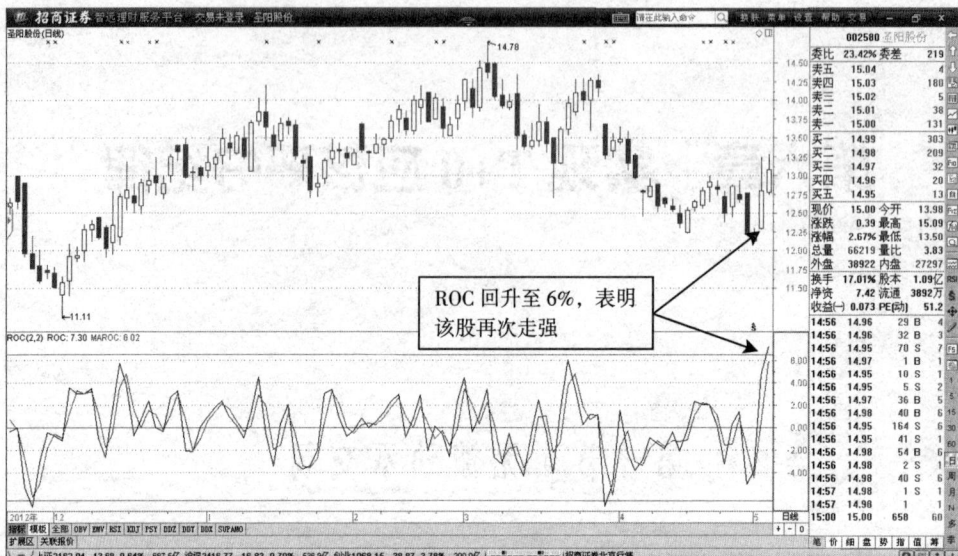

图 6-1 圣阳股份——ROC 向上突破 6% 高位

果从图中价格回升的位置开始短线操作，投资者的盈利机会就出现了。ROC 指标强势回升，投资者 T+0 操作的空间逐步扩大，特别是在价格处于上升趋势的时候，更是投资者的获利机会了。

绿景控股——换手率达到 10%，如图 6-2 所示。

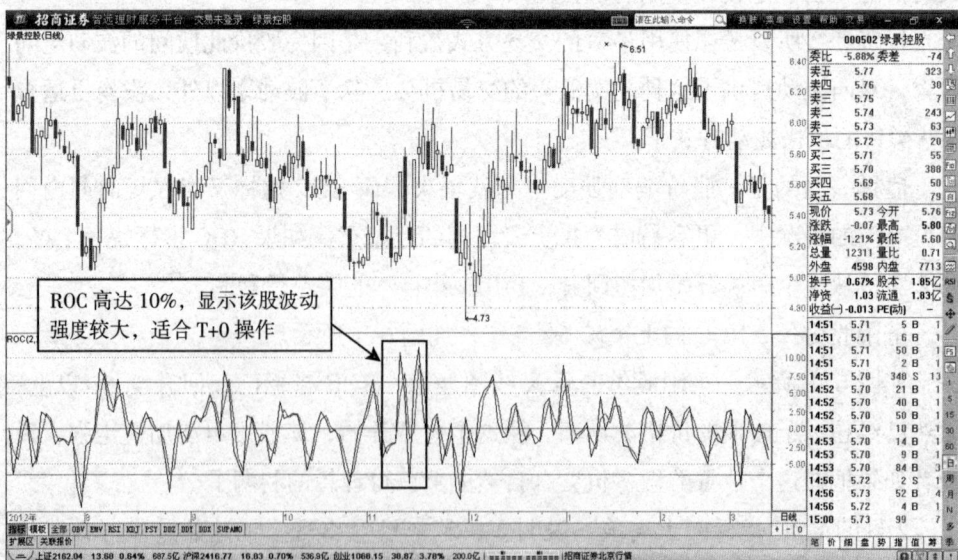

图 6-2 绿景控股——换手率达到 10%

如图 6-2 所示，绿景控股的日 K 线图显示，ROC 指标在图中达到了 10% 以上，显示出价格走强的迹象。ROC 指标向上回升，表明股价短线出现了走强的迹象。如果这一趋势得到延续，投资者自然能够在短线操作中获得利润。

从 ROC 指标来看，该指标向上突破了 10% 的高位，显示出价格向上突破的信号。从该股后市的走向看来，股价的确开始震荡向上，并且股价已经回升至短线高位以上，显示出多头趋势中的盈利机会已经出现了。

从该股日 K 线图价格走势来看，虽然股价的波动规律性不大，但是从 ROC 指标看来的价格波动强度很高，显然使突破后的操作机会增加了不少。不规则运行的价格背后，为 ROC 的强势回升提供了不错的操作点。

二、5% 以上的波幅，创造理想盈利点

圣阳股份——分时图中短线建仓机会，如图 6-3 所示。

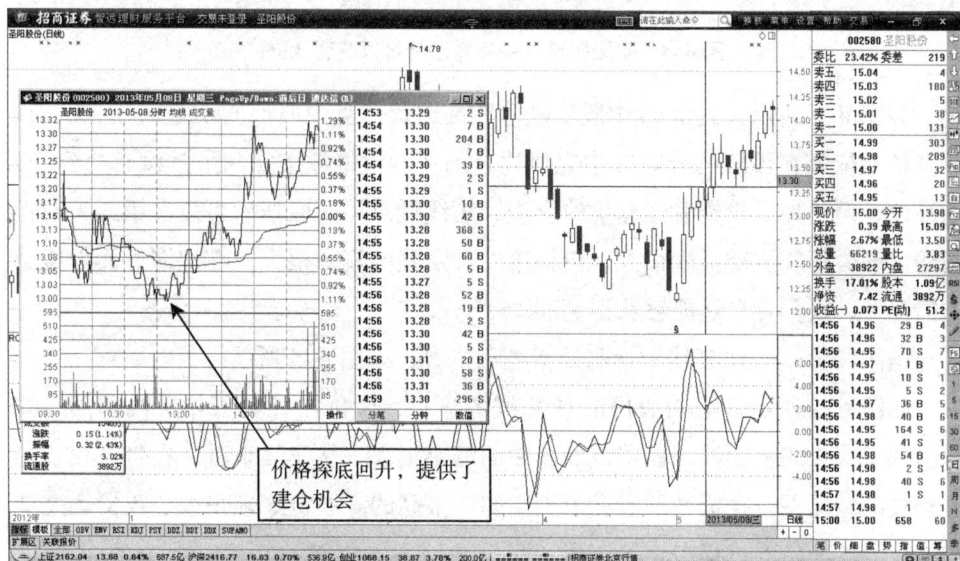

图 6-3　圣阳股份——分时图中短线建仓机会

如图 6-3 所示，圣阳股份的日 K 线图显示，随着 ROC 指标向上强势回升，该股在图中位置开始走强。分时图中显示，股价在开盘以后缩量下跌，盘中下跌幅度低至 1.11%，正是投资者 T+0 操作的建仓机会。而尾盘该股强势回升以后，如果投资者已经半仓买入了股票，这个涨幅 1.29% 的价格高位就能够获得不错的回报了。该股的走势非常活跃，分时图中价格回调正是 T+0 建仓的有利时机。

圣阳股份——建仓以后可以获利 3.5%，如图 6-4 所示。

图 6-4　圣阳股份——建仓以后可以获利 3.5%

如图 6-4 所示，日 K 线中股价跌停冲高回落，盘中股价波动空间在 3%，投资者依然能够在该股的分时图中完成建仓动作。价格波动空间虽然没有达到 5% 的高位，但是如果投资者建仓价位合理，短线低点买入股票后可以在第二天获得利润。该股短线波动强度很大，价格第二天走强的概率很大。在把握好操作机会的情况下，投资者自然能够获得利润。

圣阳股份——日 K 线中冲高回落盈利机会，如图 6-5 所示。

如图 6-5 所示，圣阳股份的日 K 线图显示，股价在日 K 线中冲高回落，并且出现了很长的上影线，表明该股盘中的涨幅很大。从实战来看，在带着较长的上影线的情况下，投资者的潜在盈利空间是很高的。股价涨幅很大，投资者完全能够在股价冲高的过程中止盈获得利润。

前期价格的波动率很大，说明该股走势还是非常活跃的。连续出现的冲高回落的阳线，显示出该股的确走势活跃，成为投资者可以进行 T+0 操作的重要标的股。很多活跃股票并不一定会冲高回落并且最终实现上涨，而圣阳股份却不是这样。该股不仅出现了上涨，在盘中的上涨空间还很大。最终股价实现了上涨，投资者 T+0 的操作很容易获得利润。考虑到该股收盘阶段上涨空间不高，投资者有机会完成半仓买入股票的建仓操作。从分时图中价格走势来看，股价具备波动强

图 6-5　圣阳股份——日 K 线中冲高回落盈利机会

度却不能实现较大的涨幅，这样的股票很容易成为 T+0 操作的目标股。

圣阳股份——宽幅波动的操作机会，如图 6-6 所示。

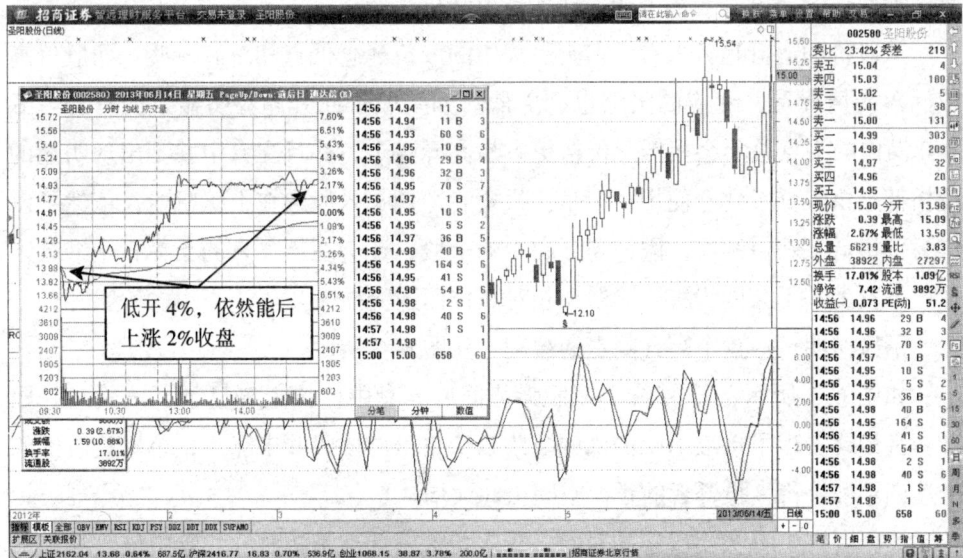

图 6-6　圣阳股份——宽幅波动的操作机会

如图 6-6 所示，分时图中该股再次出现了低开的情况，股价在开盘阶段低开
4%，在盘中探底至跌幅 6% 以下，可见买点已经明显形成。从价格走势看来，该

股波段空间高达 8%以上。盘中该股强势回升，投资者在分时图中建仓，当日便能够获得不错的利润。活跃股票的波动强度就是很高，该股的高位和低点相差很大，T+0 操作将轻松获利。

寻找波动强度高的股票，获利潜力也非常大。该股波段强度很大，2 日 ROC指标的波动强度最高可达 5%，提供给投资者的获利机会很多。

第二节　不寻求最佳买卖价

一、高位和低点是相对的

在 T+0 的操作中，投资者能够把握价格的低点建仓，能够选择盘中高位止盈，频繁操作才能持续获利。价格低点和价格高位是相对的，从分时图中看来，高位和低点可能稍纵即逝。个股如果在分时图中出现冲高回落的情况，或者说在盘中探底回升，投资者都可能发现不到盈利机会。

从股价的运行趋势来看，多头趋势中的股价建仓低点相对高一些，而股价高位回落的情况下，对应的买点也会更低。如果股价回升趋势明显，投资者考虑T+0 操作的买点总不会很低。价格更容易高开高走，并且在盘中并不出现明显的价格低点供投资者建仓使用。但是，投资者即便买入股票在上涨阶段，依然可以作为价格低点获得利润。因为高开高走的个股，还会在接下来的交易日中继续走强，投资者并不会因为买入股票在相对高位而遭受损失。

阳光照明——盘中高开高走的盈利，如图 6-7 所示。

如图 6-7 所示，日 K 线中该股强势回升，盘中价格走势显示，该股高开回升并且最终实现了接近 10%的涨幅。收盘价格虽然该股并未涨停，单尾盘股价的确达到了涨停价，投资者的止盈空间由此大增。

投资者在 T+0 买卖股票的时候，买入的价格低点是相对的，盘中该股高开回升的情况下上涨，建仓在相对高位也是可以的。该股的回升趋势明确，投资者不可能有机会买在股价回落阶段。在个股表现强势的情况下，投资者买入股票在高位，也会在第二天继续获得利润。表现强势的股票可以连续高开高走，在这种情

图 6-7 阳光照明——盘中高开高走的盈利

况下的 T+0 操作就不能等着价格低点建仓了。

丽珠集团——日 K 线中的价格低点，建仓机会，如图 6-8 所示。

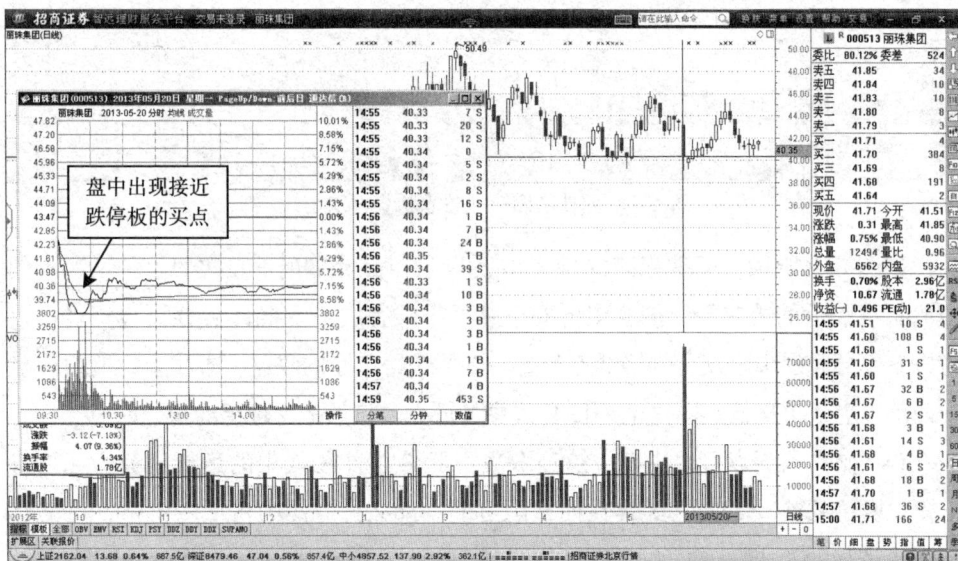

图 6-8 丽珠集团——日 K 线中的价格低点，建仓机会

如图 6-8 所示，股价在日 K 线中回落至相对低位，而分时图中显示的价格回落空间更大，盘中跌幅几乎到了跌停价格。即便如此，该股的价格低点恐怕还

未真正达到。因为，从日 K 线中看来，股价还没有达到最低的价格上。在分时图
中低开反弹以后，股价还有可能继续探底，这是不可避免的事情。尤其在股价跌
幅较大的情况下，更是如此。

从 T+0 建仓的价格选择上看来，价格低点总是存在更低的位置。因此，投资
者应该在股价下跌以后选择更低的价格来买入股票。也就是说，可以在价格二次
探底后选择分时图并且也是日 K 线中的价格低点买入股票，这样更容易获利。

丽珠集团——建仓机会再次出现，如图 6-9 所示。

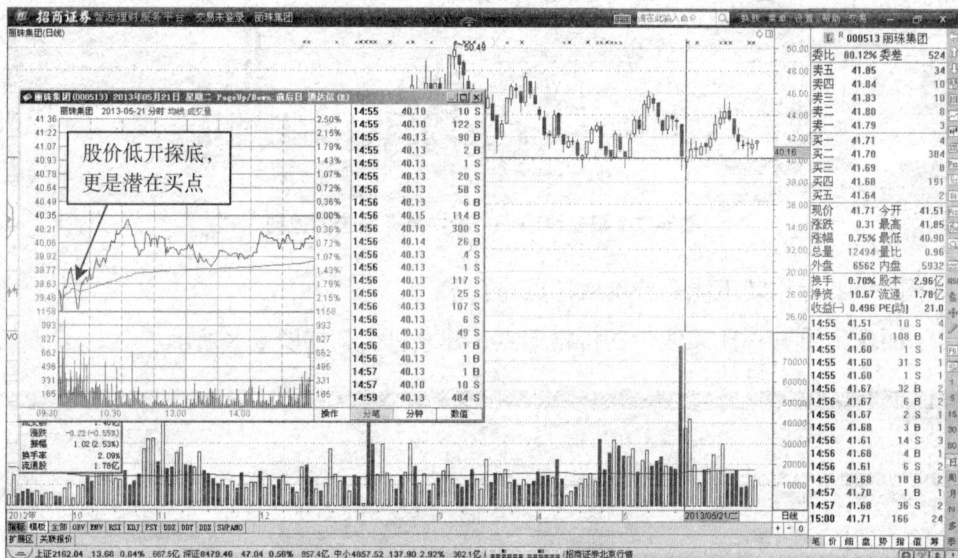

图 6-9　丽珠集团——建仓机会再次出现

如图 6-9 所示，丽珠集团的日 K 线图显示，股价出现了二次回落的情况。图
中股价大跌后的第二天，同样以低开下跌的方式完成了一根日 K 线。投资者可以
考虑该股分时图中开盘后价格低点建仓，以便获得丰厚的收益。事实上，股价在盘
中回落以后，价格低点同样也是日 K 线中的低点，自然成为理想的建仓时机。

T+0 操作的买点可以更低，这还取决于股价在日 K 线中的运行趋势。如果日
K 线中股价的波动方向已经存在回调的可能。那么分时图中再低的价格，可能都
不会是理想的买点。

对于 T+0 交易，投资者能够操作的买卖机会就存在于分时图中。不过，投资
者要想做到抄底和逃顶，必须对价格的波动方向有一个清晰的认识。结合股价的
波动方向来选择操作机会，更能够获得较好的回报。因为股价的波动方向影响着

股价的高位和低点，影响投资者 T+0 买卖的操作机会。

二、买卖存在 3% 价差即可

从价格的波动强度来看，如果存在 3% 的波动空间，投资者就能够在 T+0 的操作中获得短线利润。个股的波动强度可能不大，维持足够大的波动强度，对很多股票来说是不现实的。特别是换手率较低，而流通股又比较多的情况下，实现较高的波动率不容易。

从投资者低价建仓和高位做空的角度来看，如果投资者能够在分时图中的价格低点建仓，第二天获得 3% 的差价，就已经能够稳定获利了。这样，选择那些能够提供 3% 价格差的股票，投资者可以稳定实现盈利。3% 的波动强度并不高，很多活跃股票都会经常出现这样的波动空间。从价格双向波动来看，股价在盘中最高上涨 1.5%，最低下跌至 1.5%，这样就轻松实现了 3% 的波动强度，投资者据此可以获得理想的利润。

汇通能源——跌幅接近 2% 的建仓机会，如图 6-10 所示。

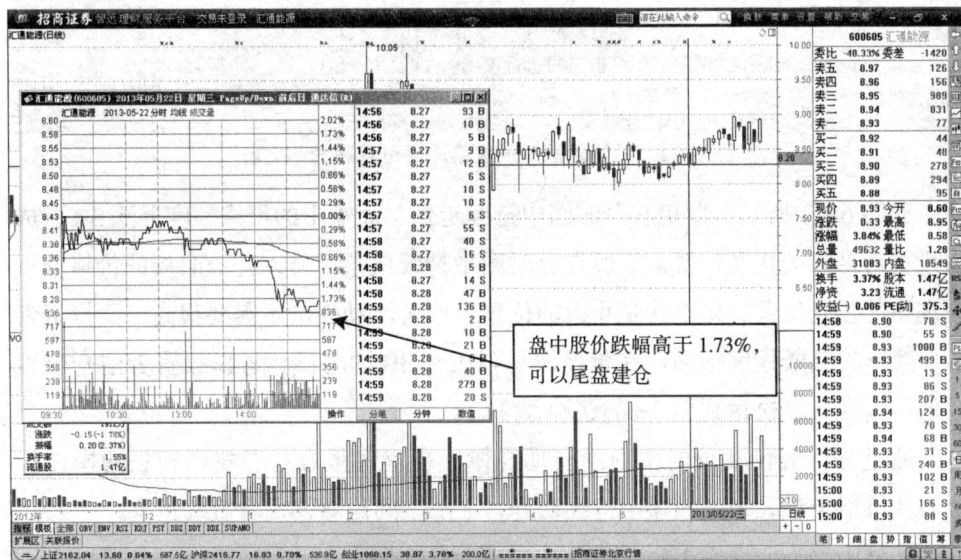

图 6-10　汇通能源——跌幅接近 2% 的建仓机会

如图 6-10 所示，汇通能源的日 K 线图显示，股价在分时图中的下跌幅度达到了 1.72%，显然为投资者 T+0 操作提供了建仓的机会。股价波动空间达到 3% 的时候，就会存在不错的盈利空间。而该股在分时图中跌幅达到了 1.72%，投资者建仓以后的第二天，该股只需盘中回升 1.5%，投资者的盈利空间就能达到 3%。

考虑该股处于放量回升期间，股价在日 K 线还是趋于走强，分时图中价格回落的低点，成为理想的建仓位置。短线操作的空间还是有的，投资者建仓的第二天有望获利。

汇通能源——价格冲高可获利 3% 以上，如图 6-11 所示。

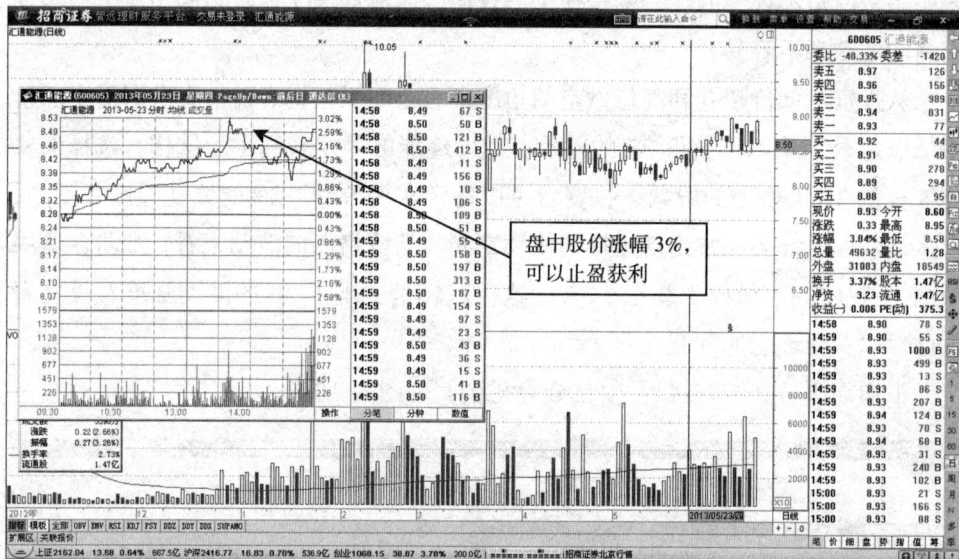

图 6-11　汇通能源——价格冲高可获利 3% 以上

如图 6-11 所示，股价在分时图中持续走强，而盘中的价格一度上涨 3%，成为投资者理想的止盈位置。该股在分时图中持续放量回升，开盘时候的价格低点为理想的建仓位置，尾盘便是止盈的位置。股价波动强度不需要很高，而投资者 T+0 操作的频繁程度很高。在价格波动强大到 3% 的时候，考虑投资者建仓位置较低，这样就轻松达到了 3% 的获利程度。

通过分析股价在分时图中的波动规律，投资者很容易寻找到理想的操作位置。从价格走势看来，该盘中持续回升，上涨空间足够投资者短线止盈。

桂林旅游——跌幅 1%，可建仓，如图 6-12 所示。

如图 6-12 所示，分时图中股价在盘中出现了低开横盘的情况，不过横盘时间不长，下午盘股价出现了飙升的走势。尾盘该股的上涨空间在 1.72%，成为投资者的盈利机会。前一个交易日中，投资者建仓当日就已经获利 2% 以上，而盘中该股再次走强的时候，投资者获利为 3.5% 以上。从短线 T+0 操作的方面来看，

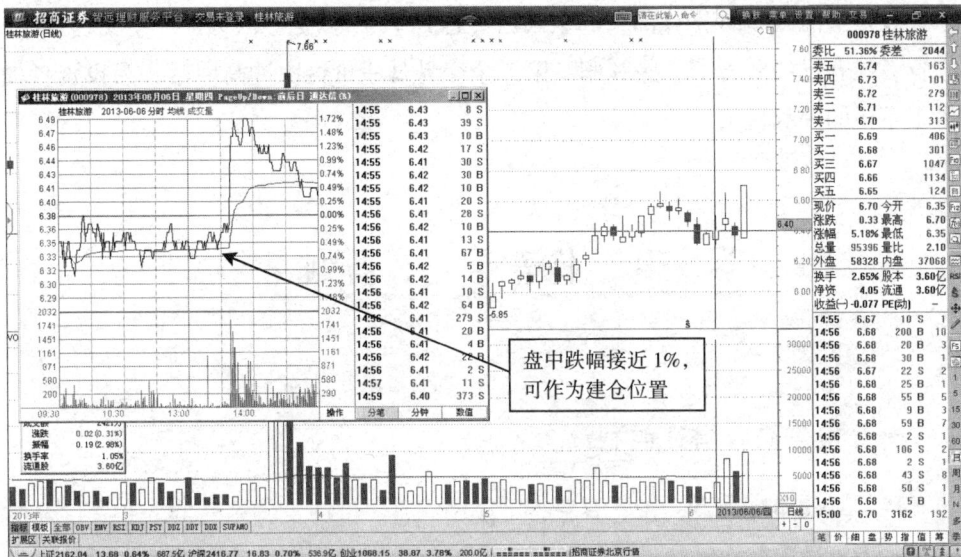

图 6-12 桂林旅游——跌幅 1%，可建仓

投资者能够获得的利润空间在 3%就可以了。该股的走势适合短线 T+0 操作。

桂林旅游——价格冲高自然获利，如图 6-13 所示。

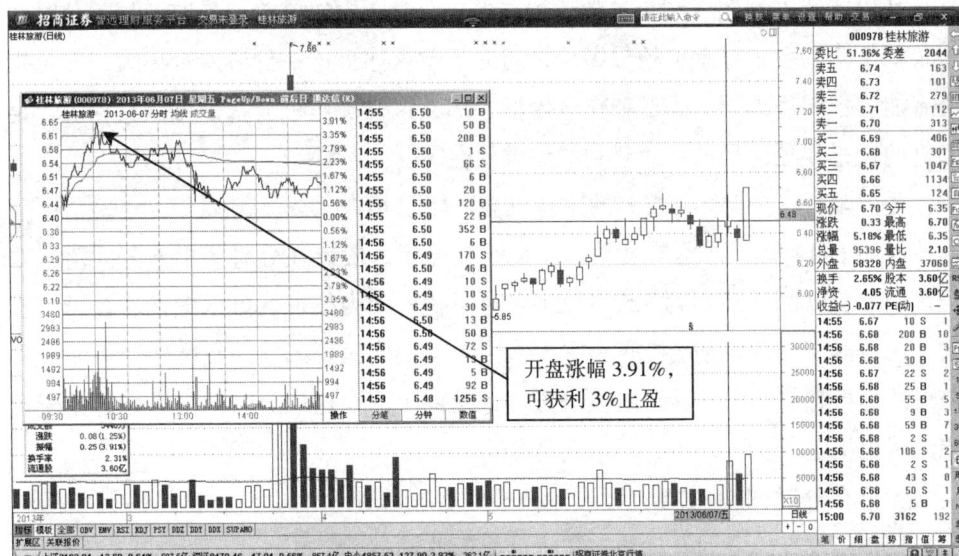

图 6-13 桂林旅游——价格冲高自然获利

如图 6-13 所示，桂林旅游的日 K 线图中，股价在分时图中再次走强，而该股盘中的上涨空间在 3.91%，投资者能够把握住的利润至少在 3%以上。这样一

来，投资者短线 T+0 操作的获利空间已经达到了 3%以上。因为前一个交易日中，投资者建仓已经获得了一些利润。第二个交易日股价再次冲高回落，为投资者提供了不错的获利机会。

第三节　价差第一，盈利第二

一、价差高，潜在盈利高

从 T+0 的角度来看，投资者获得丰厚利润，更应注重价差高低。如果价差比较高的话，投资者能够获得更好的利润。至少从短线操作的获利潜力来看，如果股价的波动强度很高，那么获利潜力也是很大的。除非投资者没能把握住操作机会。事实上，如果一只股票的波动强度很大，在价格处于低点的时候，投资者买入股票可获得利润。股价在分时图中冲高之时，也是投资者获利的机会。

从投资者 T+0 建仓和止盈的位置来看，分时图中的价差，是前一日的分时图中最低价，到后一日盘中的最高价之间的价差。如果这一价格差价很大，并且投资者能够把握住其中的买点和止盈价格，那么这种操作机会就是可以获利的。足够高的价格差异，是投资者获利的关键所在。

爱尔眼科——回落 3.55%的建仓机会，如图 6-14 所示。

如图 6-14 所示，爱尔眼科的日 K 线图显示，股价在分时图中低开回落，并且盘中股价跌幅已经达到 3.55%以下，可见短时间内投资者可以考虑建仓了。事实上，分时图中股价回调空间在 3.55%以上，表明股价调整的幅度已经很高。从该股的运行趋势看来，股价的波动方向还是向上的，这样分时图中恰好为比较理想的建仓机会了。

股价在分时图中回调走势，正是投资者能够建仓的机会。价格回调空间越大，只要还没有改变回升趋势，建仓就显得非常必要。

爱尔眼科——反弹之后可获利，如图 6-15 所示。

如图 6-15 所示，爱尔眼科的日 K 线图中，股价在分时图放量走强，盘中股价上涨空间高达 2%以上，可以作为最终的止盈价位了。价格差越大，投资

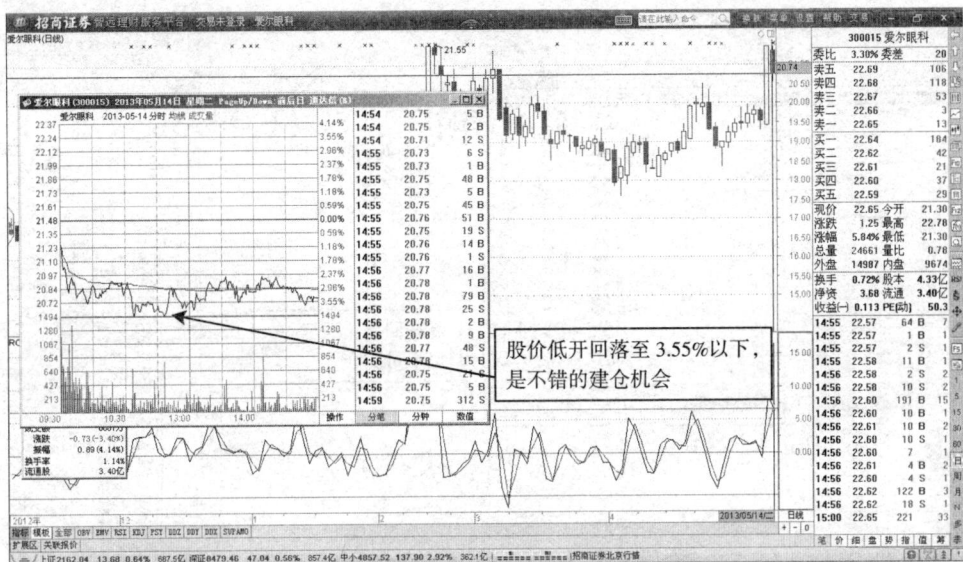

图 6-14　爱尔眼科——回落 3.55% 的建仓机会

图 6-15　爱尔眼科——反弹之后可获利

者 T+0 操作的获利空间也会更大。事实上，该股盘中涨幅 2% 以上，提供了盈利的机会。

爱尔眼科——尾盘回落的建仓机会，如图 6-16 所示。

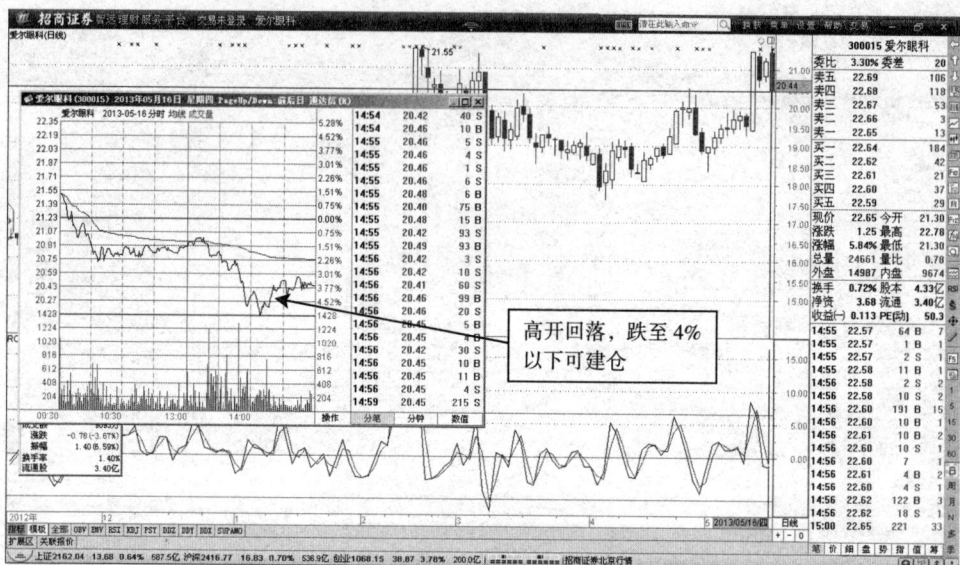

图 6-16 爱尔眼科——尾盘回落的建仓机会

如图 6-16 所示，爱尔眼科的日 K 线图显示，股价在分时图中高开却出现了低走的情况。尾盘看来，股价跌至 4% 以下，可以作为建仓的机会看待。价格总是存在双向波动，特别是股价处于突破前的高位时更是如此。图中所示的分时图中的价格回调的情况，恰好就提供了这样的盈利机会。

二、多头趋势中，价差交易可获利

大富科技——持续放量，突破在即，如图 6-17 所示。

如图 6-17 所示，大富科技的日 K 线图显示，随着成交量的不断回升，该股出现了调整的情况。考虑前期放量趋势已经持续了两个月时间，这有助于股价继续放量回升。从股价的波动情况看来，图中该股短线回调。成交量的放大趋势未变，该股还会持续不断回升。投资者可以在分时图中把握住买卖机会，进行 T+0 的短线操作。放量回升的股票，总能提供不错的短线买卖时机。投资者在股价回升期间买卖股票，获利是没有问题的。

大富科技——高 ROC 值的价格走势，如图 6-18 所示。

如图 6-18 所示，日 K 线中该股的波动强度较高，ROC 指标最高可达到 5% 以上，这也为投资者短线买卖该股提供了交易机会。股价处于强势波动期间，能够把握住买卖时机的投资者更容易获得真正的回报。特别是从波段强度上看，该

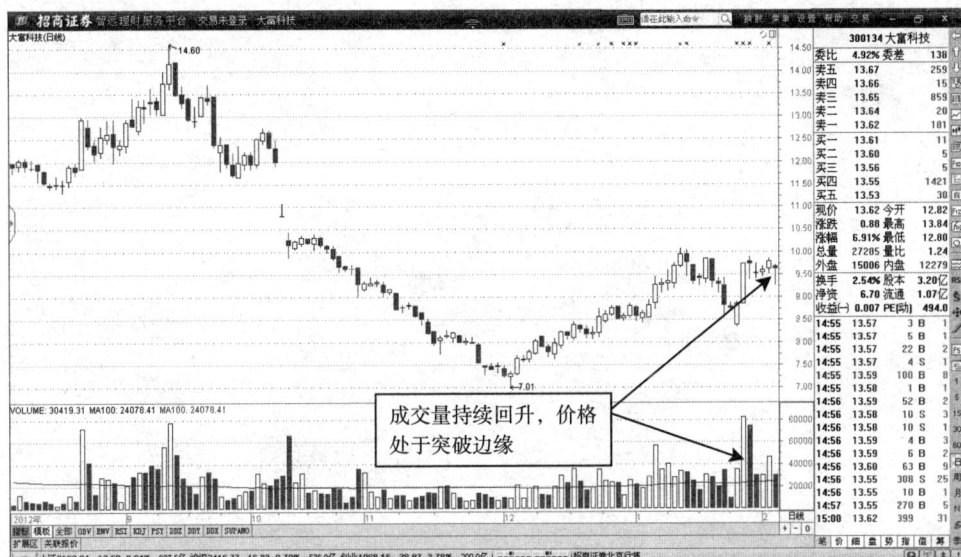

图 6-17　大富科技——持续放量，突破在即

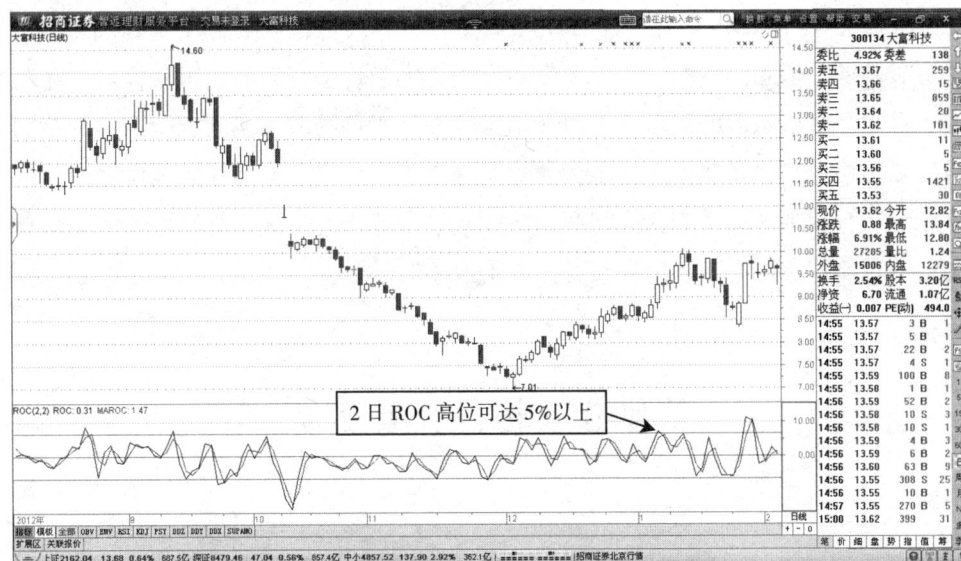

图 6-18　大富科技——高 ROC 值的价格走势

股波段强势在 5% 以上，适合短线买卖。考虑前期该股的放量趋势还在延续着，如果成交量能够稳定放大，那么这种盈利趋势就会得到延续。价格在放量的波动空间会更高，T+0 操作不可能不获利。

　　大富科技——股价持续回升，如图 6-19 所示。

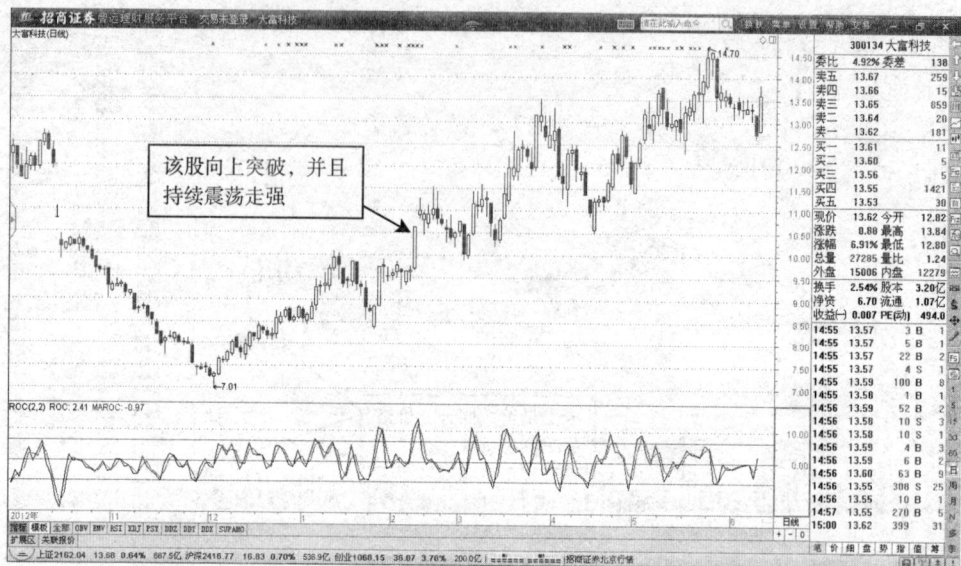

该股向上突破，并且
持续震荡走强

图 6-19　大富科技——股价持续回升

如图 6-19 所示，大富科技的日 K 线图显示，股价在放量上攻以后，图中显然突破了调整形态。从股价的波动方向看来，图中价格突破的位置是投资者盈利的关键点。后市该股的确延续了回升趋势，并且股价的波动强度有所增加，获利机会显然由此扩大了。T+0 操作获利的关键在于，投资者有足够的操作空间，并且能够在持续半仓买卖中获得利润。该股就符合这样的情况，价格处于多头趋势中，并且放量向上突破，给投资者提供了盈利的机会。

第四节　按照计划交易

一、买不贪多，卖不嫌少

在 T+0 操作中，投资者买入股票数量不必贪多，而卖出股票的数量也不必嫌少。T+0 操作的关键在于，在减少持股风险的基础上，增加每一次交易的获利空间。持股资金虽然仅仅是半仓，但是却不影响投资者把握价格低点和高位的操作机会，持续获得利润。

从股价的走势来看，真正活跃的股票也很容易冲高回落。也就是说，股价在大涨之后面临回调的风险，投资者若没能够降低持股风险，承担不起价格回调遭受的损失，也就没法持续获得利润了。过度地使用资金来持有股票，或者嫌弃卖出股票数量太少，这都无助于投资者赢得更高的投资回报。采取 T+0 操作的时候，投资者就要首先做到半仓进出。在半仓买卖股票的基础上完成 T+0 的操作步骤，也就能够获得滚动利润了。

大众公用——日 K 线中见顶回落，如图 6-20 所示。

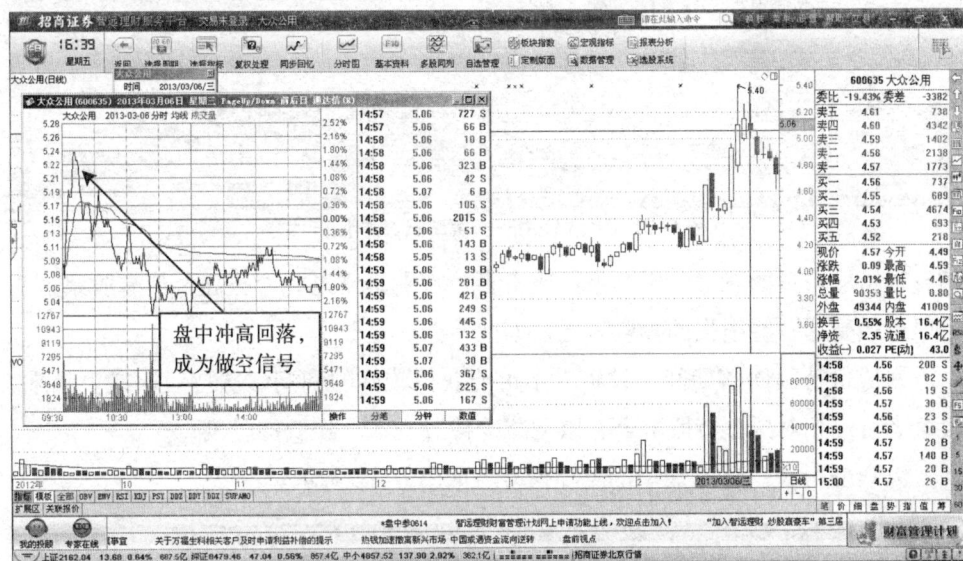

图 6-20　大众公用——日 K 线中见顶回落

如图 6-20 所示，分时图中股价显然出现了冲高回落的情况。图中显示，该股在见顶以后盘中下跌开盘，股价在分时图中冲高回落。开盘不足 1 个小时，该股就已经二次回落下来，显示反转信号非常明显。从日 K 线中价格的基本走势来看，如果该股的跌势得到延续，投资者正常的 T +0 操作是可以减小损失的。即便股价持续阴线回落，只要投资者不去轻易加仓持股，就不会造成太大的损失。

大众公用——第二日继续低开回落，如图 6-21 所示。

如图 6-21 所示，从股价第二个交易日看来，该股继续低开回落，并且盘中下跌空间一度达到 4% 以上，显示价格反转以后的下跌趋势非常明确。从投资者减小损失的角度分析，该股高位连续回落，T+0 操作的风险很高。持股风险大

图 6-21　大众公用——第二日继续低开回落

增，对持股数量的看法，投资者不应贪多。特别是已经在价格高位持有股票，并且已经遭受了一些损失的投资者更是如此。

在股价持续回落期间，投资者不可能获得较好的利润。从持股数量上看来，投资者可以相对减少持股资金，以便减少持股成本，降低持股风险。

大众公用——日 K 线中的见顶信号，如图 6-22 所示。

图 6-22　大众公用——日 K 线中的见顶信号

如图 6-22 所示，从大众公用的日 K 线中看来，该股分时图中高开冲高以后快速回落，尾盘真正的涨幅并不是很高。从获利的角度分析，投资者在 T+0 的操作上获利空间并不会太大。甚至在股价高位见顶的过程中，T+0 操作的风险很大。一旦股价真的见顶，投资者不管怎样在价格低点建仓，都不可能获得利润。该股的走势就是见顶后持续回落的情况，投资者不容易获利。

二、价差合理，买卖就没问题

从获利的角度分析，T+0 操作能够赢得利润，价差合理就是必要的。股价存在价差，那么投资者短线操作就能够获得利润。从日 K 线中价格的走势来看，投资者股价存在波动空间，投资者短线 T+0 操作才有可能获得利润。股价横盘中价格波动形态越好，在价格低点买入股票更容易获利。

从股价横盘走势来看，价格形态越好，表明投资者能够根据形态本身选择买卖的价位。日 K 线中价格的波动空间较大，分时图中的买点与日 K 线中价格的支撑位置有关。在分时图中，股价的波动空间可能不及日 K 线中价格波动。但是买卖时机却与日 K 线中的价格高位和低点相似。

浦东金桥——日 K 线中的价格回调买点，如图 6-23 所示。

图 6-23　浦东金桥——日 K 线中的价格回调买点

如图 6-23 所示，浦东金桥的日 K 线图显示，股价在冲高回落以后，出现了调整的情况。图中均线以上价格显然出现企稳迹象。持续 4 个交易日中，该股处于横盘状态。在股价冲高回落以后，价格回调正是短线建仓的机会。如果价格的波动空间是双向的，那么图中显然是价格低点的建仓时机了。

冲高回落的股票，在获得支撑以后会强势反弹。特别是短时间内持续大幅上涨的股票，在高位回落以后短线调整，为投资者提供了不错的盈利机会。事实上，价格反弹空间可能会很高，价格至少达到短线高位，投资者在分时图中可以获得不错的盈利价差。

浦东金桥——冲高回落适合 T+0 操作，如图 6-24 所示。

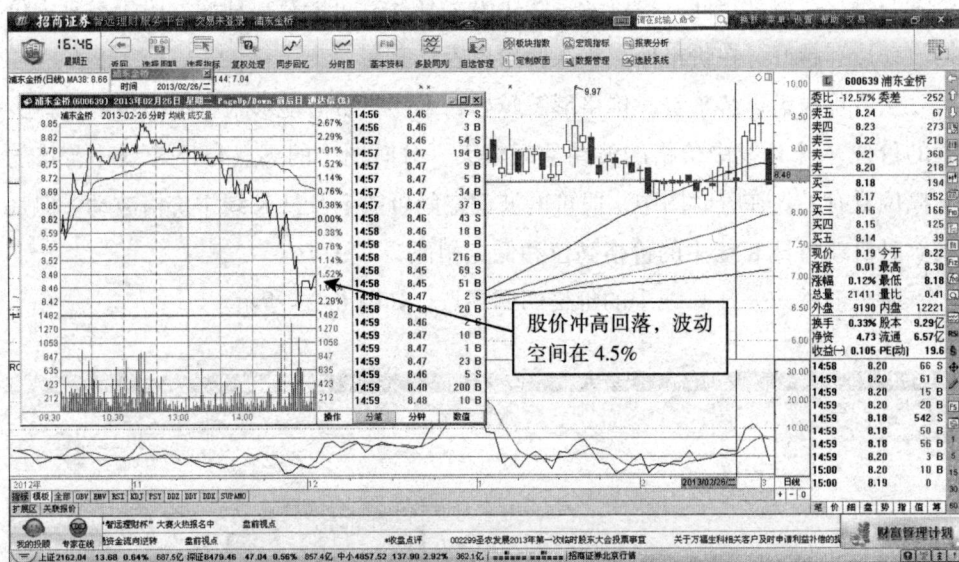

图 6-24　浦东金桥——冲高回落适合 T+0 操作

如图 6-24 所示，浦东金桥的日 K 线图显示，股价在分时图中冲高回落，盘中最高涨幅在 2.67%，而尾盘该股跌幅达到了 2.29% 的低点。总的来看，该股波动空间高达 4.5%，投资者显然已经获得不错的操作空间。价差的存在，是投资者盈利的关键。该股在分时图中冲高回落，价格双向波动，为投资者提供了建仓以及止盈的操作机会。

浦东金桥——盘中探底回升买点，如图 6-25 所示。

如图 6-25 所示，从分时图中看来，股价低开后探底回升，盘中波动空间虽然不高，却是日 K 线中价格低点出现的有效反弹。如果投资者在日 K 线中判断

图 6-25 浦东金桥——盘中探底回升买点

该股的价格低点处于大跌之后的位置，分时图中自然有机会把握到建仓时机。

从日 K 线中看来，股价处于相对低的价格低点，是投资者可以操作的建仓位置。该股已经在前一个交易日中出现了杀跌的情况，接下来的二次回落自然是不能错过的。投资者可以在价格第二次低开回落的时候考虑建仓。

日 K 线中价格低点对分时图中的建仓非常重要，股价可以回落至相对低位的时候反弹。如果相对低点的支撑较好，股价会出现连续的反弹，直到反弹空间收窄，价格冲高回落为止。

第七章　常用技术手段

第一节　黄金分割

一、黄金分割线简介

黄金分割线本来是一种数学方法，其发现者是古希腊的毕达哥拉斯。他说：一条线段的某一部分与另一部分之比，如果正好等于另一部分同整个线段的比即0.618，那么，这样比例会给人一种美感。

黄金分割比率虽然是一种固定的数字关系，却在现实中屡屡被验证其有效性。该分割线在价格变化中，同样能够预测支撑和压力，亦是潜在的操作机会问题。黄金分割线绝不仅仅是0.618这一条线，而是一组分割线的组合，包括从0.236、0.318、0.5、0.618、0.809等。当然，这仅仅是黄金分割数字的一种形式，黄金分割数值还可以扩大至1.236、1.318、1.5、1.618、1.809等。

对于T+0的操作方式，投资者可以依据黄金分割数值判断即将成为压力位的价格，或者用来判断突破的有效性。如果股价并不会形成突破，那么黄金分割位置上会提供相应的支撑或者压力。而如果股价有效突破，必须首先突破黄金分割位置才行。

黄金分割数字看似是固定的数字，却发挥着不可替代的作用。根据股价波动过程中的强弱状态，投资者很容易发现操作机会其实就在分割线附近了。价格在黄金分割线附近表现出的突破和盘整，都是黄金分割线影响的结果。据此，投资者可以轻松把握潜在的操作机会，获得T+0的操作利润。而黄金分割线如果运用到分时图中，亦可以帮助投资者分析短线价格的压力和支撑，从而判断真正的操作位置。

桂东电力——价格回落中的黄金分割线，如图 7-1 所示。

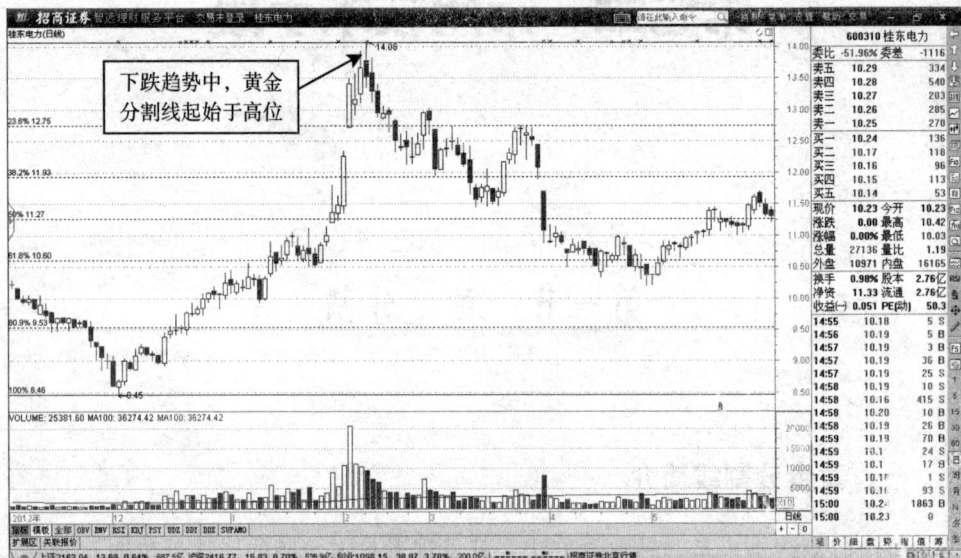

图 7-1 桂东电力——价格回落中的黄金分割线

如图 7-1 所示，桂东电力的日 K 线图显示，股价回升过程中，价格高位显然就是黄金分割线的起始点。这样在判断股价回落过程中的支撑位置，可以从不同的黄金分割线上发现。比如说，当股价高位回落至 38.2% 的黄金分割线后，价格必然会出现反弹的情况。而黄金分割线的 38.2% 成为价格反弹的起始点。当然，每只股票的走势不同，股价究竟是在何种位置上反弹，还要看价格的走势。重要的是在黄金分割线上，股价反弹的概率很高，投资者可以提前做好短线操作的准备。特别是 T+0 操作的投资者，可以利用黄金分割线来判断支撑和压力位置，并且借此来获得短线操作利润。

圣阳股份——价格回升中的黄金分割线，如图 7-2 所示。

如图 7-2 所示，圣阳股份的日 K 线图显示，该股从价格低点开始反弹上涨，而真正判断价格反弹过程中的压力位，可以参考黄金分割线。在股价回升期间，黄金分割线起始于价格的低点，而价格回升过程中遇到的阻力，起始于黄金分割线。价格反弹至重要的 38.2%、50% 以及 61.8% 后，会出现明显的冲高回落走势。T+0 操作的重要止盈位置，可以选择在距离黄金分割线比较近的位置。在这些位

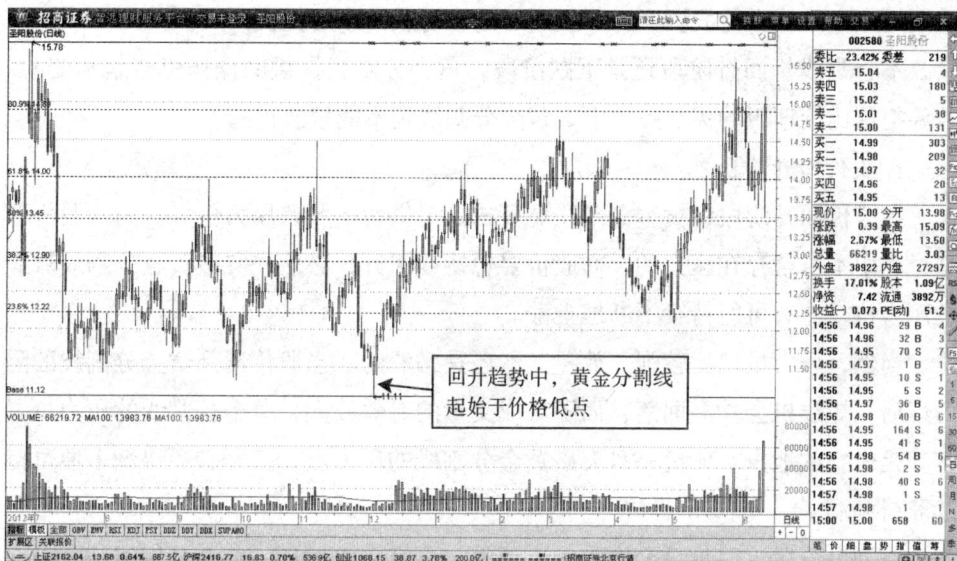

回升趋势中，黄金分割线
起始于价格低点

图7-2 圣阳股份——价格回升中的黄金分割线

置上做空，可获得利润。

二、黄金分割线提供的支撑位

黄金分割线提供的支撑位置，是股价短线反弹上涨的重要起始点。从股价波动过程中的重要高位和低点画出对应的黄金分割线，投资者能够发现黄金分割线附近的支撑效果能够提供不错的建仓信号。特别是在股价震荡上涨的过程中，如果黄金分割线已经被成功突破，那么接下来股价回调黄金分割线以后必然是不错的买涨机会了。

当然，黄金分割线提供支持效果，不仅仅体现在股价回升阶段，价格震荡下跌的过程中，反弹位置的建仓机会同样体现在黄金分割线上。

当股价高位震荡下跌的时候，重要的黄金分割线附近总是能够出现价格的持续反弹走势。如果股价已经在黄金分割线附近出现了强势回升，那么投资者趁此机会买入股票必然能够获得利润。股价持续回落以后，短线反弹的位置经常起始于黄金分割线的0.385、0.5、0.618等位置。那么，投资者何不在这些位置上预设买入股票的资金，等待价格反弹后获取利润呢？

在T+0操作中，投资者更可能在股价持续回升阶段采取这一交易策略。而在股价高位回落期间，对应的操作机会其实也是存在的。只不过投资者会在股价下跌期间相应的减少持股资金，以便应对重仓持股带来的投机损失。

不管是股价回升阶段还是下跌阶段，黄金分割线提供的操作机会是不变的。若要把握比较理想的买卖点，那么黄金分割线是不能被忽视的。

1. 股价回升阶段

在股价回升阶段，黄金分割线更多的是提供卖出股票压力信号。因为股价上涨过程中本身是存在压力的，而股价要想持续回升，必然先突破黄金分割线对应的压力位，才有可能持续不断地上涨。

当然，压力虽然比较强，放量上涨还是必然的。当股价遇到黄金分割线的阻力以后，短线机会冲高回落，而随着成交量的有效放大，黄金分割线的压力位置本来是做空的地方。股价一旦突破黄金分割线的压力点，投资者顺势做多便可持续获得利润了。

在回升阶段，股价总会在突破、调整、再突破中循环。黄金分割线被突破以后，股价短线震荡调整，一旦调整到位，高位的黄金分割线同样还是会被有效突破。从操作机会上看，买点总是在股价突破黄金分割线以后出现，而短线止盈的机会出现在股价遇阻回落的时候。

浙江震元——23.6%的买点，如图 7-3 所示。

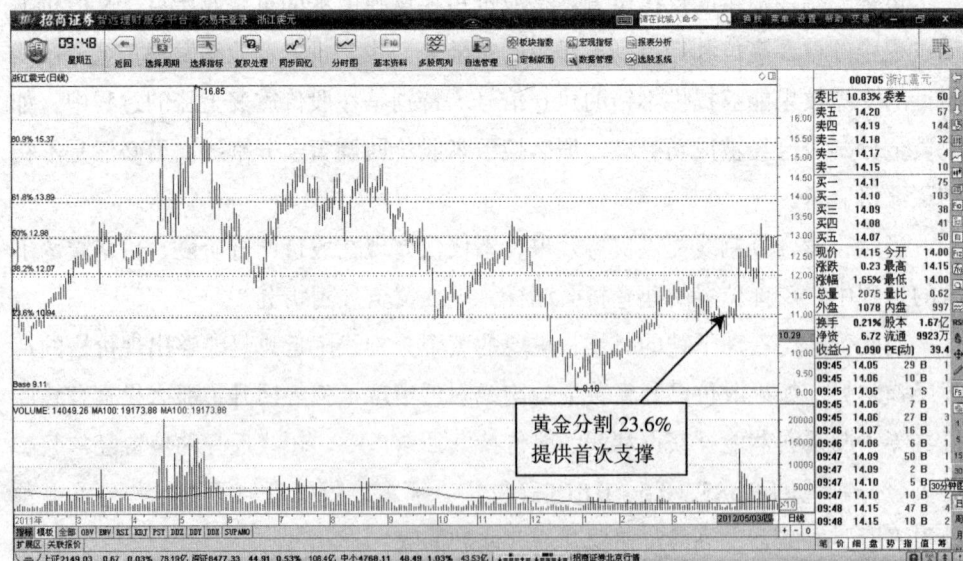

图 7-3　浙江震元——23.6%的买点

如图 7-3 所示，浙江震元的日 K 线图显示，股价在反弹过程中，一次性突破了黄金分割线的 23.6% 的分割线。当股价向上突破后不久，价格冲高回落后再次获得该分割线的支撑。图中显示的位置，是投资者能够把握住的建仓位置。黄金分割线的压力虽然较强，但是被突破以后自然体现出相应的支撑。图中股价从 23.6% 的黄金分割线上快速反弹。虽然股价也在短时间内假突破了该黄金分割线，但是反弹的确成为现实。从 T+0 操作的角度看，投资者可以在价格回落至黄金分割线的时候建仓获得利润。

浙江震元——38.2% 的强势反弹，如图 7-4 所示。

图 7-4 浙江震元——38.2% 的强势反弹

如图 7-4 所示，浙江震元的日 K 线图显示，该股已经在 38.2% 的黄金分割线上反弹，并且反弹的次数为两次。价格短线上行空间很大，是投资者 T+0 操作的重要信号。从黄金分割线上来看，股价反弹空间很高，表明该分割线的支撑效果很理想。价格处于黄金分割线的 38.2% 的时候，正是投资者考虑建仓的位置。不仅是分时图中，如果投资者在黄金分割线处开始做多，并且始终持股，短期来看也可以持续获利。

2. 股价下跌阶段

在股价下跌阶段，黄金分割线提供了支撑作用。股价要想持续回落，必须首先突破不同的黄金分割线才行。而黄金分割线的支撑效果不同，0.236 的分割线的支撑效果可能不如 0.618 的支撑效果。股价回调的过程中，究竟会在哪一个黄金分割线上获得支撑，需要根据价格上涨幅度和下跌趋势大小来判断。

真正的牛市行情结束以后，股价高位下跌的时候，重要的黄金分割线总能不断提供对应的支撑。当然，熊市被确认之前，股价在黄金分割线上的反弹空间也会更大。随着空头趋势的确认，对应的操作机会就会萎缩减少了。事实上，一旦长期下跌趋势得以确认，就算股价回落至黄金分割线上，对应的反弹空头可能也不会很高。股价下跌的趋势中，投资者采取减仓 T+0 的操作策略，也是因为股价的反弹空间不高造成的。

羚锐制药——80.9%的支撑建仓机会，如图 7-5 所示。

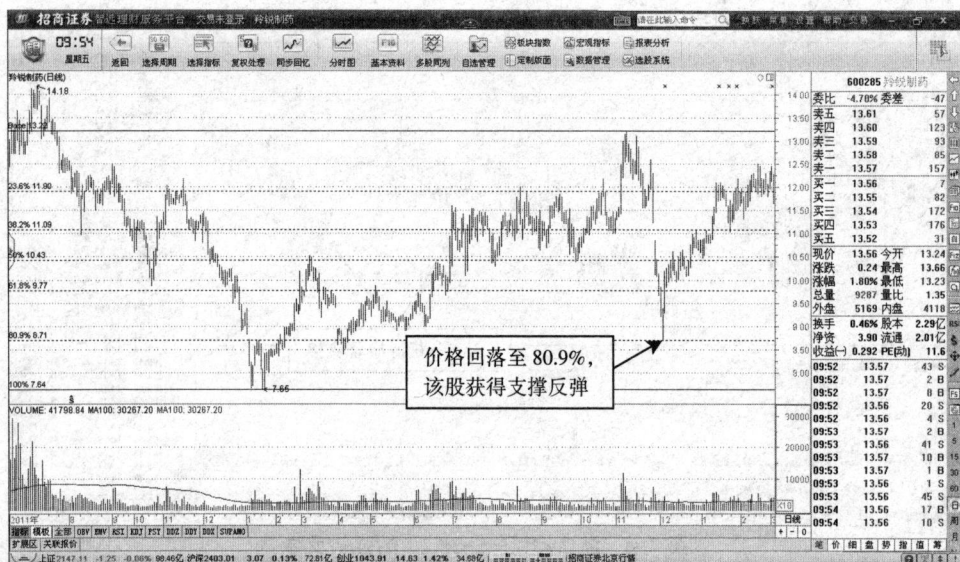

图 7-5　羚锐制药——80.9%的支撑建仓机会

如图 7-5 所示，羚锐制药的日 K 线图显示，股价短线回落至黄金分割线的80.9%后出现了反弹的情况。很显然，黄金分割线的 80.9%的支撑效果很好。股价之所以从这个位置开始反弹，与 80.9%的黄金分割线的支撑力度有关，当然也与股价的下跌空间有关。价格跌至 80.9%的黄金分割线后，跌幅显然很高，获得支撑反弹自然是大势所趋。一般来看，黄金分割线的 80.9%的价位很难达到。一旦股价回落至这个位置，那么反弹强度将会很高。价格的下跌幅度已很大了，投资者可以据此做多获得利润。

三、黄金分割线提供的压力位

黄金分割线的压力体现在股价遇到黄金分割线便会出现回落的情况。从历史上价格走势来看，以历史低点为起点向历史高位引黄金分割线，总会发现价格上涨过程中的确在这些位置遇到了阻力。股价回升阶段，黄金分割线的阻力经常是不容忽视的。如果黄金分割线的压力很大，股价不仅会短线回落，继续上涨还会经历一段很长的调整。

关注价格波动的不同时期的黄金分割线的压力效果，投资者才能够获得比较理想的操作机会。股价回升阶段，黄金分割线的压力位提供了投资者短线操作的做空信号；而股价下跌阶段，对应的压力位则是股价继续回落的起始点。

1. 股价回升阶段

在股价反弹上涨阶段，黄金分割线的压力非常明显。从短线来看，0.382 的黄金分割线是非常有效的压力位置。股价反弹的初期，也很容易遇到这一位置的压力，并且出现冲高回落的情况。

0.382 的黄金分割线的压力虽然较强，但也比较容易被突破。0.382 的黄金分割线被有效突破以后，重要的 0.5 的黄金分割线是接下来更为重要的压力位置。股价涨幅达到熊市中跌幅一半的时候，也就遇到了 0.5 的黄金分割线了。0.5 的黄金分割线的阻力很强，一般弱势波动的股票都不会轻易突破。在股价上涨的过程中，价格总是在突破与回落之间做出选择。

如果股价没能成功突破压力位置，那么回调将是必然的走势。从 T+0 操作上看，日 K 线中黄金分割位置的阻力不容忽视。当分时图中价格遇到了日 K 线中的黄金分割线，投资者的买卖操作应根据价格变化作出相应的调整。

华力创通——黄金分割线的压力位遇阻，如图 7-6 所示。

如图 7-6 所示，日 K 线中，股价反弹趋势明确，但是黄金分割线的 38.2% 和 80.9% 的黄金分割位成为价格的重要顶部。价格从这两个高位回落，并且形成了一根大阴线的下跌走势。从 T+0 操作的角度看，投资者可以在对应的黄金分割位止盈，并且在价格短线回落后建仓获得利润。该股的回落空间很大，投资者 T+0 的操作已经足够获得丰厚利润。

2. 股价下跌阶段

在股价下跌阶段，黄金分割线是阻止股价反弹的重要位置。虽然股价下跌趋

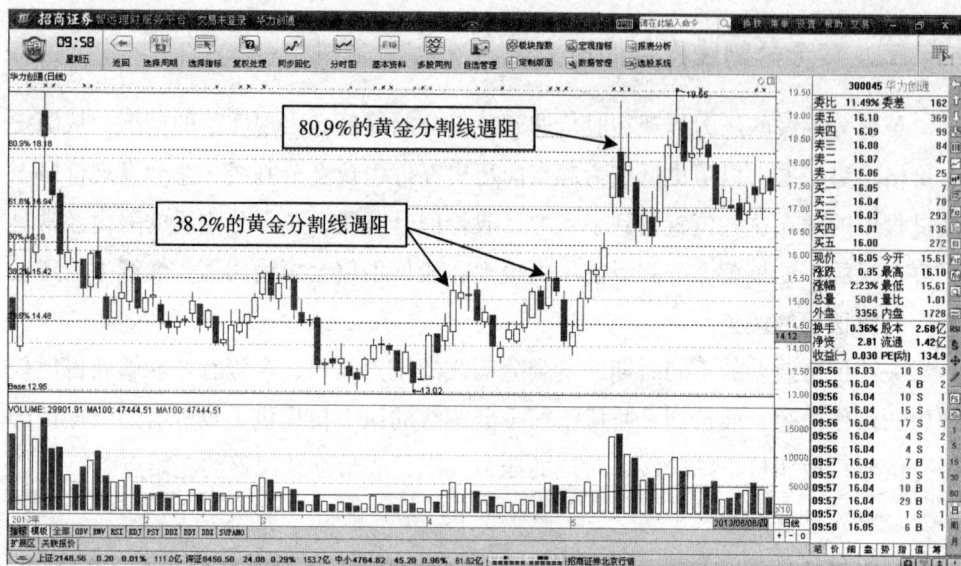

图 7-6　华力创通——黄金分割线的压力位遇阻

势不一定是单边回落的，必然在下跌过程中出现一些或大或小的反弹。黄金分割线一旦被突破，价格的反弹将会止于黄金分割线对应的价位。

黄金分割线的支撑效果越强，跌破黄金分割线以后，价格反弹遇到的阻力也会更强。从长时间来看，重要的黄金分割线被跌破以后，股价经常会长期缩量回调。在股价回落阶段使用 T+0 的操作策略，投资者一般没必要对股价的反弹高度抱有幻想。跌破黄金分割线以后，阻力会实实在在地存在。任何反弹都会成为无效果的冲高回落走势，除非成交量持续有效放大。

浙江东方——跌势中的反弹遇阻，如图 7-7 所示。

如图 7-7 所示，浙江东方的日 K 线图，股价冲高回落以后，价格在跌破黄金分割线后反弹显然遇到阻力。图中显示，首次出现的阻力在 38.2% 的黄金分割线处。而价格从这个位置开始高位回落，成为投资者重要的做空位置。而接下来的 50% 黄金分割线被跌破以来，该股曾经三次反弹遇阻。股价在 50% 的黄金分割线处遇到了强烈阻力，做空动力因此出现。

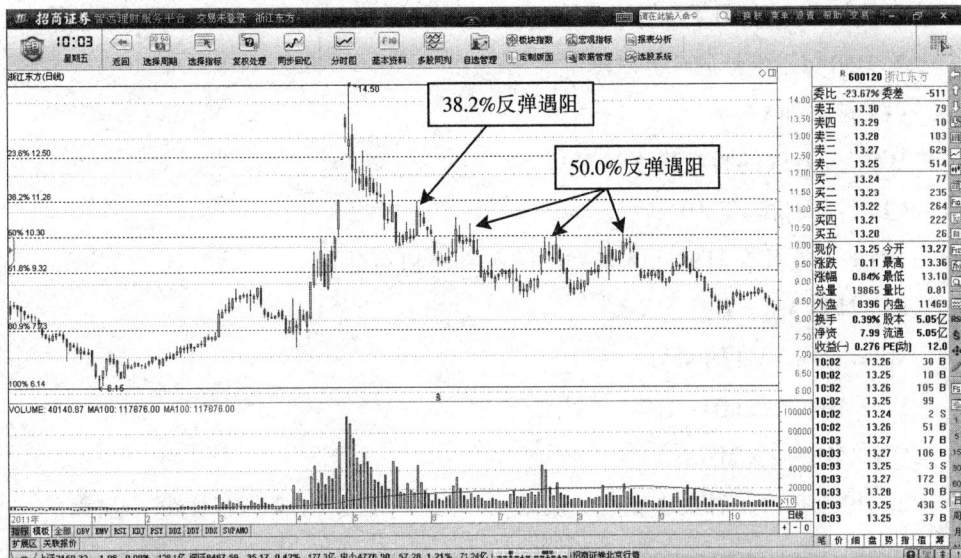

图 7-7　浙江东方——跌势中的反弹遇阻

第二节　布林线

一、布林线简介

布林线的英文全名是"Bolinger Bands"，约翰·布林格（John Bollinger）发明的技术指标。

布林线指标是根据标准差原理设计的，该指标简单实用，能够反映价格波动的范围。布林线指标中的"价格通道"正是股价波动过程中波动范围的真实反映。而布林线的运行趋势，却反映了股价潜在的波动方向，该指标为投资者提供了关于价格波动趋势和强的信息，是投资者判断操作信号的重要技术指标。

布林线指标计算公式复杂的地方，在于标准差概念，计算公式如下：

1. 日 BOLL 指标的计算公式

中轨线 = N 日的移动平均线

上轨线 = 中轨线 + 两倍的标准差

下轨线 = 中轨线 – 两倍的标准差

2. 日 BOLL 指标的计算过程

（1）计算 MA

MA = N 日内的收盘价之和 ÷ N

（2）计算标准差 MD

MD = 平方根 N 日的(C – MA)的两次方之和除以 N

（3）计算 MB、UP、DN 线

MB =（N – 1）日的 MA

UP = MB + 2 × MD

DN = MB – 2 × MD

其中，MB 为布林线中轨线，UP 为布林线上轨线，DN 为布林线下轨线。

二、价格回升——上轨压力卖点

在股价回升阶段，布林线的上轨的压力总是很强。如果股价放量上涨并且向上突破了布林线的上轨，相应的回调空间就比较高了。在正常的情况下，布林线的上轨约束了股价继续上涨，即便股价收盘短时间突破了布林线上轨，在接下来的时间里肯定是要调整的。

当然，强势股票可能会沿着布林线上轨运行，若一些个股就会明显回落，直到价格回调至布林线中轨，并且重新获得支撑后再开始上涨。

股价上涨势头较强，布林线上轨的压力虽然较强，个股仍有进一步上升的空间。在强势上涨的股票中，如果价格始终没有脱离布林线的上轨，那么价格短线走势必然还是很强。

投资者在 T+0 操作中选择止盈位置，可以根据日 K 线中布林线上轨的位置判断。股价回升至布林线上轨，并且出现见顶信号之时，总会是不错的高位止盈机会。

博瑞传播——布林线上轨的止盈机会，如图 7-8 所示。

如图 7-8 所示博瑞传播的日 K 线图显示，股价在布林线上轨附近遇到了强烈的阻力，该股在图中位置上横向调整，短线操作机会显然是很多的。图中显示，该股横盘过程中出现了下跌回落的情况，表明投资者 T+0 操作的买卖机会由此出现了。该股在日 K 线中出现了大阴线，显然是在布林线上轨遇阻后的回调走

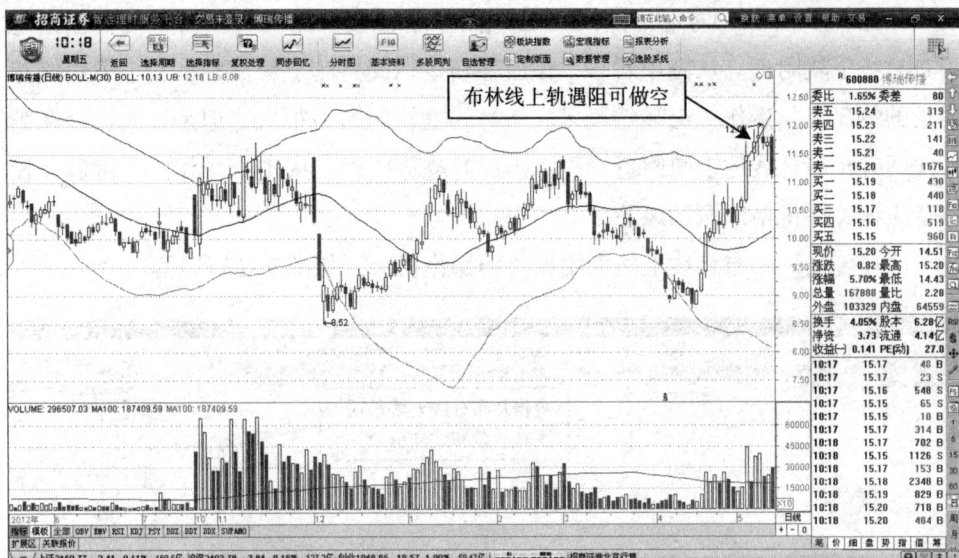

图 7-8　博瑞传播——布林线上轨的止盈机会

势。从 T+0 操作上看来，投资者可以价格回调前止盈，并且考虑价格回落后买回股票。

博瑞传播——布林线上轨的短线操作机会，如图 7-9 所示。

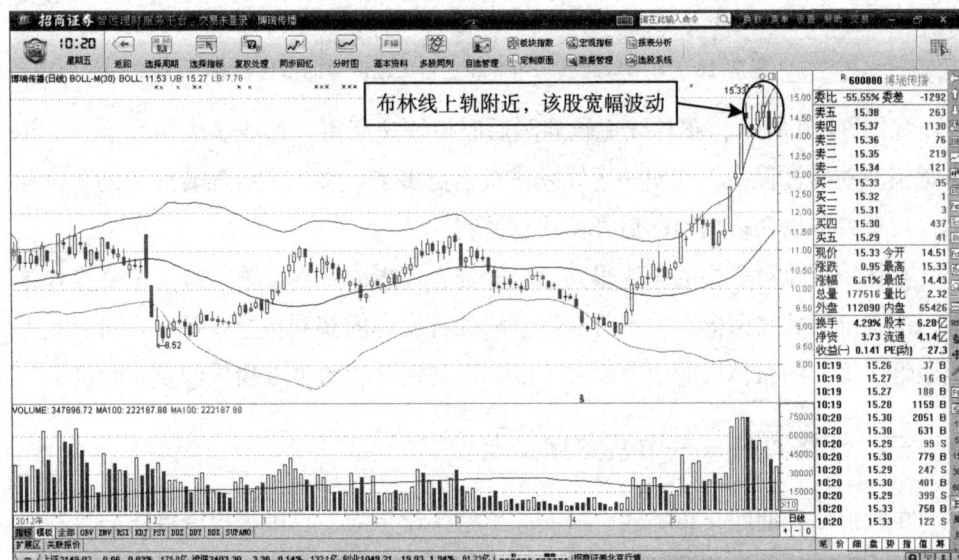

图 7-9　博瑞传播——布林线上轨的短线操作机会

如图 7-9 所示，博瑞传播的日 K 线图显示，股价在冲高以后，价格显然处于布林线上轨附近。从图中看来，该股在横盘期间持续宽幅波动，在上下影线都很长的情况下，操作机会显然很多。布林线上轨的阻力很大，但是该股已经在第二次回升至布林线的上轨附近，显示出回升趋势明确。从 T+0 操作的角度看，投资者应该关注价格回调的风险。

博瑞传播——布林线上轨大幅调整的操作机会，如图 7-10 所示。

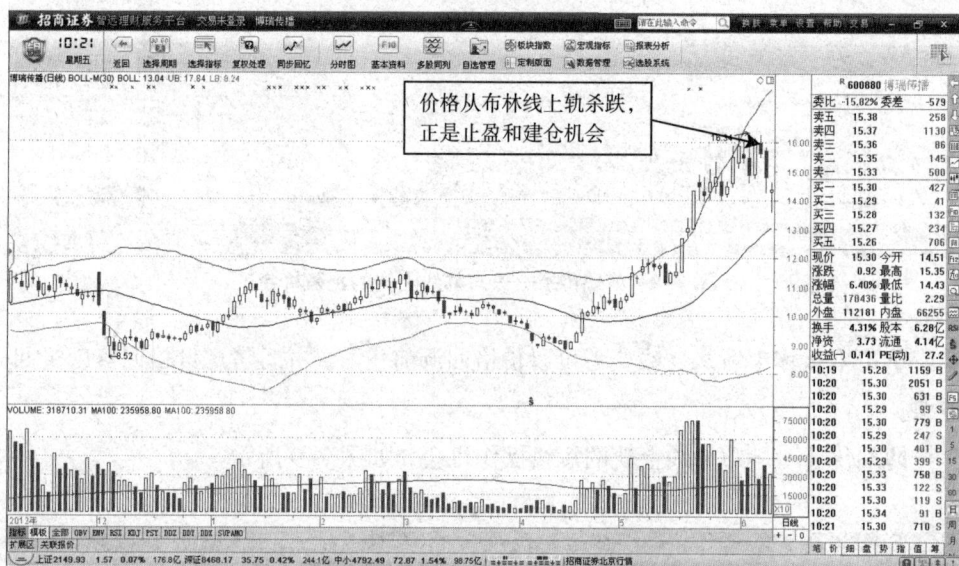

图 7-10　博瑞传播——布林线上轨大幅调整的操作机会

如图 7-10 所示，布林线上轨遇阻后股价快速回落，形成了大阴线形态。价格宽幅波动的过程中，期间的短线操作机会更多了。事实上，随着股价的高位回调，投资者可以在价格回落后开始建仓盈利。

布林线上轨对价格的影响很大，是投资者理想的做空位置。对于 T+0 操作来讲，没有价格短线回落，也不可能有价格强势反弹的获利机会。价格在布林线上轨遇阻回落，在布林线的中轨反弹上涨，正是投资者的 T+0 操作的重要时机。

三、价格回升——中轨支撑买点

在股价回升期间，布林线中轨支撑价格持续走强，提供了投资者建仓盈利的机会。如果股价运行趋势是向上的，价格一般不会轻易回落至布林线中轨。在更多的交易时间里，股价会在布林线中轨以上运行。

当股价回升趋势得到了确认，布林线的上轨、中轨和下轨都是向上运行的，而上轨和下轨是股价波动上涨的重要区间。强势股票总是更倾向于突破布林线上轨，而不是回落至布林线的中轨。要想在价格攀升过程中获得利润，把握好买卖时机非常重要，特别是采取 T+0 操作的投资者。而布林线的中轨是"天然的"支撑位置，提供了投资者建仓的重要信号，也是短线买入股票的重要位置。

麦捷科技——布林线中轨的盈利机会，如图 7-11 所示。

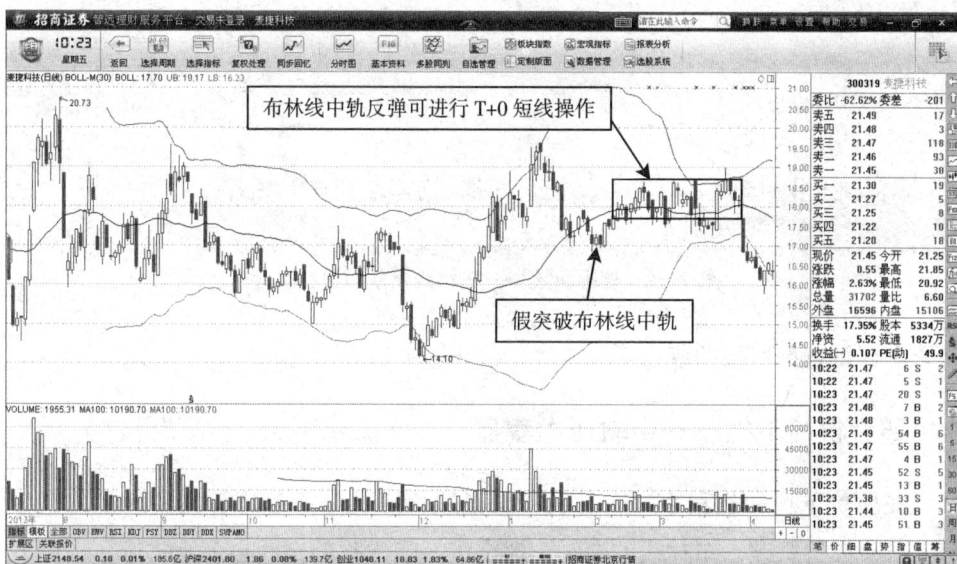

图 7-11 麦捷科技——布林线中轨的盈利机会

如图 7-11 所示，股价在日 K 线中高位回落，并且在图中假突破布林线中轨。可见，布林线中轨的支撑效果很高。毕竟，股价在假突破布林线中轨以后出现了横盘的情况。股价横向运行在布林线中轨附近，正是投资者 T+0 操作的重要机会。横盘时间很长，价格波动空间也很大，适合投资者短线操作盈利。布林线中轨是股价多空的分界线，价格从高位回落至布林线中轨后，相应反弹会不断形成，这一位置将成为理想的 T+0 操作的位置。

麦捷科技——布林线中轨的盈利机会，如图 7-12 所示。

如图 7-12 所示，从图中看来，同样是该股的日 K 线价格走势，股价高位回调布林线中轨后，价格横向运行在中轨只有 3 个交易日，对应的涨停阳线就已经出现。布林线中轨的支撑力度的确很强，不然股价也不会在回落至中轨后放量涨停的。这样看来，布林线中轨已经不仅仅是获得一点短线操作利润的位置，而是

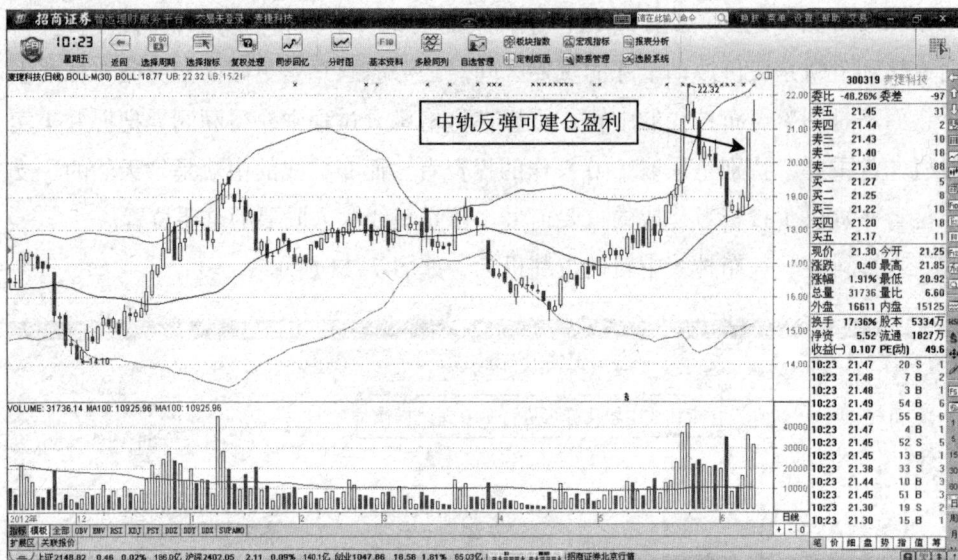

图 7-12　麦捷科技——布林线中轨的盈利机会

投资者获得较高回报的起点了。

四、价格下挫——中轨压力卖点

在股价下挫的过程中，布林线中轨是股价确认空头趋势首先要确认的突破口。只有股价跌破了布林线的中轨，那么进一步下跌的空间也就被打开了。随着时间的推移，股价会在布林线中轨的压制下不断下挫。

股价下跌过程中，更容易沿着布林线下轨震荡下跌，而不是反弹至布林线的中轨。只有价格下跌过程中遇到了强支撑，才有可能反弹至布林线的中轨。一般情况下，布林线中轨只是高高在上的压力位置。如果股价真的反弹至布林线的中轨，那么下跌趋势很可能会结束。股价可能会反弹并且突破布林线的中轨，结束持续回落的下跌趋势。

在得到确认的下跌趋势中，首次反弹至布林线中轨的情况，经常是可以把握的做空位置。如果投资者短线持股到股价反弹布林线中轨的那一刻，那么对应的止盈机会必然在中轨附近出现。价格趋势不会轻易结束，空头趋势中运行的股价同样如此。首次反弹到布林线中轨的情况，是股价二次回落的起始点。

浙江震元——假突破布林线中轨，如图 7-13 所示。

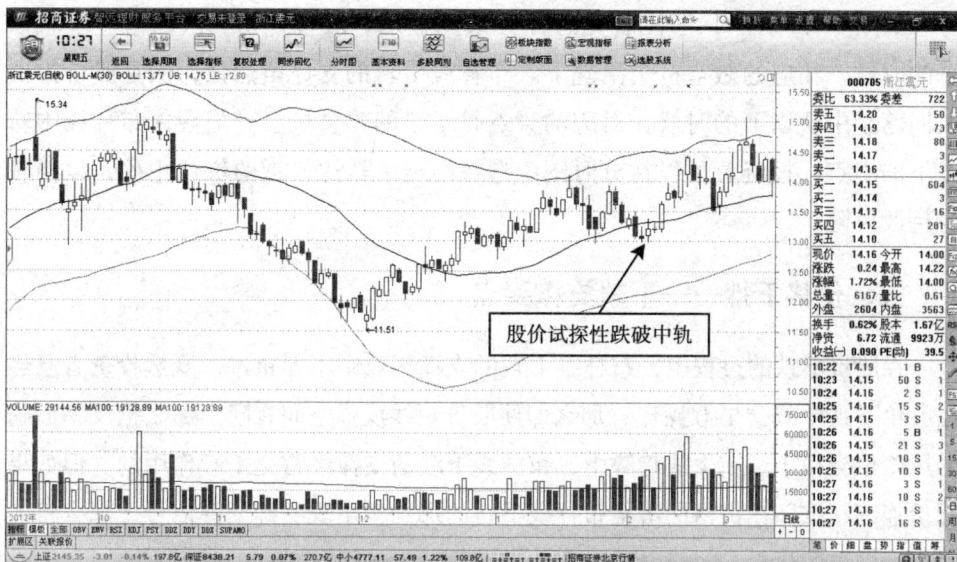

图 7-13 浙江震元——假突破布林线中轨

如图 7-13 所示，浙江震元的日 K 线图显示，股价在布林线附近出现了假突破的情况。该股短时间内跌至布林线中轨以下，显然是投资者谨慎对待短线操作的信号。虽然股价没有跌破中轨，如果该股第二次回落至布林线中轨，那将是做空的信号了。

浙江震元——跌破中轨后的做空机会，如图 7-14 所示。

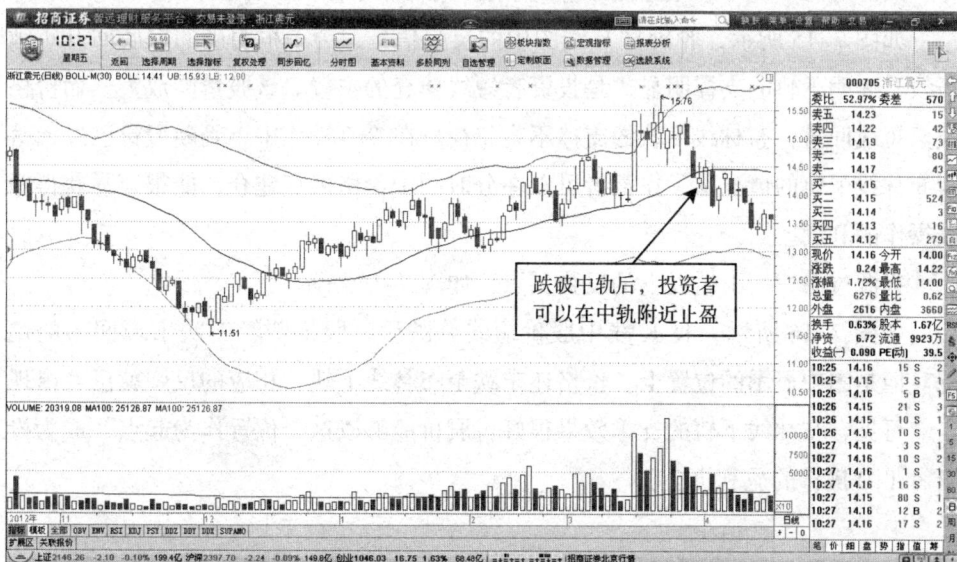

图 7-14 浙江震元——跌破中轨后的做空机会

如图 7-14 所示，浙江震元的日 K 线图显示，股价在第二次回落至中轨以下的时候，相应的做空机会出现了。布林线中轨的支撑虽然强，但是股价第二次回落至中轨以下的时候，对应的买点是不错的建仓机会。把握住布林线中轨以下的卖点，投资者可以在分时图中选择距离中轨比较近的价位止盈，以便减少持股风险。

五、价格下挫——下轨支撑买点

在股价下跌的过程中，布林线下轨的支撑买点则不容错过。既然投资者已经在股价下跌中减仓 T+0 操作，那么即便股价短线反弹空间有限，那么抢反弹面临的风险也会很小。在下跌趋势中，布林线下跌的支撑经常是不起作用的。但如果股价连续超跌，在价格回落至布林线下轨的那一刻出现明确反弹信号，那么将是投资者做多的机会。

在股价下跌空间比较大的时候，布林线的开口也会放大，而布林线下轨到布林线中轨的距离相对放大。如果投资者确认股价从布林线下轨获得的支撑有效，那么价格从布林线下轨反弹至布林线上轨的上涨空间就很高了。

空头趋势中获得比较好的买涨利润不容易做到，而股价从布林线下轨反弹至布林线上轨的情况值得关注。

兴源过滤——十字星探底布林线下轨买点，如图 7-15 所示。

如图 7-15 所示，股价日 K 线图中的反弹信号，为一根明确的探底回升小锤子线，表明下轨的支撑明显，是投资者短线建仓的位置。该股量能放大，而价格虽然短线回落，布林线下轨的支撑不容忽视。在 T+0 操作中，判断股价已经回落至布林线下轨的情况下，投资者可以在分时图中价格低点建仓，能很容易获得短线操作的利润。

兴源过滤——下轨以上的反弹买点，如图 7-16 所示。

如图 7-16 所示，日 K 线中股价短线杀跌后，股价曾经二次出现回落的情况。但是图中显示的位置上，价格还未跌至布林线下轨，相应的反弹就已经出现了。可见，布林线下轨的支撑效果很好，股价能够以这个位置作为起点，成为投资者 T+0 操作的盈利机会。

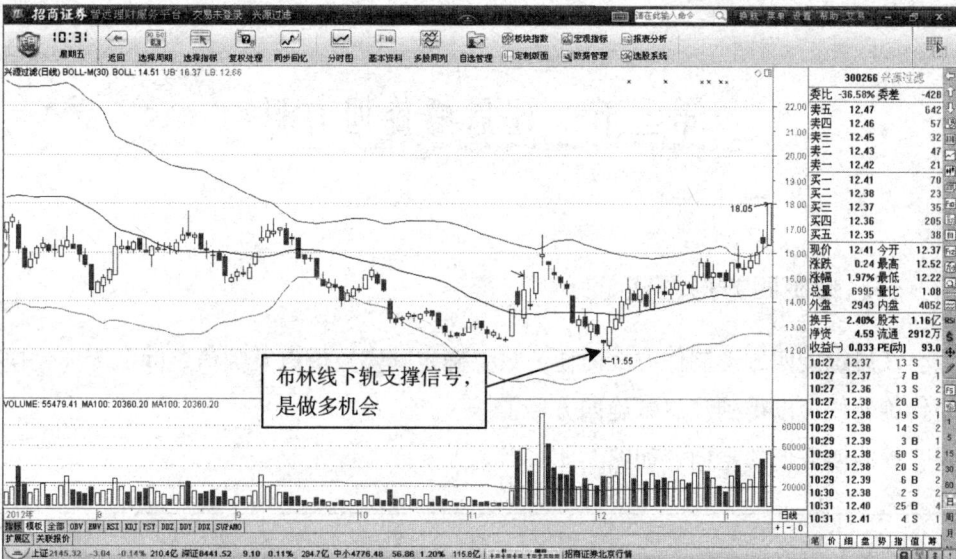

图 7-15　兴源过滤——十字星探底布林线下轨买点

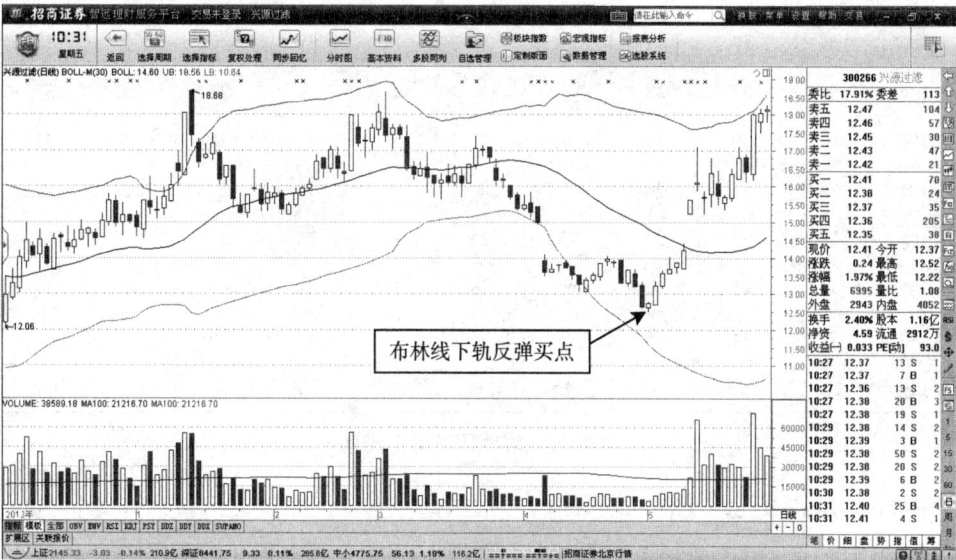

图 7-16　兴源过滤——下轨以上的反弹买点

第三节　江恩螺旋四方形

一、螺旋四方形画法

江恩螺旋四方形制作方式简便，只要确定其实数值以及数值之间的距离，逆时针旋转便可以得到江恩螺旋四方形了。

螺旋四方形的走向，如图 7-17 所示。

101	100	99	98	97	96	95	94	93	92	91
102	65	64	63	62	61	60	59	58	57	90
103	66	37	36	35	34	33	32	31	56	89
104	67	38	17	16	15	14	13	30	55	88
105	68	39	18	5	4	3	12	29	54	87
106	69	40	19	6	1	2	11	28	53	86
107	70	41	20	7	8	9	10	27	52	85
108	71	42	21	22	23	24	25	26	51	84
109	72	43	44	45	46	47	48	49	50	83
110	73	74	75	76	77	78	78	80	81	82
111	112	113	114	115	116	117	118	119	120	121

图 7-17　螺旋四方形的走向

如图 7-17 所示，图中显示的四方形的起点为 1，而四方形按照逆时针的方向将数值增加，每次增加 1，最终右下方的 121 成为四方形最大的数字。一般来看，对角线上的数字，对股价的反转意义很大。图中的对角线上的数字，是111、73、43、21、7、1、3、13、31、57 和 91。另外一条对角线上的数字，为121、81、49、25、9、1、5、17、37、65、101。横向数字和纵向上的数字，是股价重要的调整点，图中对角线 116、77、46、23、8、1、4、15、34、61、96，以及 106、69、40、19、6、1、2、11、28、53、86。螺旋四方形中的起始点的数字 1 和数字之间的间隔都是可以改变的，这样不同价格在不同趋势中的支撑和压力点就容易找到了。

二、多头趋势中的四方形数字使用

起点为 9.92 元螺旋四方形的走向，如图 7-18 所示。

17.12	17.07	17.02	16.97	16.92	16.87	16.82	16.77	16.72	16.67	16.62	16.57	16.52
17.17	14.92	14.87	14.82	14.77	14.72	14.67	14.62	14.57	14.52	14.47	14.42	16.47
17.22	14.97	13.12	13.07	13.02	12.97	12.92	12.87	12.82	12.77	12.72	14.37	16.42
17.27	15.02	13.17	11.72	11.67	11.62	11.57	11.52	11.47	11.42	12.67	14.32	16.37
17.32	15.07	13.33	11.77	10.72	10.67	10.62	10.57	10.52	11.37	12.62	14.27	16.32
17.37	15.12	13.27	11.82	10.77	10.12	10.07	10.02	10.47	11.32	12.57	14.22	16.27
17.42	15.17	13.32	11.87	10.82	10.17	9.92	9.97	10.42	11.27	12.52	14.17	16.22
17.47	15.22	13.37	11.92	10.87	10.22	10.27	10.32	10.37	11.22	12.47	14.12	16.17
17.52	15.27	13.42	11.97	10.92	10.97	11.02	11.07	11.12	11.17	12.42	14.07	16.12
17.57	15.32	13.47	12.02	12.07	12.12	12.17	12.22	12.27	12.32	12.37	14.02	16.07
17.62	15.37	13.52	13.57	13.62	13.67	13.72	13.77	13.82	13.87	13.92	13.97	16.02
17.67	15.42	15.47	15.52	15.57	15.62	15.67	15.72	15.77	15.82	15.87	15.92	15.97
17.72	17.77	17.82	17.87	17.92	17.97	18.02	18.07	18.12	18.17	18.22	18.27	18.32

图 7-18　起点为 9.92 元螺旋四方形的走向

如图 7-18 所示，图中螺旋四方形的起始点为 9.92 元，数字之间相隔为 0.05 元。图中从 9.92 元到左斜下方的 17.72 元，可以作为陕国投 A 这只股票反弹过程中的阻力位置使用。投资者在 T+0 操作股票的过程中，股价达到这样的价位的时候，投资者可以调整仓位应对价格调整风险。图中显示的独角线上的数字 17.72 元、15.42 元、13.52 元、12.02 元、10.92 元都是前置的调整价位。

陕国投 A——日 K 线走势，如图 7-19 所示。

如图 7-19 所示，陕国投 A 的日 K 线图显示，股价在反弹过程中，对应的螺旋四方形上的数字，已经明确预测到了即将出现的调整走势。图中显示，股价分别在 15.42 元、13.52 元、12.02 元、10.92 元出现了调整的情况。股价达到这些价位附近的时候。图中显示，股价突破这些阻力位之前，价格短时间内显然横向整理。价格反弹的过程中，螺旋四方形已经提供了相应的阻力位置。根据这些阻力位置，判断操作机会就不困难了。

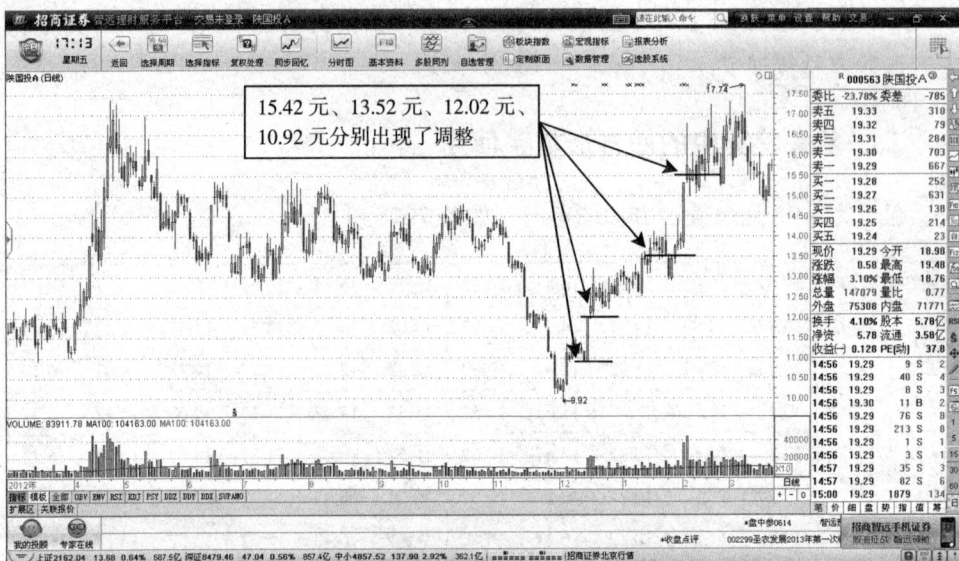

图 7-19　陕国投 A——日 K 线走势

三、空头趋势的四方形数字使用

起点为 10.08 元螺旋四方形的走向，如图 7-20 所示。

6.16	6.18	6.20	6.22	6.24	6.26	6.28	6.30	6.32	6.34	6.36	6.38	6.40	6.42	6.44
6.14	7.20	7.22	7.24	7.26	7.28	7.30	7.32	7.34	7.36	7.38	7.40	7.42	7.44	6.46
6.12	7.18	8.08	8.10	8.12	8.14	8.16	8.18	8.20	8.22	8.24	8.26	8.28	7.46	6.48
6.10	7.16	8.06	8.80	8.82	8.84	8.86	8.88	8.90	8.92	8.94	8.96	8.30	7.48	6.50
6.08	7.14	8.04	8.78	9.36	9.38	9.40	9.42	9.44	9.46	9.48	8.98	8.32	7.50	6.52
6.06	7.12	8.02	8.76	9.34	9.76	9.78	9.80	9.82	9.84	9.50	9.00	8.34	7.52	6.54
6.04	7.10	8.00	8.74	9.32	9.74	10.00	10.02	10.04	9.86	9.52	9.02	8.36	7.54	6.56
6.02	7.08	7.98	8.72	9.30	9.72	9.98	10.08	10.06	9.88	9.54	9.04	8.38	7.56	6.58
6.00	7.06	7.96	8.70	9.28	9.70	9.96	9.94	9.92	9.90	9.56	9.06	8.40	7.58	6.60
5.98	7.04	7.94	8.68	9.26	9.68	9.66	9.64	9.62	9.60	9.58	9.08	8.42	7.60	6.62
5.96	7.02	7.92	8.66	9.24	9.22	9.20	9.18	9.16	9.14	9.12	9.10	8.44	7.62	6.64
5.94	7.00	7.90	8.64	8.62	8.60	8.58	8.56	8.54	8.52	8.50	8.48	8.46	7.64	6.66
5.92	6.98	7.88	7.86	7.84	7.82	7.80	7.78	7.76	7.74	7.72	7.70	7.68	7.66	6.68
5.90	6.96	6.94	6.92	6.90	6.88	6.86	6.84	6.82	6.80	6.78	6.76	6.74	6.72	6.70
5.88	5.86	5.84	5.82	5.80	5.78	5.76	5.74	5.72	5.70	5.68	5.66	5.64	5.62	5.60

图 7-20　起点为 10.08 元螺旋四方形的走向

如图 7-20 所示，图中螺旋四方形的起始点为 10.08 元，数字之间相隔为 0.02 元。图中从 10.08 元到左斜上方的 6.16 元，可以作为山西焦化这只股票回落过程中的支撑位置使用。投资者在 T+0 操作股票的过程中，股价达到这样的价位的时候，投资者可以调整仓位应对反弹的操作机会。图中显示的独角线上的数字 10.08 元、10.00 元、9.76 元、9.36 元、8.80 元、8.08 元、7.20 元、6.16 元。

山西焦化——日 K 线回落走势，如图 7-21 所示。

图 7-21 山西焦化——日 K 线回落走势

如图 7-21 所示，山西焦化的日 K 线图显示，股价在高位回落的过程中，价格也曾经出现了多次反弹走势。但是该股反弹的最高位总是出现在螺旋四方形数字对应的数字上。图中显示 9.76 元、9.36 元、8.80 元、8.08 元分别形成了强大阻力，表明螺旋四方形里边的数字，对投资者买卖股票的操作指导意义很强。股价在期间的调整明确，投资者想要持续获利的话，必然关注这些调整才行。价格的回落走势中，股价反弹后的阻力就来自四方形数字对应的价位。在股价高位回落的过程中，投资者必然需要关注股价反弹阻力的位置。能预测到价格反弹的阻力位置，投资者就能够把握住 T+0 操作的止盈点，也就能够因此减小持股风险增加投资回报了。

第四节 价格形态

一、旗形

1. 形态内部价格变化

旗形调整形态经常出现在股票价格单边涨跌的过程中，是价格震荡回升或者震荡回落的调整形态。在价格上涨的时候，股票价格冲高回落的情况很容易出现。也就是在这个时刻，震荡回落的股票价格沿着一定的波动空间下挫，必将成为投资者做空的重要机会。旗形形态的下跌走势中，价格沿着向下的两条平行线波动。在价格有效突破旗形的压力线之前，回落调整就成为价格走势基本趋势。

多头趋势中的旗形调整走势中，价格在旗形中的回落幅度虽然不大，却能够达到调整的目标。股票价格的下跌成为常态，而短线反弹的走势却不容易创造利润。这样一来，把握好价格回落的大趋势，并且关注突破走势，投资者便能获得比较好的投资回报。旗形调整形态比较清晰，突破旗形的上线也更加明确。操作上投资者可以等待明确的回调出现以后再考虑做多，自然能够获得利润。

下跌趋势中出现的旗形调整走势，价格的调整方向是向上的。在股票价格震荡回升的时候，旗形的下限提供了重要的支撑。在反弹阶段的旗形调整走势中，投资者也可以根据价格波动规律采取短线投机策略获利。当然，最为重要的开仓机会，出现在价格跌破旗形下限的那一刻。如果股票价格最终跌破了旗形的下限，那么随之而来的做空回报将成为现实。

国药一致——旗形回落形态，如图 7-22 所示。

如图 7-22 所示，旗形回落的形态明显出现在下午盘中，该股围绕旗形的上限和下限震荡下挫，期间虽然存在调整，但是价格的回落趋势没有出现变化。旗形内部，股价会在旗形下限上获得支撑，但是股价反弹的空间总不会很大。股价从旗形上限回落以后，短线下跌的空间会更大。旗形调整形态总体还是个下跌形态，只要该持续形态不破，价格跌势不会出现改变。

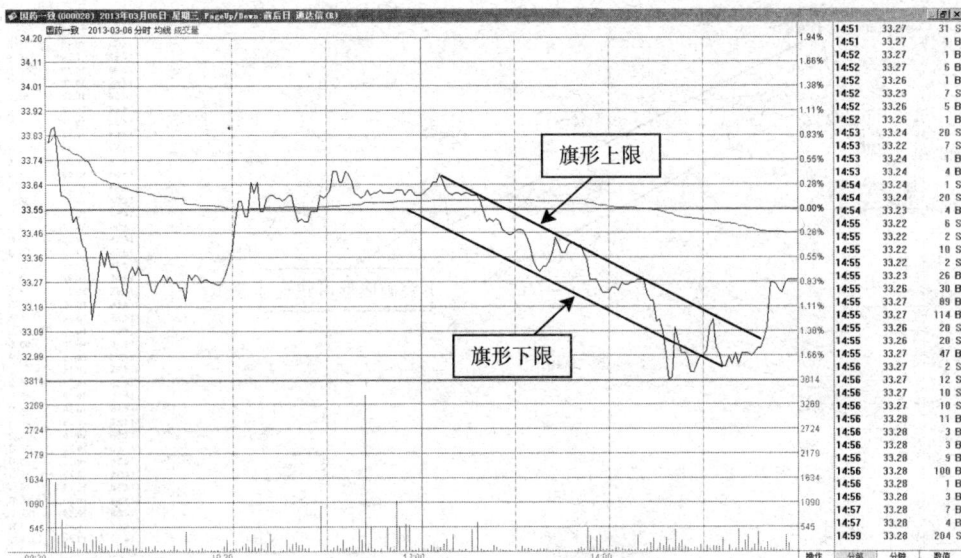

图 7-22　国药一致——旗形回落形态

2. 突破旗形的情况

在旗形调整形态中，价格的反转随时可以出现。投资者要做的事情，是耐心等待旗形调整结束，出现明确的反转信号，在考虑短线开仓获得利润。在旗形调整形态完成之时，反转形态出现在旗形形态的内部。如果是多头趋势中的旗形调整，那么旗形内部的反转形态将是双底或者单一的底部形态。在价格短线回落的时候出现重要支撑，从支撑位置上反转上涨，一举突破旗形的压力线。在突破以后，旗形还可能会在短时间内回调旗形的上限，这正是投资者采取措施的机会。股票价格向上突破而没有连续拉升，为投资者做多获利提供了条件。

如果是下跌趋势中的旗形调整形态，旗形形态内部的反转走势应该是双顶、圆弧形的顶部或者是单一的顶部形态。在价格短线反弹而未达到旗形的上限以前，价格就会在半途中出现冲高回落的情况。一旦价格短线回落并且顺势跌破了旗形的支撑线，那么接下来的下跌将成为可能。下跌趋势中，旗形调整形态的规模越大，跌破旗形后的杀跌也会更厉害。把握价格跌破旗形下限的走势，投资者便可以获得不错的回报。

仟源制药——突破旗形买点，如图 7-23 所示。

如图 7-23 所示，突破旗形形态以后，股价已经出现了突破的信号。图中显示，股价从图中所示的位置开始走强，投资者在图中位置建仓恰好是盈利机会。

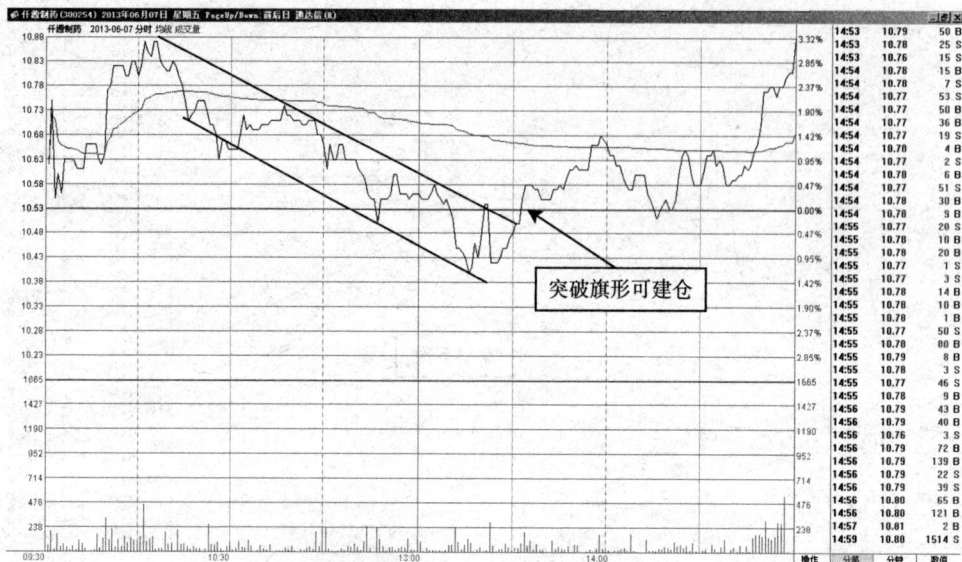

图 7-23　仟源制药——突破旗形买点

股价总存在双向波动，而股价向上突破便是盈利的机会了。从股价盘中下跌空间看来，该股盘中下跌空间在 1.42% 附近，并不影响股价的反弹回升走势。旗形形态虽然是持续形态，在股价调整期间经常出现，图中的旗形形态便是短暂的调整，而突破该形态以后自然是建仓机会。

仟源制药——跌破旗形止盈点，如图 7-24 所示。

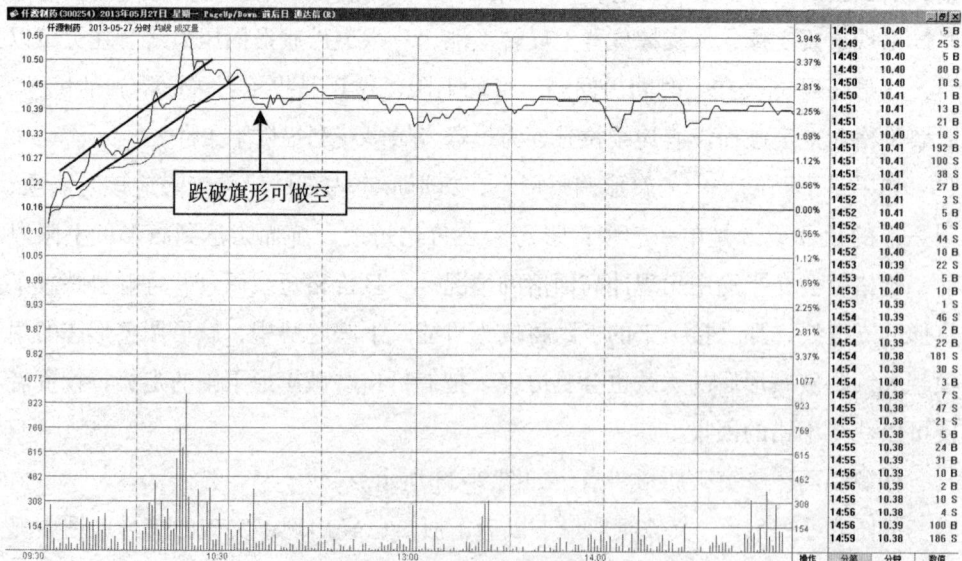

图 7-24　仟源制药——跌破旗形止盈点

如图 7-24 所示，股价开盘以后放量冲高，盘中价格涨幅高达 3.94%。但是该股最终出现了冲高回落的情况，价格跌破旗形下限的时候，是相应的止盈信号了。股价反转速度很快，若不是在第一时间做空，T+0 操作恐怕会减少很多利润了。分时图中，股价回升趋势明显，但是需要成交量持续放大才行。图中旗形形态持续时间并不长，股价就高位跌破旗形下限，成为投资者理想的卖点。当然，如果投资者想要在高位减小，还需根据量能判断。股价在见顶的时候缩量回调，便是理想的止盈机会。

二、楔形

1. 形态内部价格变化

在楔形调整形态中，价格波动空间会不断收缩。当价格波动空间几乎消失的时候，突破也就会出现了。在价格上涨的多头趋势中，楔形调整的形态持续时间是有限的。在有限的调整形态中，价格短线低点构成了支撑线，而价格高位连接起来的线是压力线。压力线和支撑线交会于一点。随着价格波动空间的收窄，股票价格的波动空间将不断收缩，以至于不得不在某一位置上突破楔形上限，开始新一轮的上涨走势。楔形调整形态中的操作机会并不多，投资可以在形态出现以后马上开仓短线操作。一旦调整持续时间过长，并且楔形调整形态转变为弱势突破的走势，那么突破之后的操作机会才是真正看点。

兴源过滤——楔形调整形态，如图 7-25 所示。

如图 7-25 所示，分时图中股价放量冲高的过程中，价格短时间内出现了楔形调整的情况。虽然楔形调整的形态持续时间不长，可以作为分时图中追涨的位置了。价格在楔形调整形态中短线横盘的时候，价格虽然较高，相比涨停价要低很多，适合投资者 T+0 操作建仓。在分时图中，股价回升趋势未变，楔形调整形态成为价格再次加速回升的起点。

2. 突破楔形的情况

楔形调整形态中，价格波动空间虽然不断收窄，但是最终有效突破的位置可能是假的。比如在股票价格持续下挫的过程中，楔形调整中的股票价格波动空间越来越小，以致在楔形调整形态的下限和上限交叉以后，股票价格轻松回升至楔形上限以上的区域，造成所谓的假突破信号。如果投资者在此时做多，不仅不能获得利润，还会因为价格的杀跌遭受巨额损失。可见，楔形调整形态中的假突破

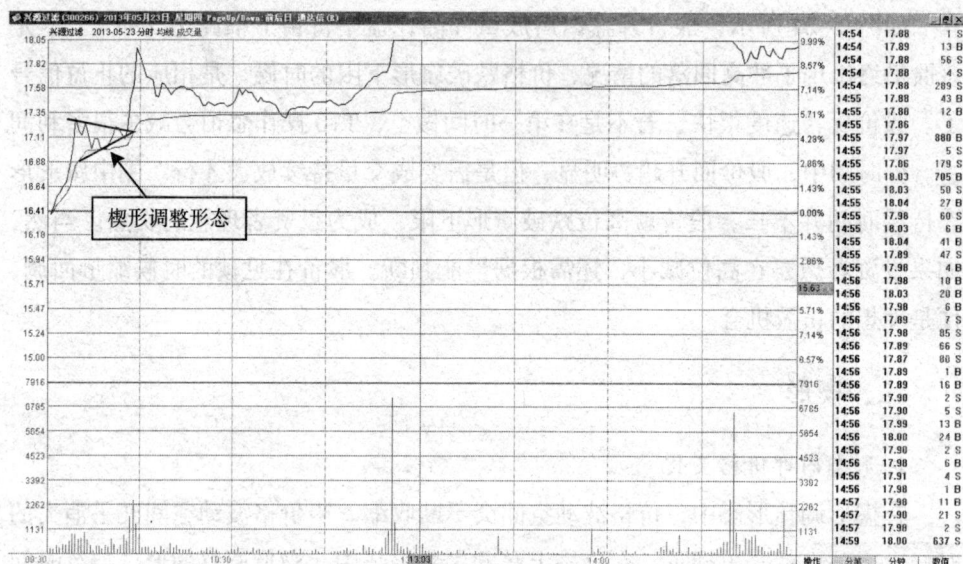

图 7-25　兴源过滤——楔形调整形态

不得不防。楔形调整中的价格波动空间有限，真正有效突破的时候再考虑采取开仓措施应对也不晚。

　　麦捷科技——跌破楔形可做空，如图 7-26 所示。

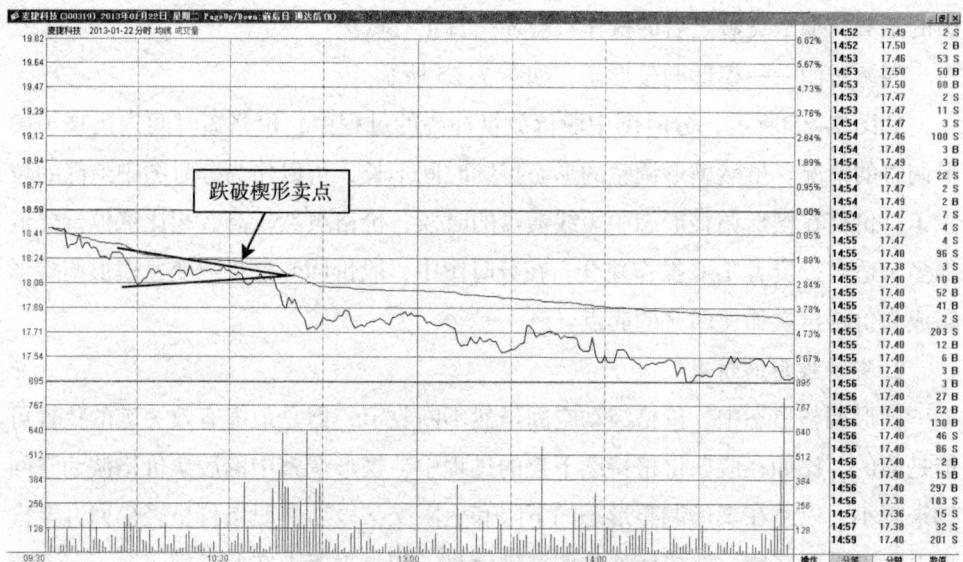

图 7-26　麦捷科技——跌破楔形可做空

　　如图 7-26 所示，楔形形态持续时间不足 1 个小时，价格最终出现了回落。当股价跌破楔形下限的时候，正是不错的做空位置了。该股低开回落，分时图中跌破该调整形态以后，投资者止盈也就避免了损失。等待股价跌幅加深的时候，投资者在考虑尾盘阶段建仓，还是能够完成 T+0 操作的。在分时图中，股价持续缩量回落的趋势一旦形成，任何调整都无济于事。楔形调整形态是股价回落趋势中的简短的反弹，并不会改变股价的回落趋势。投资者的 T+0 操作可以利用该调整形态止盈，并且在尾盘价格跌幅较大的时候建仓。

　　贵州百灵——突破楔形可建仓，如图 7-27 所示。

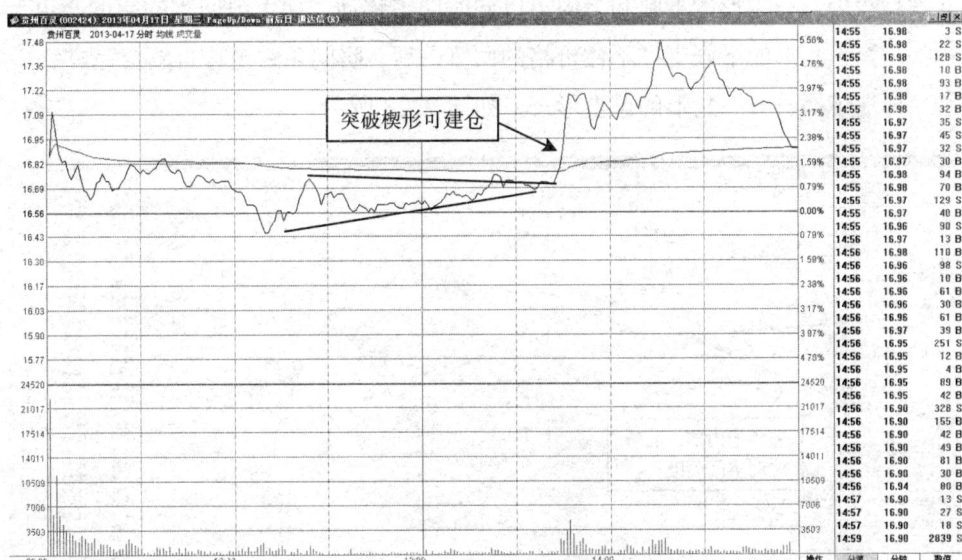

图 7-27　贵州百灵——突破楔形可建仓

　　如图 7-27 所示，分时图中该股高开回落，在盘中形成了出现时间为 1 个小时的楔形调整形态。该形态处在调整中，价格最终收敛于一点。当股价向上突破该楔形之时，便是投资者采取建仓行动的位置。股价反弹速度其实很快，楔形成为盘中价格的低点了。考虑到量能放大程度不高，T+0 操作的高位止盈机会，出现在了该股反弹后不久的价格高位。

三、三角形

1. 形态内部价格变化

　　在三角形的调整形态中，价格波动空间在持续不断地收缩。虽然前期价格已经完成并形成了明确的单边趋势，但是三角形的调整形态中，价格不会出现明显的单边趋势，而是在压力线和支撑弱共同作用下不断震荡。

多头趋势中出现的三角形调整形态，下方支撑线一般会不断抬高，价格重心也会不断回升。这个时候，股票价格的波动空间是向上收缩的。当价格达到三角形的上限以后，突破走势将成为投资者做多操作的重要信号。一旦价格突发性回升至三角形上限，那么前期多头趋势有望得到延续。

在下跌趋势中出现的三角形调整形态，价格的波动重心是向下的。这个阶段，投资者如果不能谨慎地应对三角形内部的短线操作机会，容易遭受损失。在下跌趋势中，三角形的下限和上限可以同时向下移动，而上限回落的幅度会更大一些。当三角形的下限支撑不住价格的回落以后，瞬间杀跌走势自然会完成。

博瑞传播——三角形的调整形态，如图 7-28 所示。

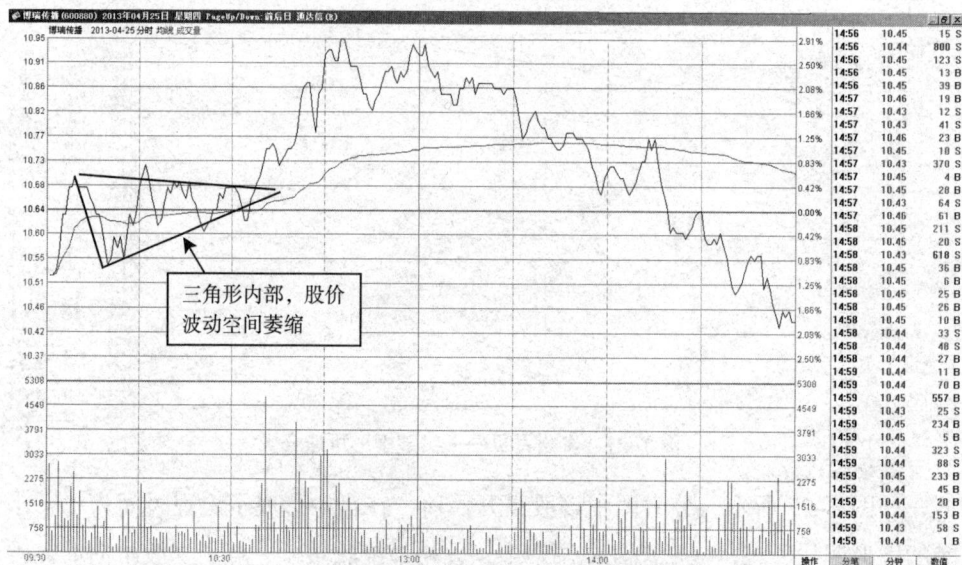

图 7-28　博瑞传播——三角形的调整形态

如图 7-28 所示，分时图中股价开盘后不久形成了三角形的调整形态。股价在三角形调整形态中上下波动，并且股价的波动空间不断收缩。从三角形调整形态的位置看来，正是该股盘中的低点。而三角形内部的价格双向波动，最终的突破总是会出现。投资者可以在三角形调整形态的内部选择价格低点建仓，也可以将三角形调整形态放在整个分时图中看待。将三角形看作是股价企稳回升的起点，或者是建仓的低点。

2. 突破三角形的情况

在三角形的调整形态中，价格向某一个方向的突破也就是一瞬间的事情。只要价格已经在三角形中调整到位，三角形的雏形已经完成，那么只要价格向一个方向顺利突破，投资者的操作机会也就随之出现。有效的突破，一定是在调整完成以后出现。在买卖机会的把握上看，那些有效的操作信号，必须有完美的突破形态配合才行。完美的突破形态出现之前，调整形态也应该是非常完美的。价格最终能够突破调整形态，前期是调整形态已经完全形成。从操作机会上看，越是明显的买卖点位，调整形态以及突破调整形态的走势也会非常清晰。

博瑞传播——低开后的三角形，如图 7-29 所示。

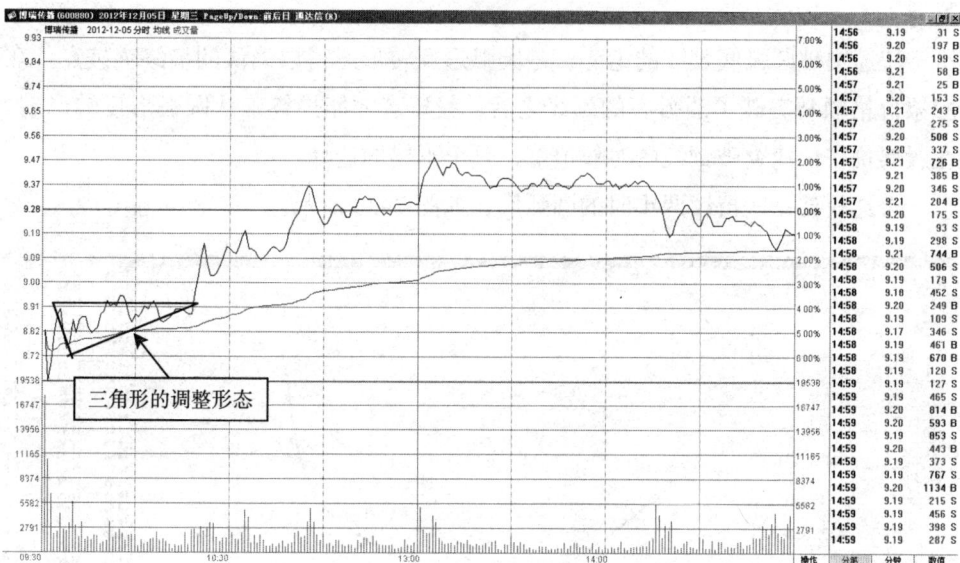

图 7-29 博瑞传播——低开后的三角形

如图 7-29 所示，分时图中股价低开后反弹上涨，但是开盘后的半个小时中，该股逐步形成了三角形的调整形态。价格向上突破三角形形态的时候，是投资者判断股价走强的信号。也就是说，T+0 操作最终的建仓机会出现在了价格三角形调整形态中。在股价向上回升之前，投资者可以提前建仓。而盘中股价突破了三角形的上限，价格达到涨幅高位的时候，是投资者止盈的机会。

三角形调整形态，只是分时图中股价波动趋势中的短线调整形态，并不改变股价的波动方向。价格回升趋势不变，三角形调整形态中价格持续向上运行，最终突破了三角形的上限，成为投资者的建仓信号。

四、圆弧形态

1. 形态内部价格变化

圆弧底出现之前，股票价格的回落走势持续时间较长，价格回落幅度也很大，圆弧底部形态就是在这种情况下出现的。处于低价区域的股票价格，短时间内上涨的概率不高。但是，随着资金不断流入，股票价格的底部会不断得到确认。缓慢上涨的股价出现加速上行的情况，从而完成圆弧底形态。

从股票价格的走势来看，圆弧形的底部形成的过程中，股票价格曾经出现过缓慢下跌，以及探底后的缓慢回升的两种不同的走势。这也是圆弧底形态的重要特征。

快速突破圆弧底颈线的走势，是圆弧形反转形态得以确认的最终突破点。在股票价格顺利突破了圆弧底的颈线之后，投资者才能最终确认圆弧形反转形态。在股票价格快速突破颈线的时候追涨，是个不错的选择。

奋达科技——持续两小时的圆弧底，如图 7-30 所示。

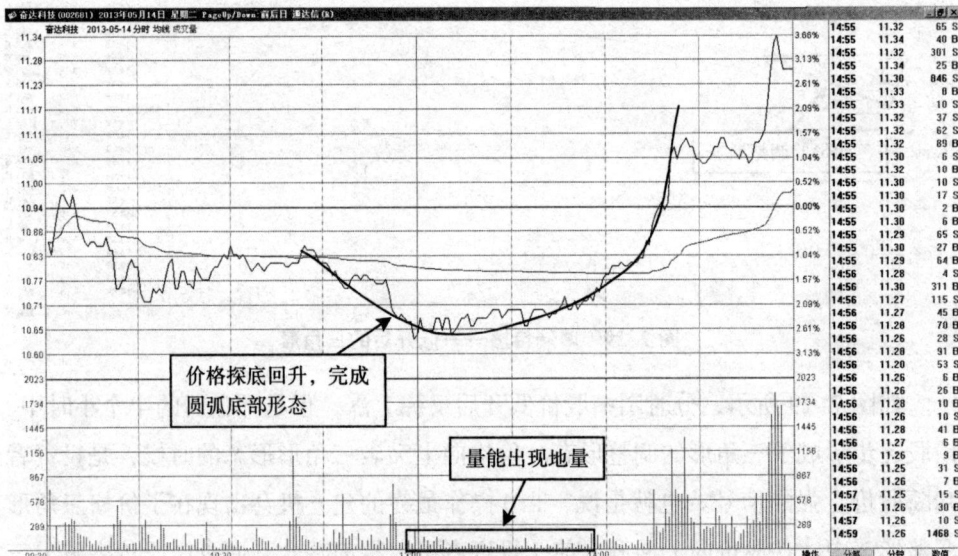

图 7-30　奋达科技——持续两小时的圆弧底

如图 7-30 所示，奋达科技的分时图中显示，股价低开回落的过程中，完成了圆弧底的反转形态。从圆弧底形态看来，股价的回升趋势并非短时间完成。该圆弧底形态几乎持续了两个小时，量能在圆弧底出现了地量成交量。这表明缩量下跌的股价最终在量能萎缩的情况下出现了反转的走势。该股反转后上涨速度很快，表明圆弧底反转形态能够支撑股价快速走强。圆弧底的反转形态越明确，股价反转后回升速度越快。圆弧底反转形态之所以成为投资者重要的买点，与价格的基本运行方向有关。该反转走势是渐进见底并且逐步回升的。

德赛电池——快速完成的圆弧顶，如图 7-31 所示。

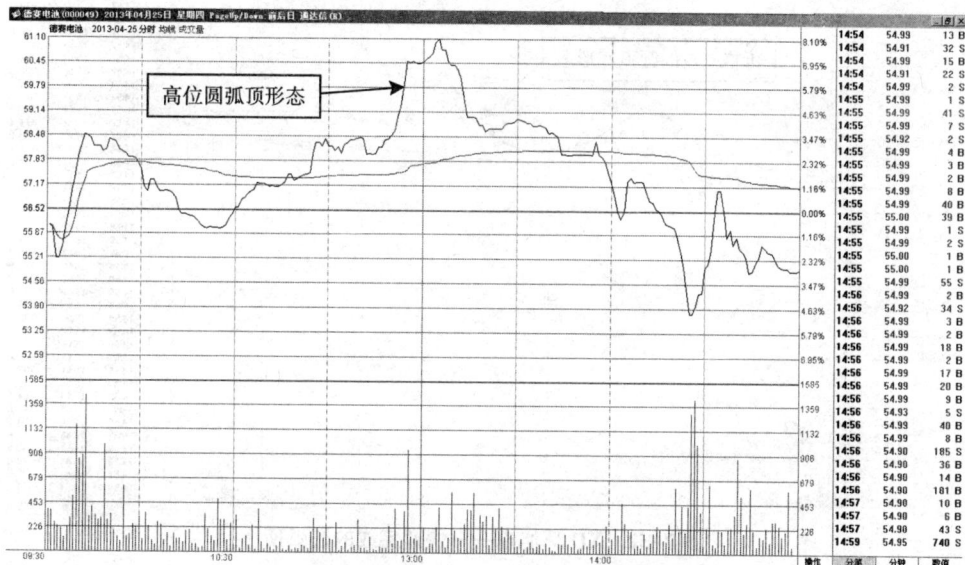

图 7-31　德赛电池——快速完成的圆弧顶

如图 7-31 所示，德赛电池的分时图显示，股价在盘中冲高回落，并且完成了圆弧顶的反转形态。股价反转速度很快，反转以后价格的下跌趋势更为明确。投资者若能提前发现圆弧顶的反转形态，把握住止盈机会不是件困难的事情。圆弧顶的反转形态一般持续时间较长，该股的圆弧顶持续时间不长，价格冲高回落以更快的速度完成。

2. 突破圆弧形的情况

圆弧形底部形态完成的时间通常比较长，可以持续 1 小时以上。正是由于圆弧形长时间的缓慢调整，反转到来之时才会比较准确。持续 1 小时以上的圆弧形底部形态，对股票价格的支撑效果明显。实战当中，还有持续 4 个小时的圆弧底形态。持续 4 个小时的圆弧底形态，说明股票价格的在分时图中的变化缓慢，但圆弧形反转的走势又比较明确。

圆弧底的价格底部比较平缓，即便在股价向上突破之时，也很难判断股价的反转信号。不过投资者可以借助开盘后股价的最高点，来判断圆弧底突破的有效性。如果股价有效突破了圆弧底形态的最高点，那么突破以后的盈利空间可以期待。

XD 环旭电——快速完成的圆弧顶如图 7-32 所示。

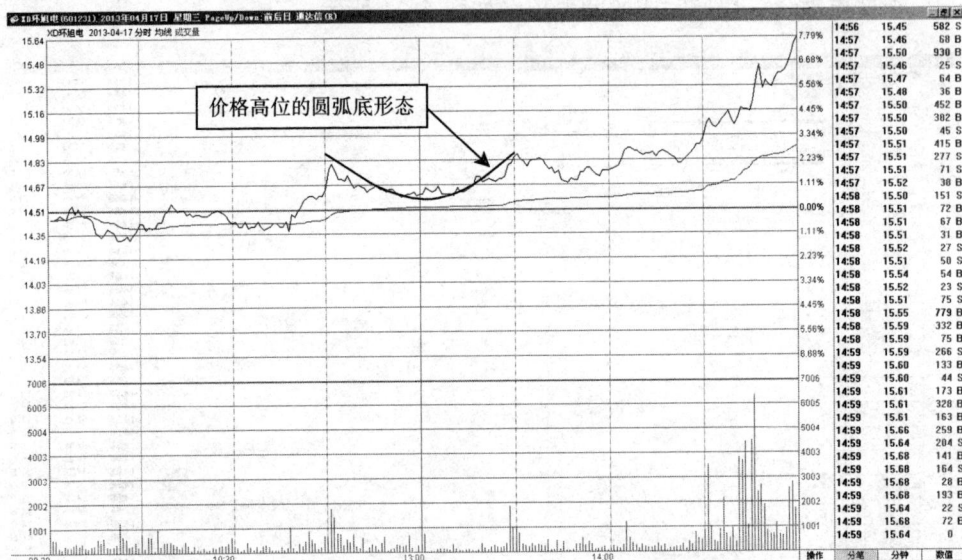

图 7-32　XD 环旭电——快速完成的圆弧顶

如图 7-32 所示，分时图中显示，股价在相对高位形成了圆弧底的反转形态。从图中位置开始，股价逐步震荡企稳。圆弧底反转形态成为投资者建仓的信号，也是投资者获得调整回报的机会。圆弧底的反转形态持续时间为 1 个小时，在圆弧底反转形态完成以后，股价横盘中逐步走强，表明该形态的支撑效果很好。T+0 操作的投资者，可以将圆弧底的反转形态作为建仓的依据。在股价以圆弧底作为支撑点反转上涨后，价格冲高以后投资者可以止盈获利。

五、喇叭口形

1. 形态内部价格变化

在喇叭口形态中，价格波动空间会不断抬高，而最终的突破方向很难确定下来。当然，喇叭口形态的突破方向，还取决于前期价格的运行趋势。在喇叭口突破之前，价格不断增加的波动空间，为短线买卖的投资者提供了众多操盘机会。一般来看，价格宽幅波动的过程中，投资者能够盈利的机会很多。在短线买卖的过程中,投资者应该尽可能地了解形态的最终走势,才能获得更高回报。

喇叭口的调整形态中,支撑线一般是向下的,而压力线会不断回升。价格在压力线处遇阻力回落,并且在支撑线再次寻求新的支撑。鉴于喇叭口形态的上限和下限不断背离运行,投资者短线买卖的开仓位置(或者说平仓价位)将向更宽的范围延伸。

在价格最终突破喇叭口形态以前,股票价格的波动空间很容易超越喇叭口的上限或者下限。这也是该形态中短线投机利润难以把握的原因。

中天科技——喇叭口形态,如图 7-33 所示。

图 7-33 中天科技——喇叭口形态

如图 7-33 所示,中天科技分时图中价格高位出现了喇叭口形态。股价在喇叭口形态内部的波动空间逐步放大,而价格最终出现了高位回落的情况。喇叭口的波动空间逐步加大的时候,买卖的机会也就出现了。不过,相对于分时图中价格跌破喇叭口后的价格低点,投资者不应急于买入股票在调整期间。只有股价跌破了喇叭口形态,并且最终出现了价格低点以后,才是真正的建仓盈利的机会。

劲嘉股份——尾盘喇叭口形态,如图 7-34 所示。

如图 7-34 所示,劲嘉股份的分时图显示,股价在尾盘期间出现了明显的喇叭口形态。股价的波动空间很大,本来是在收盘前出现了明显的下跌,但是股价在喇叭口形态下限获得支撑,在短短 3 分钟内强势回升,居然在收盘价格上涨了

图 7-34　劲嘉股份——尾盘喇叭口形态

1.6%。可见，喇叭口形态的波动幅度很大，股价在尾盘的快速回升表明了这一点。如果投资者能够在喇叭口形态内部选择恰当的止盈位置，自然能在 T+0 操作中获得不错的利润。放大的喇叭口形态既然出现在尾盘期间，那么该形态的高位便是投资者不错的止盈价位。

2. 突破喇叭口形的情况

在喇叭口形态中，价格的波动高位和低点难以把握。投资者要想获得更多的短线利润，将不得不花费更多的时间研判价格的高位和低点。更重要的是，股票价格短线波动中的上涨幅度或者下跌空间是有限度的。即便投资者选择恰当的高位做空，可能获利空间并不会达到喇叭口形态的低点。当然，如果投资者考虑在价格低点买涨的话，也不一定会获得价格达到喇叭口形态上限的利润。

恒宝股份——突破喇叭口后的卖点，如图 7-35 所示。

如图 7-35 所示，恒宝股份的分时图显示，股价震荡走强的过程中，喇叭口形态的上限被有效突破以后，成为投资者非常重要的看涨信号。图中喇叭口形态中，价格波动空间不断扩大。当喇叭口形态完成以后，该股横盘不久便开始走强，表明价格回升至高位后投资者可以考虑止盈获利。喇叭口形态中，多空双方争夺非常厉害，该形态最终成为投资者看涨的信号。

恒宝股份——突破喇叭口后的买点，如图 7-36 所示。

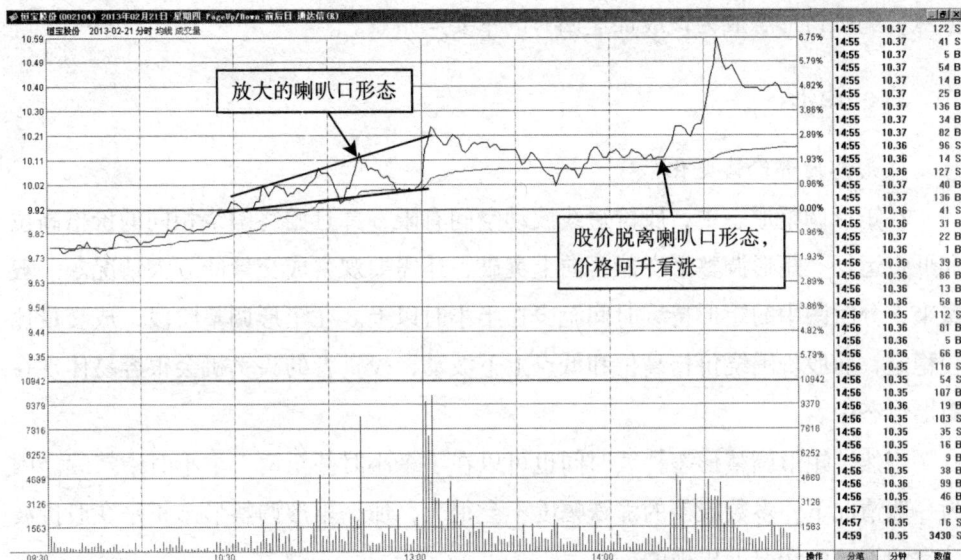

图7-35 恒宝股份——突破喇叭口后的卖点

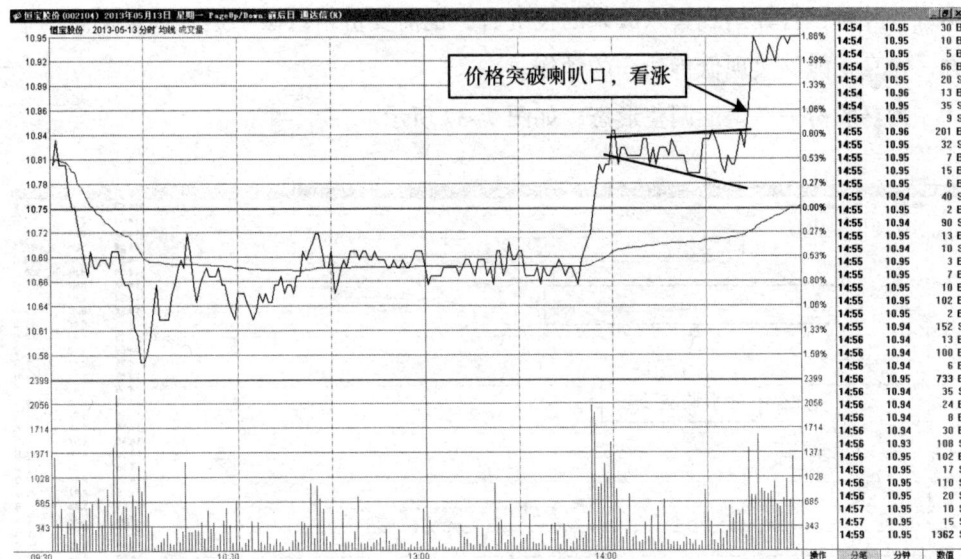

图7-36 恒宝股份——突破喇叭口后的买点

　　如图7-36所示，恒宝股份的分时图显示，股价在回升至开盘时候的价格高位以后，出现了横盘时间半小时的喇叭口形态。从喇叭口形态来看，股价最终还是出现了突破。图中喇叭口形态，成为投资者赢得利润的起始点位。喇叭口形态之所以支撑明显，与成交量的持续放大有关。股价虽然大幅度拉升后并未一次性上涨，喇叭口形态成为该股加速回升的重要起始点。

六、矩形

1. 形态内部价格变化

在矩形调整形态中，股价短线波动空间有限，并且始终围绕相同的价格高位和低点运行。矩形调整形态能否向上突破，还需要观察成交量的放大情况。一般看来，分时图中的矩形持续时间至少在半小时以上。在矩形调整阶段，成交量比较稳定，而股价围绕价格高位和低点上下波动，投资者的买卖机会很容易体现在矩形形态中。

当然，矩形调整形态持续时间也可以在 1 个小时甚至两三个小时中持续。因为一般情况下，多数股票的涨跌幅度不会很大，那么矩形调整形态正是在股价波动空间不足的情况下出现的。

如果投资者想要获得更好的利润，需要等待股价突破矩形调整形态以后才能实现。并且，打算短线买入股票的投资者，也需要价格跌破了矩形调整形态的下方，才真正能够实现低价建仓的动作。

劲嘉股份——矩形调整形态，如图 7-37 所示。

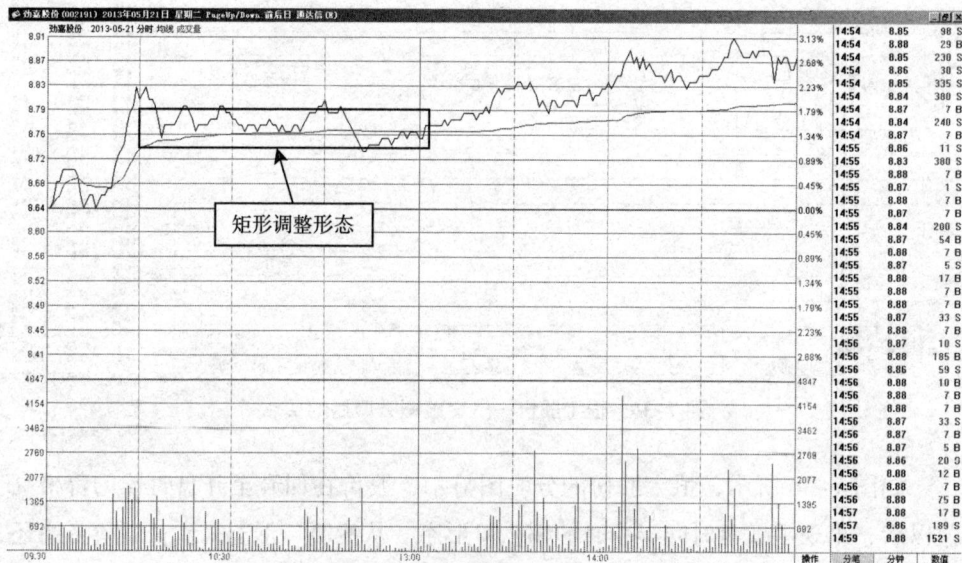

图 7-37　劲嘉股份——矩形调整形态

如图 7-37 所示，劲嘉股份分时图中的矩形调整形态，成为股价回升的重要起始点。该股开盘以后真的走强，但是股价并没有持续回升，而是在波动空间比较狭窄的矩形区域持续波动。当股价最终向上突破了矩形调整形态以后，对应的买点出现了。矩形调整形态成为股价回升的重要起始点，而相应的操作机会就出现在价格向上突破以后。从 T+0 操作的角度分析，该股最终实现了向上的突破，而突破矩形上限以后，股价的上涨空间持续扩大。最终尾盘期间出现了止盈机会。

2. 突破矩形的情况

股价突破矩形形态的过程可能会很激进，在投资者意想不到的情况下出现了突破。价格如果向上突破，一般伴随着成交量持续放大，在矩形调整形态的回落空头不大，就开始放量上涨。如果股价向下突破，只需要成交量短线放大，股价便能够成功跌破矩形调整形态的低点。

不管怎样，价格没有真正有效突破矩形以前，投资者可以持续观望。股价以矩形调整形态的形式波动，投资者能够发现操作机会就在其中体现出来。

劲嘉股份——高位矩形调整形态，如图 7-38 所示。

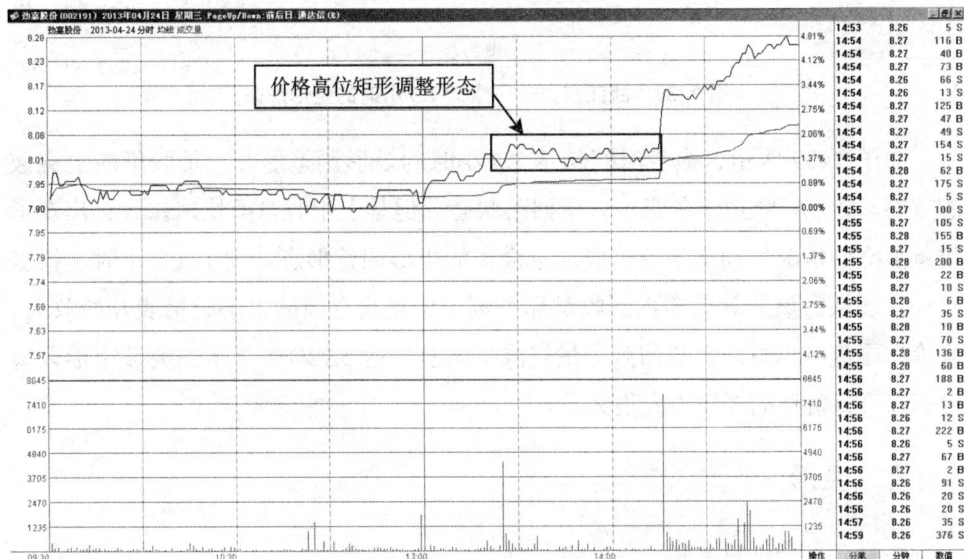

图 7-38 劲嘉股份——高位矩形调整形态

如图 7-38 所示，劲嘉股份的分时图显示，股价持续回升以后，在涨幅1.37%的位置形成了矩形调整形态。股价在矩形调整形态内部上下波动，最终突破了矩形调整形态。股价突破矩形调整形态的速度很快，价格尾盘期间的上涨空间也很高。收盘价格几乎是分时图中最高价位。投资者可以在开盘后不久低价建仓，而止盈位置出现在价格向上突破以后。尾盘价格处于高位的时候，是投资者不错的止盈机会。

浙江东方——横盘 1.5 小时的矩形形态，如图 7-39 所示。

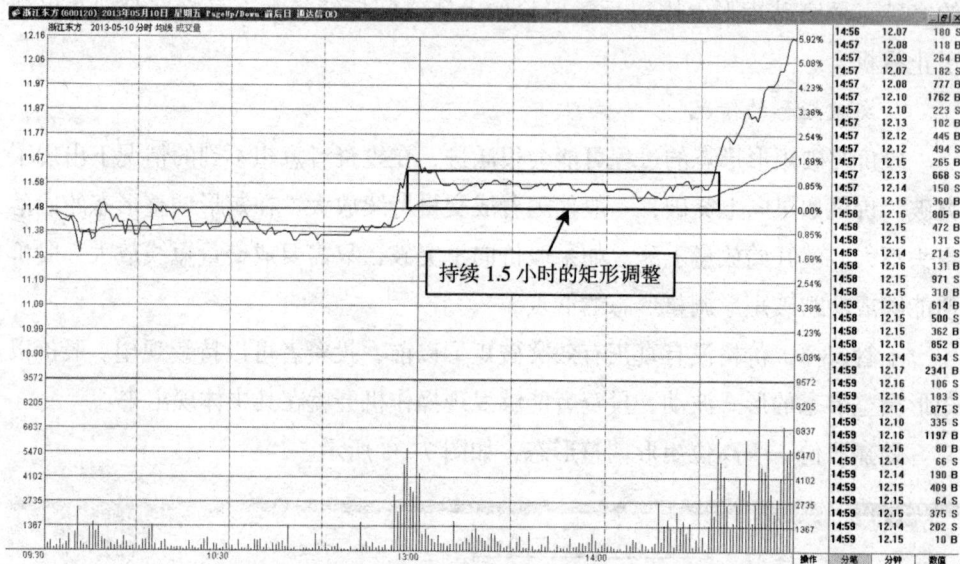

图 7-39　浙江东方——横盘 1.5 小时的矩形形态

如图 7-39 所示，横盘时间长达 1.5 小时的矩形调整形态，是股价向上突破的重要起始点。该股上午盘中处于回落状态，但是上午收盘前快速拉升，出现了放量上涨的情况。而下午盘该股放量横盘的矩形调整形态持续了 1.5 小时。很多投资者还认为该股就会横盘到收盘那一刻，但是收盘前的半小时量能开始放大，股价在尾盘半小时内强势回升。最终涨幅居然高达 5.92%，显示出突破矩形调整形态以后，价格的爆发力度很大。

七、菱形

1. 形态内部价格变化

在菱形调整形态中，价格内部的运行情况比较复杂，并不同于简单的喇叭口形态或者三角形调整形态。菱形调整形态是扩大的三角形（喇叭口）和收缩的三角形组合形态。扩大的三角形形态中，价格的波动空间不断扩大，投资者短线操作的空间会持续膨胀。一旦价格波动空间达到一定程度，那么价格就开始逐步收缩，完成收缩的三角形调整形态。扩大的三角形和收缩的三角形调整形态，组合构成了菱形调整走势。

投资者能够获利的操作机会，一般都出现在放大的三角形形态中。在放大的三角形中，价格波动空间会不断扩大，投资者只要选择恰当的开仓价位，短时间内获利的机会是很多的。而收缩的三角形调整形态中，价格波动空间在不断地萎缩，投资者能够盈利的机会大大减小。最终，在股票价格完成菱形调整形态以后，突破点的出现才是最终的操作机会。

天玑科技——横盘 1 小时的菱形形态，如图 7-40 所示。

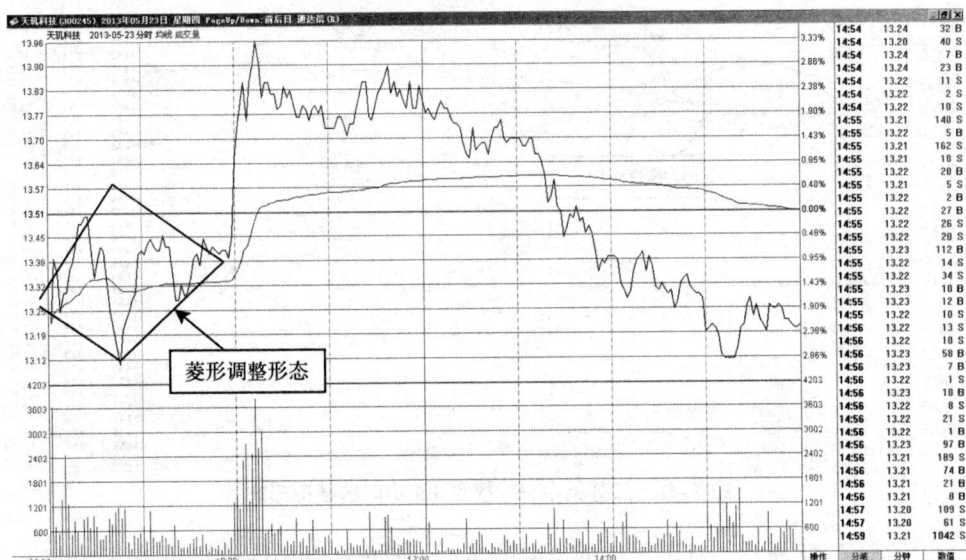

图 7-40 天玑科技——横盘 1 小时的菱形形态

如图 7-40 所示，天玑科技的分时图显示，股价在开盘后的 1 小时内出现了菱形调整的情况。价格波动空间很大，但是最终还是收缩到一点。菱形调整形态成为价格向上突破的起始点。也就是说，该股以菱形调整形态为跳板，在盘中快速飙升至涨幅 2.86% 的价格高位。

菱形调整形态中价格波动强度很大，特别是在开盘阶段出现的菱形调整形态，是多空双方充分争夺的形态。股价最终会突破这一形态，显示出明显的走强信号。T+0 操作可以根据该调整形态判断价格的点和高位，从而选择比较理想的操作机会买卖股票。

2. 菱形内部的操作时机

菱形内部的操作机会虽然很多，但是能够获利的机会是非常少的。考虑到菱形调整形态是由扩大的三角形和收缩的三角形组成，价格在扩大的三角形中的波动空间会不断回升，其实这是多空双方争夺的产物。价格究竟会向哪个方向运行并不明确。投资者只有风险承受能力非常强，才能顺利把握菱形调整形态内部的买卖机会。

江苏吴中——横盘 1.5 小时的矩形形态，如图 7–41 所示。

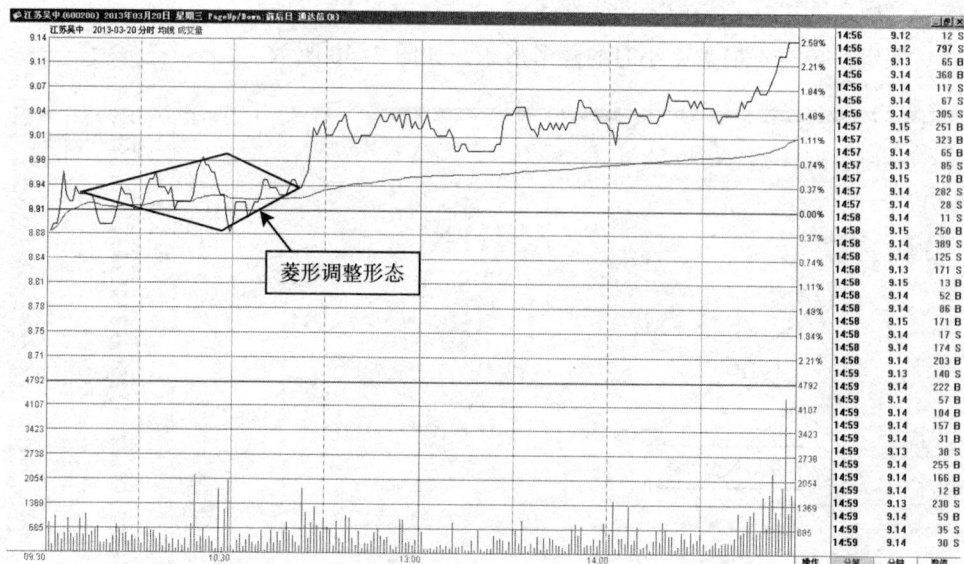

图 7–41　江苏吴中——横盘 1.5 小时的菱形形态

如图 7–41 所示，江苏吴中的分时图显示，股价在盘中的价格还是很稳健的，价格最终在盘中震荡走强，实现了上涨。图中菱形的调整形态，是股价走强的重要信号。实际上，菱形调整形态并不规范，但是投资者却能够发现股价的波动空间从小到大，再从大到小的波动过程。菱形调整形态中，价格波动趋势就是这样的。在调整形态完成以后，投资者可以在图中突破位置建仓盈利。

八、V 形态

1. 形态内部价格变化

在分时图中 V 形反转的走势，经常是主力资金短线洗盘或者打压股价建仓的时候造成的。价格在很短的时间里杀跌，并且在相同的时间里触底反弹，完成反转回升的 V 形反转走势。在实际操作中，V 形反转走势可以是建仓信号，当然出货信号也经常出现。

从成交量上判断，V 形反转时量能放大程度越高，表明反转走势越有效。股价可以在很短的时间里快速企稳回升，而投资者却也可以获得不错的追涨利润。如果 V 形态反转过程中，股价在无量的情况下反弹上涨，那么投资者的做多操作可能不会获得更好的回报。成交量没有有效放大的话，股价不可能快速回升。

从 V 形反转走势出现的位置判断，如果开盘后不久出现了 V 形反转走势，投资者很容易联想到接下来股价将会放量回升的运行趋势。确实，开盘阶段的 V 形反转走势，更容易成为投资者的有效买点。股价在开盘阶段出现的反转信号，意味着盘中价格走势会持续回升。投资者把握住这一趋势做多，获利的可能性增加。而尾盘阶段出现的 V 形反转走势，投资者追涨以后，容易在第二天被套牢。特别是在 V 形反转走势明显出现突破以后，投资者追涨风险会提高。

江苏吴中——横盘 1.5 小时的 V 形反转形态，如图 7-42 所示。

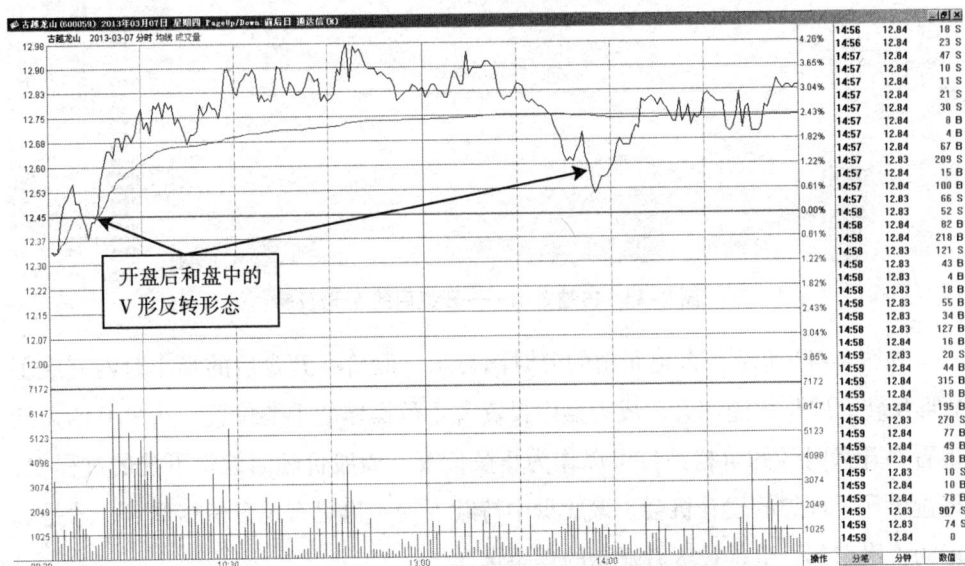

图 7-42 江苏吴中——横盘 1.5 小时的 V 形反转形态

如图 7-42 所示，分时图中该股低开后强势回升，在很短的时间里完成了 V 形反转的形态。而价格冲高以后缩量调整，盘中也曾以 V 形反转作为起点，实现了快速的回升走势。可见，V 形反转走势的支撑效果很高，最终成为股价上涨的重要起始点。如果投资者根据 V 形反转形态判断建仓和止盈的位置，显然能达到目标。V 形底部是建仓信号，而突破 V 形以后的价格高位可以止盈。

2. 突破 V 形的情况

既然是 V 形反转形态，那么股价的 V 形形态就会比较明确。V 形形态出现有效突破的位置，一定是在价格突破前期高位之时。V 形反转形态也是有颈线的，颈线就是 V 形形态的价格高位。如果成交量有效放大，股价上涨过程中必然形成突破，那便是投资者盈利的机会。

古越龙山——开盘后的 V 形反转，如图 7-43 所示。

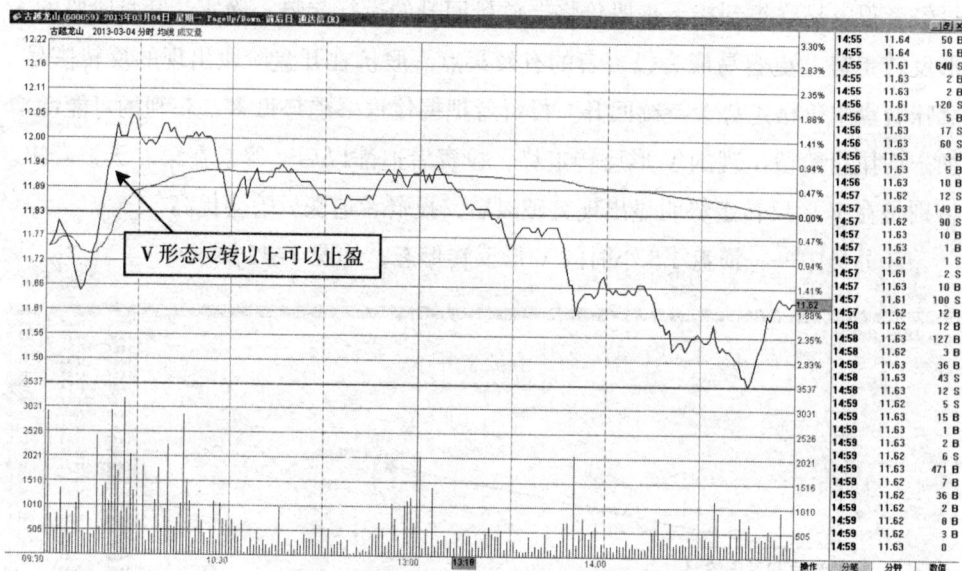

图 7-43　古越龙山——开盘后的 V 形反转

如图 7-43 所示，古越龙山的分时图显示，股价在开盘后的半小时内完成了 V 形反转，股价快速回升，成为盘中投资者止盈操作的重要位置。从 T+0 的角度来看，开盘时候的价格高位可以作为止盈位置，而股价随后缩量下挫的过程中，尾盘出现了理想的建仓机会。该股盘中持续下挫，也只有尾盘价格低点，才是真正的价格底部，也是投资者建仓的理想选择。

九、双底形态

1. 双底的确认

股票价格的低点，是下跌趋势中非常重要的支撑位置。特别是多次确认的股票价格的底部，更是投资者不能忽视的开仓机会。在长达一年以上的时间里，如果股票价格的低点未被有效跌破，那么调整完成以后回落至价格底部以下的走势，便是不错的做空时机。

股票价格的双低点在历史上得到确认，表明对应的价位支撑效果很好。股票价格并不容易跌破双低点对应的支撑位，表明投资者可以在这个时候短时间开仓做空，等待价格突破后获得做空回报。历史上股票价格的双低点，是有效获得支撑的位置，只有在股票价格反弹无效的情况下，才会真正跌破这样的价格底部。操作机会不容易出现，一旦价格跌破双低点，便是重要做空机会。

博威合金——开盘后的双底形态，如图 7-44 所示。

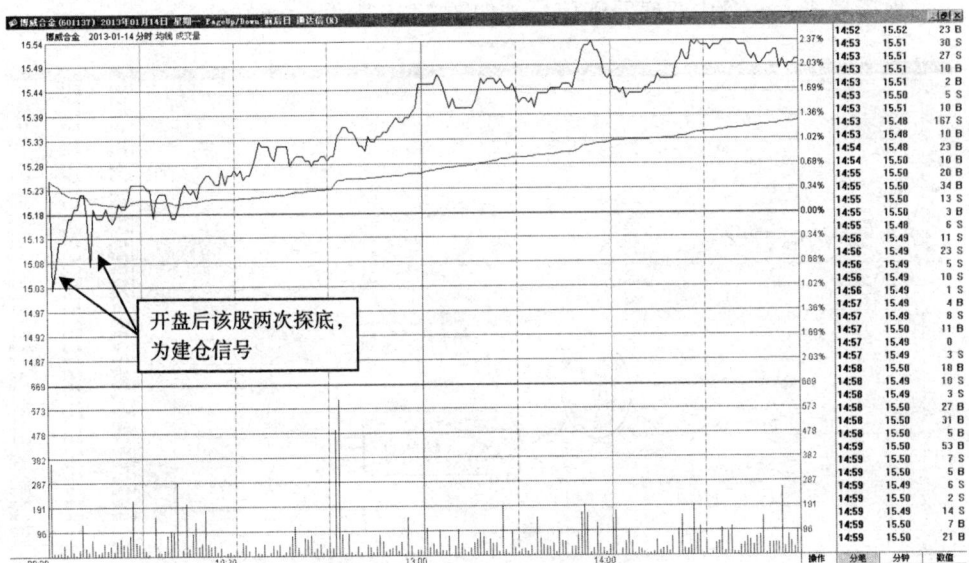

图 7-44　博威合金——开盘后的双底形态

如图 7-44 所示，博威合金的分时图显示，股价在开盘后的半小时内很快完成了双底反转信号。股价在尾盘后一度两次杀跌，但是尖锐的价格底部形态，成为双底反转的重要信号。该股从双底开始走强，并且在尾盘期间收盘在价格涨幅的高位。这样看来，投资者真正能够获利的位置出现在尾盘阶段。而开盘阶段的双底形态中，价格低点是建仓的时机。

2. 突破双底的走势

股票价格的双低点，是价格回落过程中重要支撑位置。这种已经被确认的有效支撑点，如果在近一年的时间里都未曾跌破。那么价格再次回落到这种价格低点以后，也会出现多方顽强抵抗，从而出现反弹走势。当股票价格从这种双低点反弹的幅度降低到很小的程度，以至于价格可以轻松见顶回落，那么接下来的下跌趋势将会形成。

典型的股票价格的双低点，看起来并非那么容易突破，而实际上的支撑效果只能在价格反弹以后才能得到验证。如果价格回落至重要的双低点以后，能够在很短的时间里反弹上涨，那么说明支撑效果还是有的。若股票价格反弹高度并不大，或者说价格一次性跌破了双低点，那么接下来的走势就不好判断了。反弹幅度很小，说明支撑力度已经大大降低。而一次性跌破双低点的走势，显然是突破信号，是投资者开仓做空的机会。

航天晨光——盘中双底看涨信号，如图 7-45 所示。

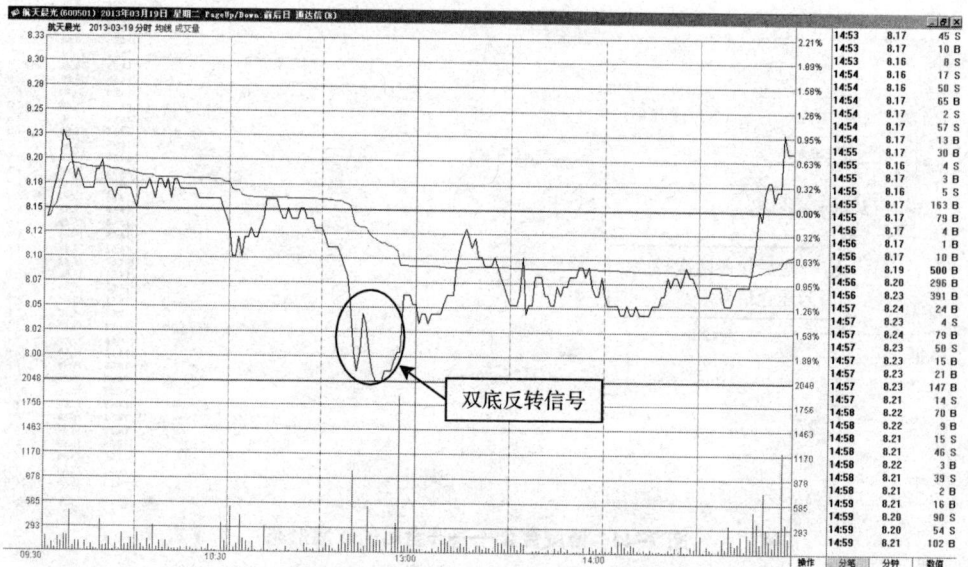

图 7-45　航天晨光——盘中双底看涨信号

如图 7-45 所示，航天晨光的分时图显示，开盘后该股冲高回落，在盘中一度两次探底，完成了双底反转信号。从建仓时机上看来，盘中的价格点是个不错的选择。随着股价的企稳回升，尾盘阶段出现了价格的高位，也是投资者能够止盈的理想卖点了。如果在分时图中的双底反转信号中，投资者并未因此建仓买入股票，控盘分时图中再没有更低的建仓价位了。在实际操作中，双底形态的建仓机会并不容易把握，投资者可以根据该形态的反弹走势，来试探性的少量资金建仓，便不会轻易错过最佳买点了。

第五节　支撑和压力线

一、价格反弹看支撑

在 T+0 的操作中，投资者判断支撑效果的时候，可以从股价的反弹强度看出来。如果股价反弹幅度很大，那么价格反弹至一定高度以后，相应的操作机会也就体现了出来。从支撑线的角度分析，股价也只有出现显著的反弹，那么连接两个反弹低点的支撑线才会被确认。同样的，在支撑线以上，股价震荡走强的过程中，相应的买点也就形成了。

确认支撑线的方式，只能是股价高位回落后反弹，别无他法。连续股价的最低点可以得到支撑线。如果股价回升趋势得到确认，那么价格回调至支撑线以后，必然出现放量回升的情况。随着时间的推移，股价会在多头趋势中继续走强，其中的操作机会也就会被确认了。

士兰微——强势反弹表明支撑较强，如图 7-46 所示。

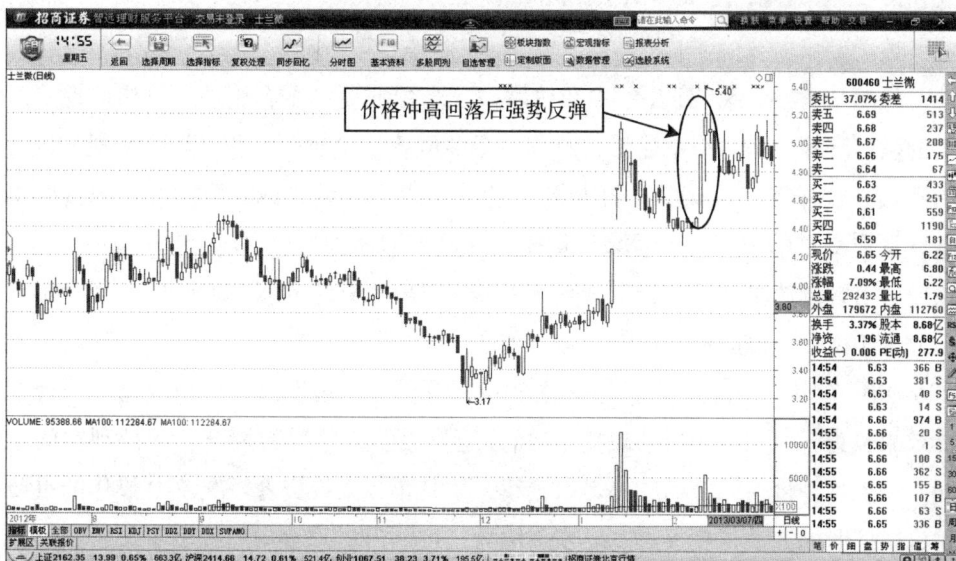

图 7-46　士兰微——强势反弹表明支撑较强

如图 7-46 所示，士兰微的日 K 线图显示，股价在日 K 线图中出现了反弹的情况。虽然该股刚刚放量拉升不久，但是价格回调下来以后该股再次走强，表明下方的支撑还是很强的。在这种情况下，投资者可以在股价回调的过程中短线 T+0 操作，依然能够获得不错的利润。股价的调整还并没有结束，价格反弹的过程中，该股的分时图中波段空间很大，投资者可以获得不错的回报。

士兰微——跌破之后跳空涨停，如图 7-47 所示。

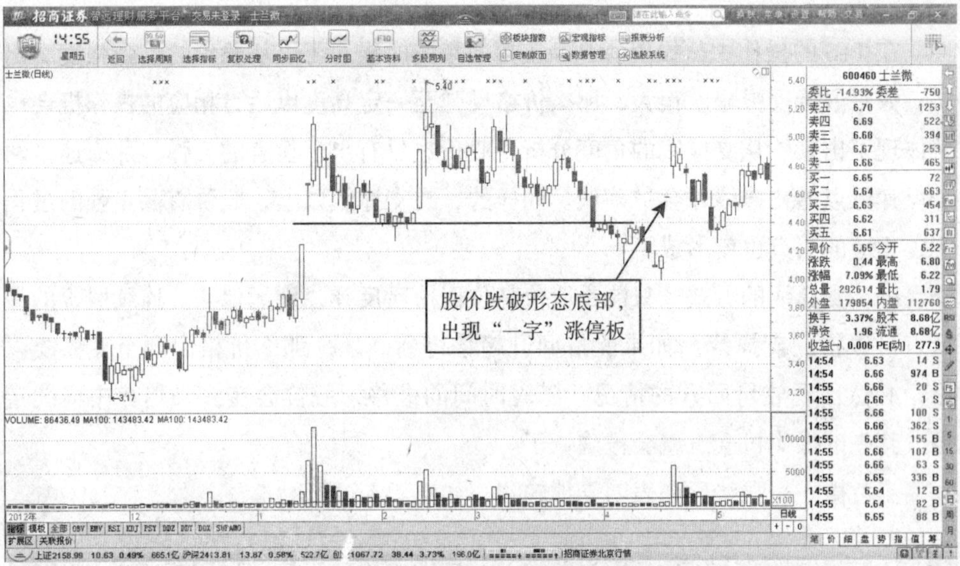

图 7-47　士兰微——跌破之后跳空涨停

如图 7-47 所示，日 K 线中股价跌破了高位波动的平台以后，价格出现了向上的跳空涨停走势。图中显示，股价在图中位置放量拉升，并且最终实现了较大的涨幅。这样看来，该股在日 K 线中持续两次反弹后，该股后市走强的概率很高。从成交量的放大程度看来，量能脉冲放大明显为投资者的操作提供了机会。该股后市继续放量波动，投资者自然能够在 T+0 操作中获得利润。

士兰微——该股后市放量走强，如图 7-48 所示。

如图 7-48 所示，股价连续 3 次放量回升以后，说明高位价格横盘的平台支撑效果良好。而图中接下来的放量回升趋势表明，这样的情况下的盈利空间增加。如果这种价格回升的趋势得以延续，才真正成为投资者短线 T+0 操作的重要时机。该股的波动强度很大，后市连续大幅度回升的过程中，投资者只要买入股票就能够获得短线回报。

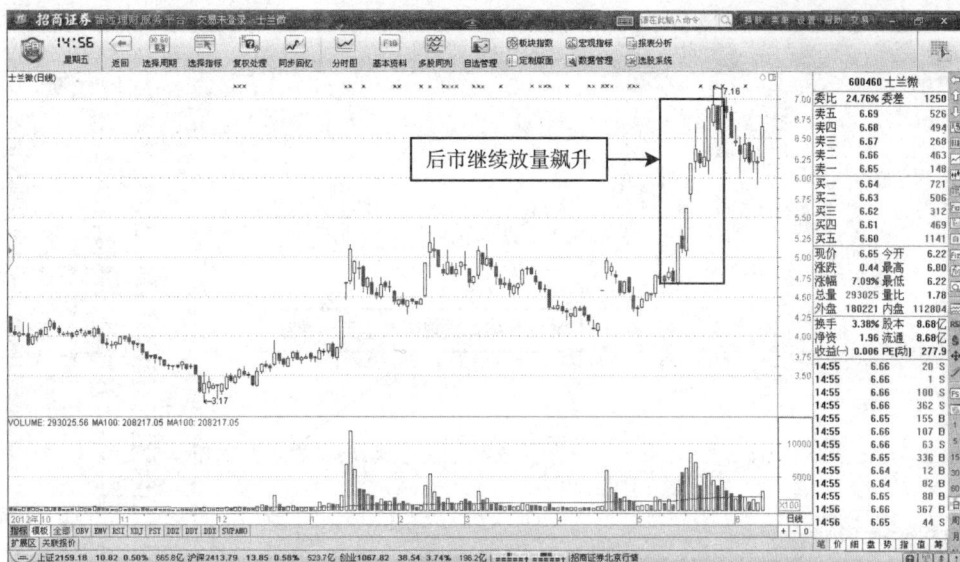

图 7-48　士兰微——该股后市放量走强

二、技术指标看支撑

从技术指标来看，重要的支撑位置，总是在指标跌无可跌的情况下出现的。技术指标走势预示着股价潜在波动趋势，如果指标率先企稳甚至回升，那么股价的反弹上涨可能即将展开。

指标在回调过程中完成了现在的反转形态，或者说已经率先企稳回升，那么股价的上涨也就只是时间问题了。

技术指标提供的反转形态，不仅是指标继续回升的依据，同时也是股价反转回升的重要信号。在股价波动的过程中，重要的反转信号可能不容易被发现，而技术指标却可以提前完成反转形态，帮助投资者发现潜在的建仓和盈利机会。

当股价下跌空间较大的时候，技术指标率先反弹上涨的走势，恰好是多头趋势出现转机的信号。可以预测的是，股价很可能已经出现反转的可能性，但技术指标的提前回升让投资者早一些看清楚今后价格波动的方向。

纳川股份——MACD 双金叉看涨，如图 7-49 所示。

如图 7-49 所示，纳川股份的日 K 线图显示，股价在 MACD 指标连续出现了两次看涨的金叉信号以后，该股强势回升的趋势更为明确。从图中看来，当 MACD 指标中的 DIF 曲线连续两次向上突破 DEA 曲线的时候，正是投资者看涨

图 7-49　纳川股份——MACD 双金叉看涨

的信号了。MACD 指标的走强，是股价回升的重要信号。随着趋势的明显形成，股价的回升趋势将会延续，投资者自然能够获得不错的利润了。

纳川股份——MACD 回落后股价反弹，如图 7-50 所示。

图 7-50　纳川股份——MACD 回落后股价反弹

如图 7-50 所示，随着 MACD 指标的冲高回落，当该指标中的 DIF 曲线回落至零轴线附近的时候，正是股价反弹的重要信号了。图中显示，股价在回升过程中不断走强，投资者可以把握这个位置的操作机会并且获得利润。从 MACD 指标来看，该指标不容易跌破零轴线，特别是在股价长时间强势横盘的过程中更是如此。因此，图中股价短线反弹的走势，从技术上分析，是 DIF 曲线获得零轴线支撑后股价出现的强势反弹。

三、量能放大看支撑

成交量的形态多种多样，能够支撑股价上涨的只可能是放量的情况。在股价持续回升的牛市行情中，不同股票的量能放大形式不太一样，而强势股票总能出现更大、持续时间更长的成交量。在实战 T+0 交易的过程中，投资者买入那些成交量处于 100 日等价线以上，不断放量的股票更容易获利。

一些上涨的股票可能以脉冲放量的形式拉升，也可以是突然集中放量后靠散户追涨拉升，不管怎样，只有主力不停地介入，并且情愿投入大量资金的时候，价格才有可能持续不断上扬。

从股价的支撑效果看，历史上曾经出现过较大成交量的价位，相应的支撑效果会更好。当价格缩量调整的时候，这样的历史低点很容易成为投资者做多的位置。量能曾经大量聚集的价格低点，是多空双方充分争夺的位置，也是投资者可以把握的做多机会。筹码大量聚集在量能放大区域，而投资者要做的事情便是把握这个位置，获得更丰厚的利润。

农产品——成交量放大，表明支撑较强，如图 7-51 所示。

如图 7-51 所示，农产品的日 K 线图显示，该股在除权后的走势中比较平淡，但是图中的脉冲放量的情况却非常引人注目。成交量不仅出现了天量的情况，量能还在短时间内持续维持在高位运行。这表明股价出现了明确的回升迹象。如果这种放量回升的趋势得到延续，价格放量上涨的话，投资者自然能够在 T+0 操作中获利。

农产品——二次放量后该股再创新高，如图 7-52 所示。

如图 7-52 所示，农产品的日 K 线图显示，股价在出现了第二次持续的放量情况。该股第二次放量以后，价格的回升趋势更为明确。从量能的放大程度来看，投资者可以据此判断股价持续走强，并且短线 T+0 操作获取利润。该股在多

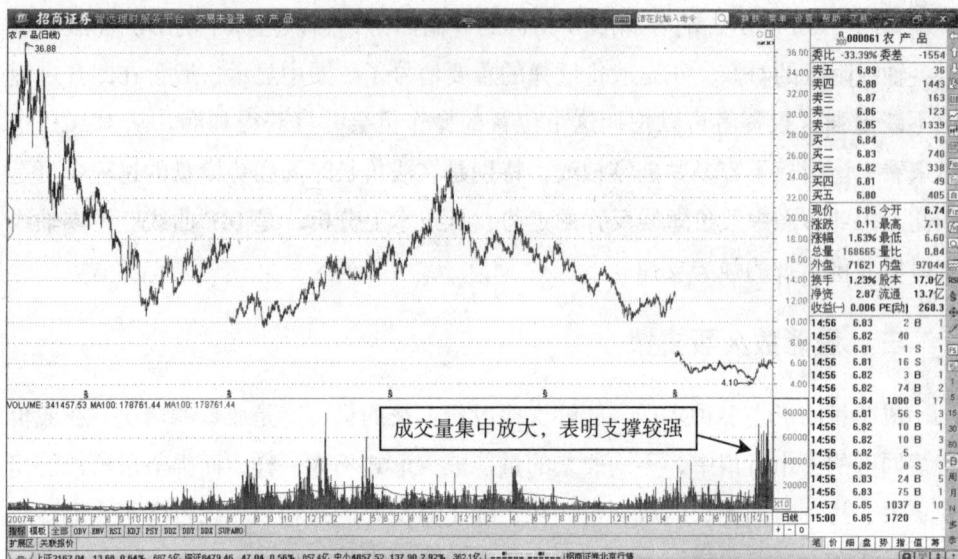

图 7-51 农产品——成交量放大，表明支撑较强

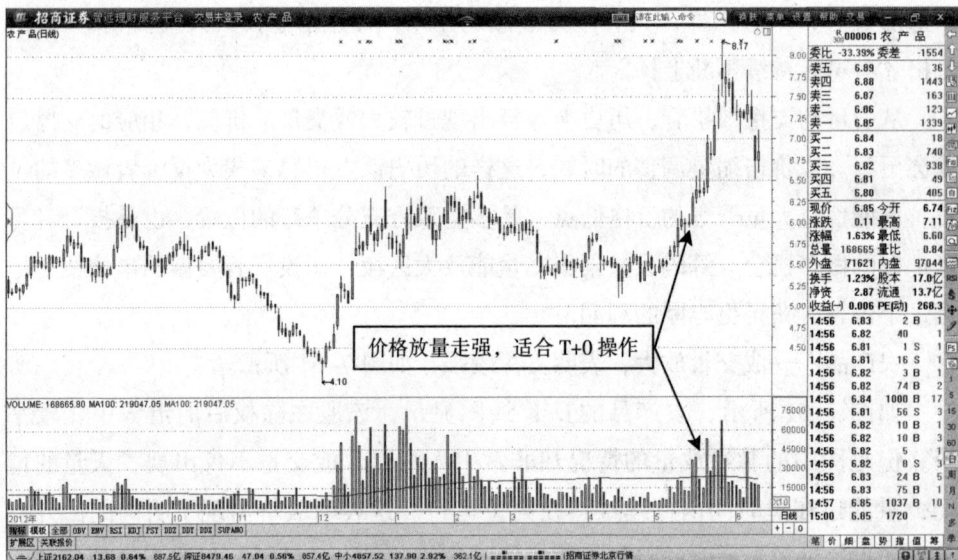

图 7-52 农产品——二次放量后该股再创新高

头趋势中持续回升的时候，其中的操作机会很多。

从成交量上看来，量能放大程度越高，表明支撑越强。该股首次放量的时候，成交量就非常大。当股价缩量回调一会儿，短线再次放量自然是 T+0 操作的盈利机会了。

四、历史高位看压力

股价的历史高位之所以未曾突破，是因为价格高位的套牢盘非常大，股价到历史高位之前就会遇到强烈的做空能量，不仅价格会冲高回落，还有可能从此进入下跌趋势。只要成交量现在没有放大，股价突破历史高位的情况很难出现。理想的做法是，价格还未真正有效突破历史高位以前，投资者将突破看成是未知的事情。也就是说，将股价看作不可能突破的情况。如果价格真的放量突破，那就另当别论。

股价历史高位的压力是很现实的问题。而价格能否放量突破还是未知数。如果分时图中价格恰好被拉升至历史高位以下，那么T+0的止盈机会就出现了。价格不会轻易突破历史高位，投资者主动止盈却可以避免损失。

如果股价回升至历史高位以后，新的冲高回落走势形成，那么持股的投资者将不得不面对损失。没有办法突破历史高位的话，股价也只能回落调整。越是长时间未被突破的历史高位，对应的阻力会更强，投资者只能做好高位止盈的准备。

普洛药业——历史高位压力较强，如图7-53所示。

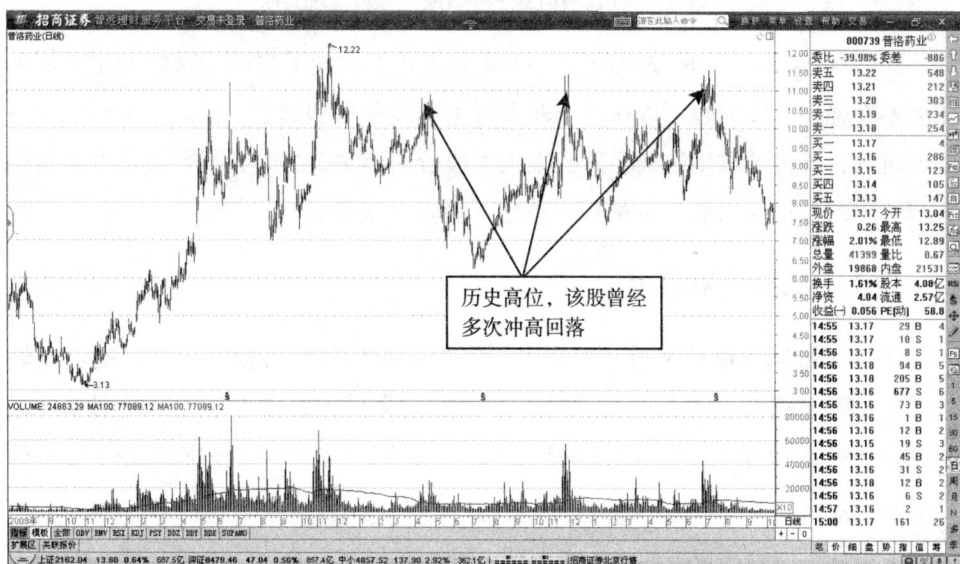

图7-53　普洛药业——历史高位压力较强

如图7-53所示，普洛药业的日K线图中，股价在历史高位上频繁冲高又频繁回落，说明价格高位的阻力非常强大。从实战看来，如果这种强大的阻力还未消失，投资者短线 T+0 操作就不可能轻松获利。等待该股突破历史高位的时候，对应的价格波动强度会快速回升，投资者自然能够 T+0 操作获得利润。

普洛药业——时隔一年后出现突破，如图 7-54 所示。

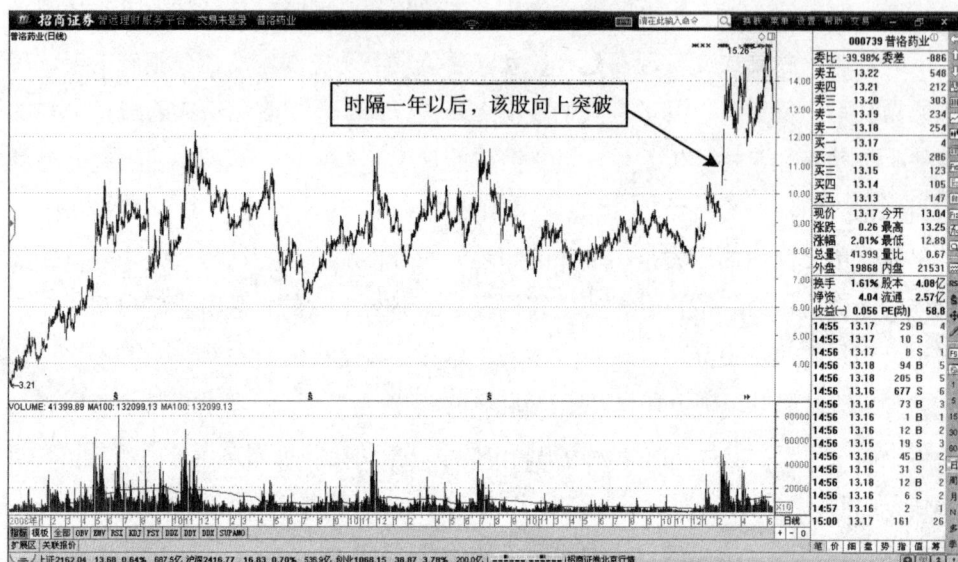

图 7-54　普洛药业——时隔一年后出现突破

如图 7-54 所示，股价在时隔一年多的时间里出现了突破，这样历史高位的压力不在强大，主力也可以从这个时候开始短线获得利润了。当股价突破历史高位的时候，价格的波动空间必然会很大。股价向上突破之时，投资者能够在价格宽幅波动的过程中采取 T+0 的操作策略，更容易获得利润。

五、指标反转看压力

从技术指标的反转来看，投资者可以根据指标的反转信号，把握股价反转过程中的建仓机会。股价的上涨并非短时间内完成的，而价格的回升则需要时间完成。技术指标在股价反转中提供了现在的反转信号，是投资者 T+0 交易的重要看点。

很多技术指标都包含两条以上曲线，而指标反转过程中经常会形成看涨的金叉信号，是投资者能够把握住的做多机会。如果股价在金叉看涨信号完成后做多，便能够获得利润。

技术指标出现看涨信号的那一刻，股价一般还处于相对低点。相比较价格今后上涨的巨大潜力，投资者把握好机会建仓还是不错的。

从技术指标的反转看，常见的 MACD 指标、KDJ 指标、RSI 指标以及均线指标等，都存在指标以及对应的移动平均处理的指标曲线。投资者可以根据指标的走势，以及向上穿越移动平滑曲线的位置，发现金叉看涨信号，并且随着做多赢得利润。

考虑到股价反弹过程中遇到的阻力大小不同，价格反弹的效率也不同。技术指标在底部运行时间越长，表明价格反弹遇到的压力越大，投资者根据技术指标建仓更需要指标有效确认向上的突破，才能开始建仓获利。

国海证券——MACD 死叉出现，如图 7-55 所示。

图 7-55　国海证券——MACD 死叉出现

如图 7-55 所示，股价在快速飙升以后，MACD 指标出现了死叉看跌信号。图中显示，该股在图中位置上出现了死叉做空信号，也是投资者关注风险的位置。MACD 指标出现了死叉以后，虽然股价短时间内不一定就出现大幅度的回落，但是这毕竟是股价走弱的信号，该股早晚会出现见顶回落的走势。采取 T+0 操作的投资者，应该在短线操作的过程中关注股价的调整，在适度减仓中完成 T+0 操作，更能够减小操作风险。

国海证券——MACD 第二次死叉出现，如图 7-56 所示。

图 7-56　国海证券——MACD 第二次死叉出现

如图 7-56 所示，分时图中股价高位回落以后，投资者能够发现其中的操作机会在逐渐减少。MACD 指标的两次死叉信号以后，股价的高位回落趋势在逐步明朗。该股跌幅虽然不大，下跌趋势却非常显著。从操作上看，投资者不得不关注其中的操作风险了。

技术指标上反映出来的反转信号，是股价走弱前的信号。MACD 不仅是两次死叉信号，该指标反弹中已经走弱，股价不可能运行在价格高位了。

国海证券——股价高位下挫，如图 7-57 所示。

如图 7-57 所示，股价在图中位置开始杀跌，MACD 指标从零轴线以下反弹后开始走弱，是最为显著的看空信号。从 T+0 操作看来，该股明显回落的过程中，操作机会很少。股价大幅度上涨以后，见顶的过程很缓慢。从实战看来，该股就是这种大幅度上涨后的见顶走势。股价跌势虽然缓慢，这是因为主力完成出货过程是需要时间的。一旦主力完成了价格高位的出货操作，那么股价自然会大幅度回落。图中显示的该股连续杀跌的走势，就说明了这个问题。主力显然在价格高位横盘中完成了减仓动作，该股自然会出现下跌走势，投资者的 T+0 操作因此应该非常谨慎才行。必要的时候，采取减仓 T+0 操作更能够避免损失。

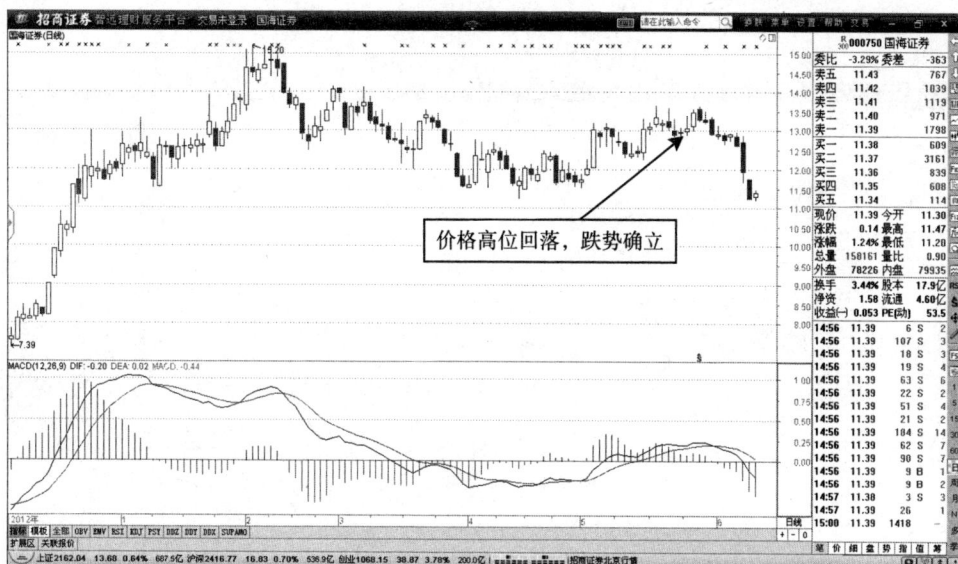

图 7-57 国海证券——股价高位下挫

六、量能萎缩看压力

从成交量的萎缩程度看，量能萎缩的幅度越大、持续时间越短，表明价格短线遇到的阻力会更大，股价有快速回落的风险。特别是在股价天量回升以后，短短几个交易日便出现了几乎是地量的成交量，显然是股价遇阻回落的重要信号。在股价上涨阶段，需要很大的量能才能推动价格回升。而股价回落却不需要成交量放大，缩量下跌更是空头趋势的重要特征。

股价冲高回落，成交量由放大状态转为萎缩趋势是股价下跌主要原因。随着成交量的萎缩，股价下跌幅度会逐步扩大。在成交量有效放大之前，缩量下跌的走势很难出现转机。从 T+0 操作的角度分析，股价缩量下跌期间的操作机会很少，投资者唯有减少操作才能避免价格下跌阶段遭受损失。

在 T+0 操作过程中，投资者如果已经判断股价从高位缩量回调，那么可以采取减仓 T+0 操作的方式买卖股票。半仓资金滚动交易也许并不能很好地应对股价缩量回调的风险，而投资者如果采取少半仓 T+0 的交易手法，可以获得比较好的效果。实战当中，T+0 操作也不是一成不变的，投资者可以根据价格走势的强弱判断资金投入的力度。在正常情况下，投资者可以采取半仓循环交易的方式买卖股票。在股价强势上涨或者缩量下跌阶段，增加和减少持股数量就比较关键。

桂东电力——量能快速萎缩表明抛售压力较大，如图 7-58 所示。

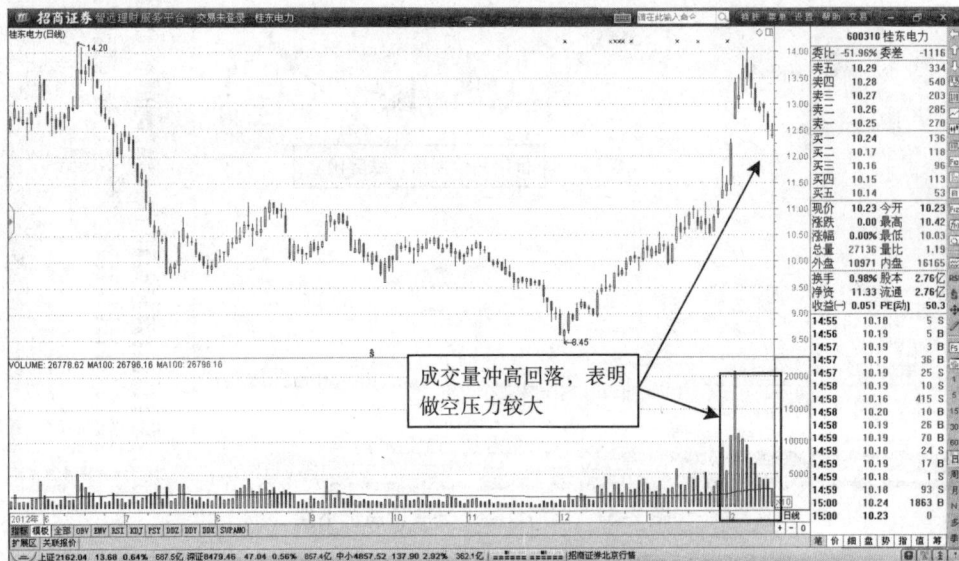

图 7-58　桂东电力——量能快速萎缩表明抛售压力较大

如图 7-58 所示，桂东电力的日 K 线图显示，股价在冲高回落的过程中，成交量的萎缩速度很快。图中显示，从天量的成交量到量能萎缩下来，仅仅用了一周时间。该股的反转速度很快，量能快速萎缩以后，投资者将不得不因此减仓操作，以便减小短线 T+0 操作的风险。股价回落速度很快，量能萎缩下来以后，股价的反弹机会很少，价格更容易下跌而不是出现反弹的情况。T+0 操作所用资金虽然只有半仓，但是价格回落期间持续遭受损失后，操作风险显然很大。

桂东电力——量能萎缩，股价大幅杀跌，如图 7-59 所示。

如图 7-59 所示，股价在开始回落的过程中，放量反弹的情况不是很明显，虽然价格短线上涨，量能继续萎缩以后该股的跌幅却是很大的。股价以更快的速度下挫，投资者不得不在这个时候减少 T+0 操作的资金和操作的次数了。当价格回落下来以后，该股的波动空间也在降低，无助于投资者短线操作并且获得利润。

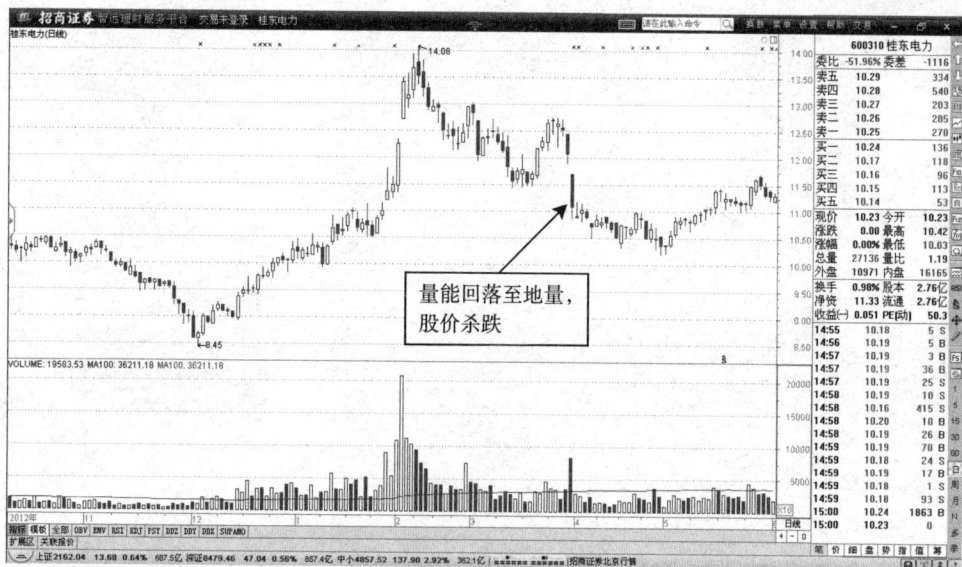

图 7-59　桂东电力——量能萎缩，股价大幅杀跌

第八章 典型案例剖析

第一节 津膜科技

津膜科技——股价活跃，处于多头趋势，如图 8-1 所示。

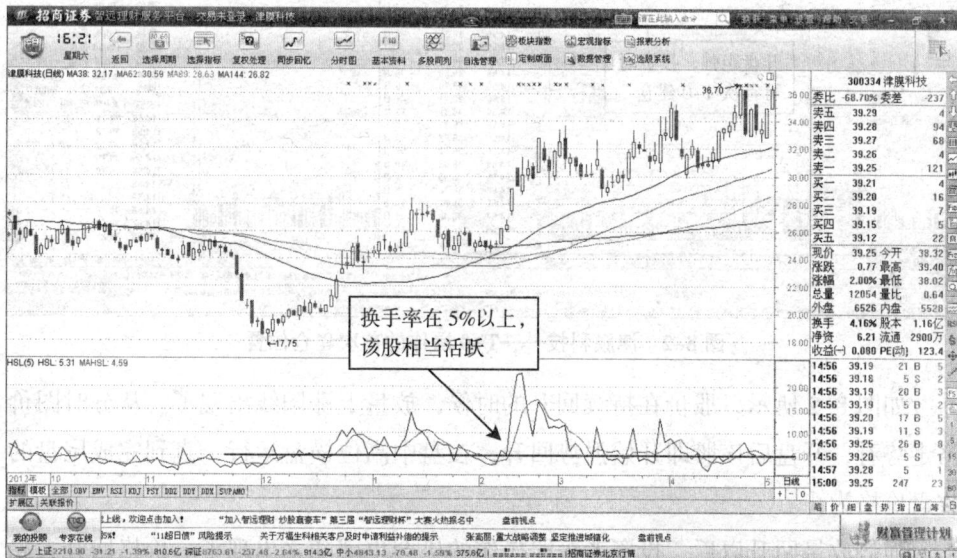

图 8-1 津膜科技——股价活跃，处于多头趋势

如图 8-1 所示，津膜科技的日 K 线图显示，换手率指标始终处于 5%以上，说明交投处于非常活跃状态。不管股价短线上涨还是下跌，换手率都没有出现明显的回落，投资者参与这类股票很容易获得利润。换手率高，说明成交量必然会处于相对高位运行。在交投非常活跃的情况下，多头趋势中运行的股价更容易上涨。

从换手率的波动情况来看，该指标在更多的时间里高于 5%，甚至达到了 20% 附近，显示股价回升的过程中主力明显参与了该股的反转走势；否则，换手率指标也不会如此的高。既然换手率高涨是主力资金介入的信号，投资者在分时图中的 T+0 操作获利潜力必然会很大。主力资金操盘的手法老道，拉升和打压股价会经常出现。不过，伴随着高换手率，股价的回升趋势不会轻易转变，T+0 的操作潜力很大。

津膜科技——T+0 操作的首次建仓位置，如图 8-2 所示。

图 8-2　津膜科技——T+0 操作的首次建仓位置

如图 8-2 所示，股价在持续回升的时候，放量上涨阳线出现了。从分时图价格走势看，开盘后该股即开始强势回升，在盘中高位横盘运行，直到完成尾盘的收盘价格为止。

强势放量回升以后，投资者短线操作的机会也就随之出现了。价格回升大趋势还在延续，而图中股价放量回升后投资者可以选择盘中恰当的价格低点建仓。

当股价强势放量回升的时候，买点总会很高，但这并不影响投资者获得利润。事实上，价格高位买入股票，并非投资者所愿，但是在主力明确做多的情况下，T+0 操作的买点较高，依然可以在接下来的交易日中获得收益。主力控盘效果好的情况下，股价上涨潜力惊人。

津膜科技——冲高回落的 T+0 操作机会，如图 8-3 所示。

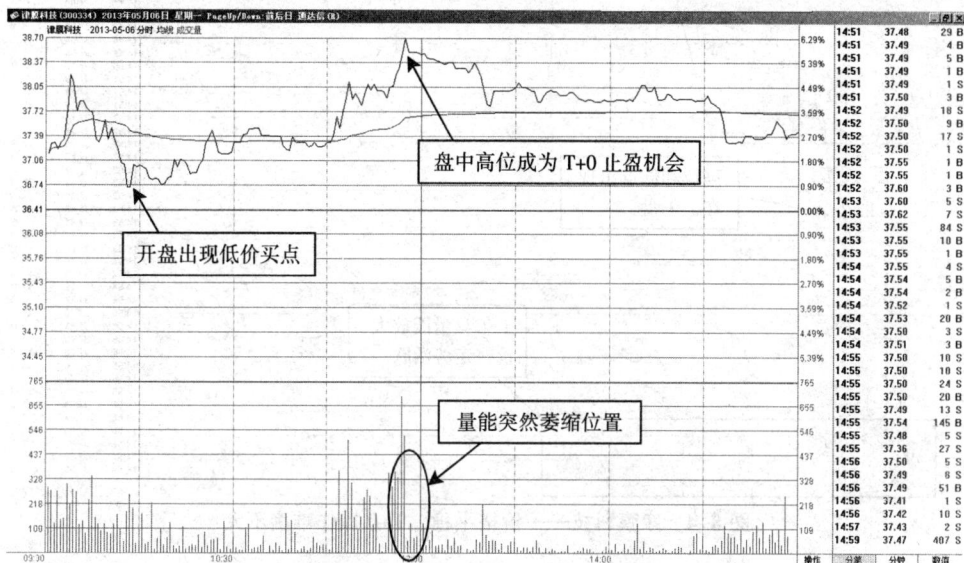

图 8-3 津膜科技——冲高回落的 T+0 操作机会

如图 8-3 所示，分时图中股价表现非常强势。在开盘上涨的情况下，盘中股价在上午盘中两项放量冲高。而图中显示价格首次冲高回落以后，成为分时图中的价格低点，也是投资者 T+0 操作的重要买股时机。随着成交量继续放大，股价在上午盘收盘时达到了最高涨幅。下午盘中，成交量迅速萎缩，股价随即出现了震荡下挫的调整情况。

考虑到前一个交易日中股价放量回升，分时图中该股处于高位运行并不奇怪。多头趋势得到延续，只是下午盘中成交量出现了萎缩，否则股价再次大涨可能性依然很高。对于津膜科技的活跃走势，投资者一定要把握好买点和卖点。价格短线回调的机会并不多见，虽然股价最低点上涨空间不高，却支撑了价格回升走势。

从分时图中看来，投资者在股价两次冲高的时候把握好止盈点，自然能够获得利润。买点的选择上应该更加迅速，股价反弹速度很快，比较好的建仓机会稍纵即逝。

津膜科技——价格平稳，T+0 操作难度不大，如图 8-4 所示。

如图 8-4 所示，分时图中显示，股价在开盘阶段一度出现了杀跌的情况，价格很快就下跌了 1.5%。但是在成交量放人的情况下，价格走势还是比较活跃的，

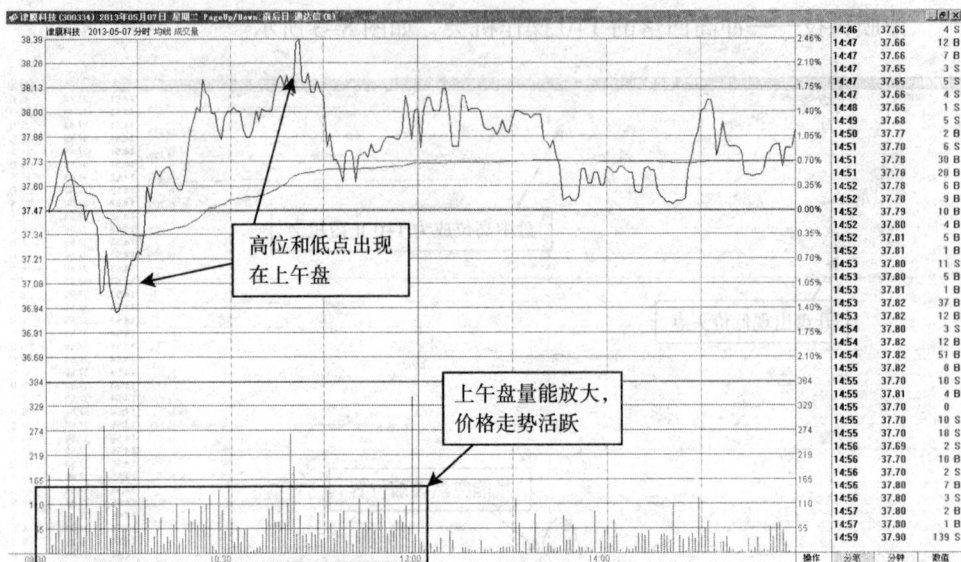

图 8-4　津膜科技——价格平稳，T+0 操作难度不大

分时图中的 V 形反转很快就已经形成。图中显示的价格回落位置，正是投资者建仓的价位。事实上，把握好价格的底部买点，投资者获利空间会很高。至少从分时图看来，价格低点和收盘价格存在 2.5% 的获利空间。也就是说，投资者的 T+0 买点如果在开盘后的价格低点，收盘那一刻投资者就能够获得 2.5% 的利润。该股走势非常活跃，第二天的分时图中冲高以后，投资者的获利空间会进一步提高。

从成交量的分布看来，上午盘中成交量处于高位运行，股价出现了探底回升的走势。而下午盘中成交量明显萎缩，股价在下午盘基本上维持了一种弱势横盘状态。主力资金在上午盘中控盘强度较大，而下午盘阶段的控盘水平不足，因此从股价表现上看下午盘要弱一些。

从价格的高位和低点的分布看，投资者的建仓价格出现在上午盘中，而止盈的价格高位也出现在上午。可见，在成交量高位运行的情况下，股价更容易形成价格高位和低点，而投资者选择操作机会的时候，也应该根据成交量的变化来考虑。如果成交量放大程度很高，那么分时图中股价能够轻松上涨，投资者也就能够在盘中止盈获利。当股价盘中缩量回调的时候，正是投资者做多的机会。总体来看，量能维持在高位运行，股价不容易出现价格低点，投资者的建仓价格可能不会很高。缩量期间，股价更容易在缩量的过程中杀跌，为投资者提供建仓的机会。

津膜科技——盘中调整时间较长，回调压力加大，如图 8-5 所示。

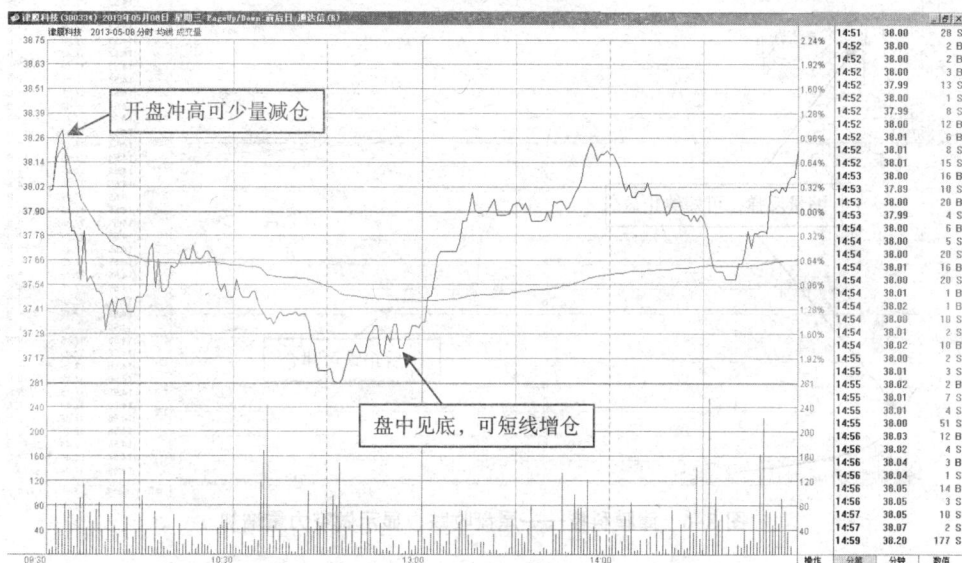

图 8-5　津膜科技——盘中调整时间较长，回调压力加大

如图 8-5 所示，分时图中的价格波动空间很大，图中价格宽幅震荡的过程中，投资者能够发现操作机会很多。从 T+0 操作的角度来看，开盘阶段股价冲高空间不大，投资者不宜在这个时候大量卖出股票，即便在开盘股价冲高阶段止盈，获利空间也不会很高。该股分时图中总体运行情况并不理想，但是价格波动空间在 3% 以上，同样为投资者提供了止盈和建仓的操作机会。上午盘中股价冲高回落，临近收盘前出现了建仓机会。下午盘中，股价持续反弹，盘中和尾盘阶段出现了反弹高位，是投资者止盈的重要时机。

从图中分时图看来，成交量的分布并不集中。盘中各个时段的量能分布比较均衡，价格在回调以后出现了反弹情况，总体运行趋势还是向上的。这表明，主力继续对该股控盘，短线价格回调并不能改变该股的强势。

津膜科技——尾盘收跌，显示做空力量增加，如图 8-6 所示。

如图 8-6 所示，分时图中股价开盘冲高回落，成交量也在这个时候快速萎缩。从上午盘看来，股价总体呈现出回落的情况，而开盘后该股冲高至涨幅 2.98% 的顶部，成为投资者重要的做空位置。盘中量价齐跌，股价在下午盘阶段出现了价格低点。

从下午盘中看来，成交量脉冲放大的情形，股价很容易就回至跌幅 3% 的低点，

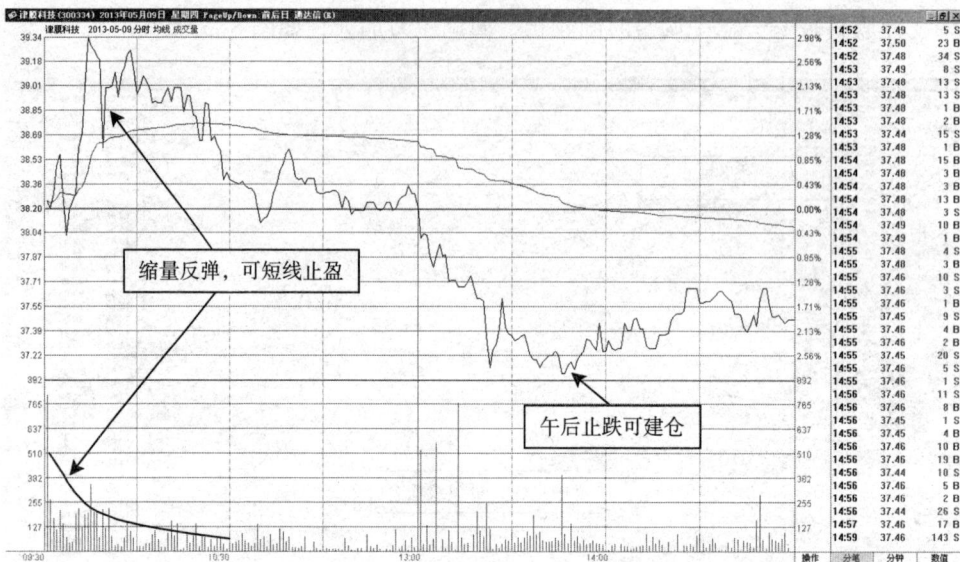

缩量反弹，可短线止盈

午后止跌可建仓

图 8-6　津膜科技——尾盘收跌，显示做空力量增加

这也是该股盘中价格低点的做多机会了。T+0 操作的建仓和止盈顺序可以不同，上午盘的价格冲高是止盈的机会，而下午盘股价放量杀跌自然形成了建仓底部。

价格波动是双向的，该股分时图中最大涨幅和最大跌幅都在 3% 附近，可见其价格走势还是很活跃的。虽然股价冲高回落，在下午盘继续探底，投资者依然按照 T+0 的买卖原则进行交易，收盘价该股跌幅收窄至 2% 附近。这样，从价格跌幅 3% 到跌幅 2% 的价位，投资者在当日建仓便可获得 1% 的利润。

津膜科技——股价冲高回落，价格强势依旧，如图 8-7 所示。

如图 8-7 所示，分时图中股价冲高回落，价格上涨幅度一度高达 7.18%，成为不折不扣的止盈高位。

活跃股票的价格波动空间总是很高，前一个交易日中投资者建仓资金已经获利 1% 的前提下，第二个交易日中股价冲高回落，投资者可以再次获利 7%。这样看来，一个半仓 T+0 的获利空间就接近 8% 了。

在前一个交易日中，股价表现并不理想，价格还在分时图中出现了回落的情况。但是投资者的 T+0 建仓动作并没有因此受到影响。盘中该股再次走强以后，投资者便可以轻松获得较好的回报。在前一个交易日中，股价向上反弹高达 3%，而下跌空间也在 3% 附近，整体波动空间在 6% 左右。而盘中该股强势回升到涨幅 7% 的高位，表明价格波动空间很大，量能放大后分时图中止盈机会自然就会出现。

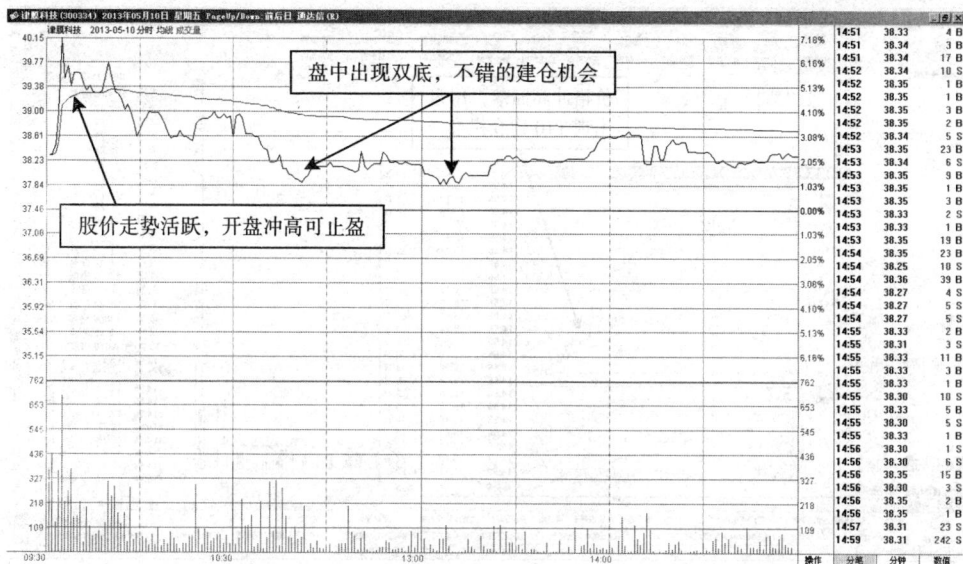

图 8-7 津膜科技——股价冲高回落，价格强势依旧

第二节 东华能源

东华能源——放量波动，强势依旧，如图 8-8 所示。

如图 8-8 所示，东华能源的日 K 线图中显示，股价在分时图中强势冲高后放量回调，该股价格表现非常引人关注。从分时图中来看，该股价低点出现在尾盘的回落期间。在分时图中价格收盘前，投资者就能够发现日 K 线中对应的量能其实已经出现了明显的放大。成交量既然处于放大阶段，股价短线杀跌便是不错的买点。投资者可以在股价尾盘回落期间完成 T+0 的建仓动作，等待第二个交易日中止盈获得利润。

东华能源的日 K 线中，股价放量回升的趋势很强。分时图中该股冲高回落的走势，正是股价活跃的表现。活跃股票的波动空间总是很高，虽然收盘期间该股跌幅接近 4%，却并不表明股价已经见顶了。相反，投资者倒是可以利用尾盘股价回落期间的买点，完成建仓和获利的动作。

对丁场外观望的投资者而言，仕股价分时图中出现下跌的时候建仓，无疑是

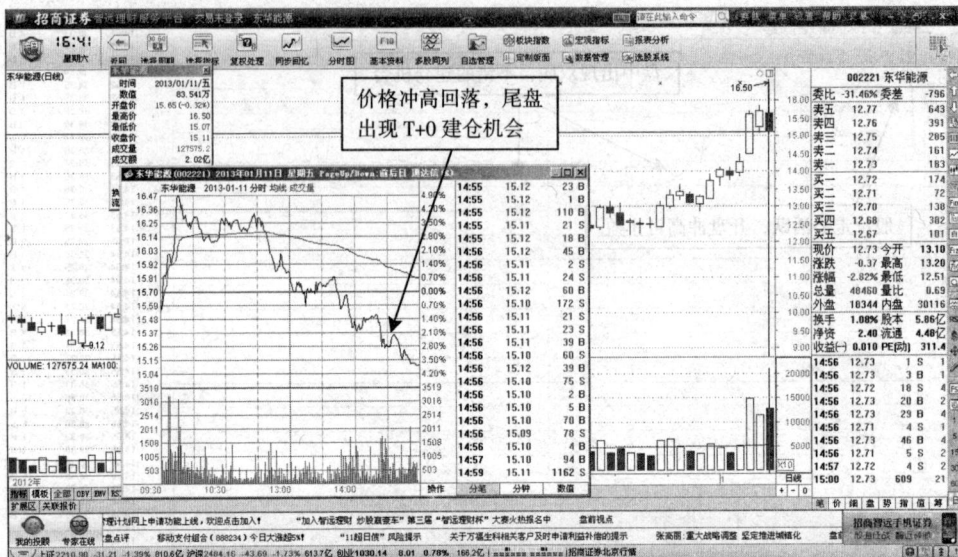

图 8-8　东华能源——放量波动，强势依旧

个不错的机会。价格冲高回落以后，投资者能够在股价回落期间获得廉价的筹码。一旦股价在第二天强势回升，投资者的建仓资金自然处于获利状态。

　　东华能源——价格表现强势，建仓价位很高，如图 8-9 所示。

图 8-9　东华能源——价格表现强势，建仓价位很高

如图 8-9 所示，前一个交易日已经建仓的投资者，可以在分时图中价格回升的时候止盈出局。该股开盘后表现非常抢眼，放量回升几乎贯穿了整个交易日。股价最终在下午盘阶段达到涨幅 9% 附近，投资者可以很容易获得利润。

活跃股票的波动空间就是很高，该股前一个交易日还是冲高回落的走势，而第二个交易日便出现了持续拉升的情况。分时图中开盘阶段成交量就已经放大，盘中成交量维持在高位运行，表明多空双方积极买卖股票，价格自然在放量中稳步上涨。

考虑该股的分时图价格走势非常稳健，投资者完全没有必要提前止盈。等待价格尾盘阶段达到高位后卖出股票，投资者自然可以获得不错的回报。

针对该股强势回升的走势，投资者考虑建仓价位的时候不必苛求低点买入股票。该股的上升势头非常好，根本不容易出现较大的跌幅，投资者买入股票的位置，可以在开盘后不久出现。分时图中，开盘后的 1 个小时内容易出现宽幅波动，价格也很容易形成短线底部，正是投资者考虑建仓的位置。

东华能源——宽幅震荡，盘中出现建仓点，如图 8-10 所示。

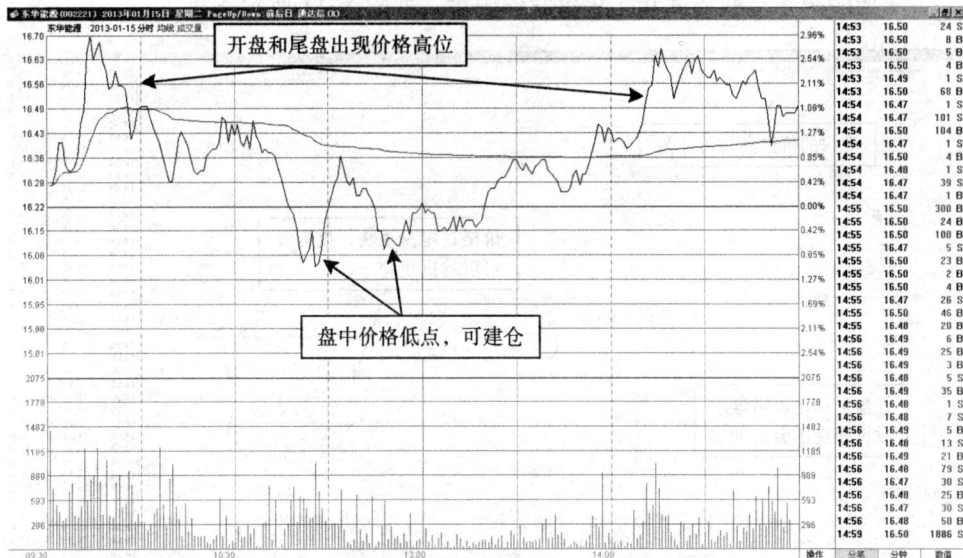

图 8-10　东华能源——宽幅震荡，盘中出现建仓点

如图 8-10 所示，从开盘阶段看来，成交量依然处于放大阶段。只是从成交量的变化趋势来看，上午盘中显然是持续缩量的情况，股价自然在上午盘中出现了缩量下跌的情况。随着成交量的快速萎缩，股价在盘中达到了短线底部，正是

投资者考虑建仓的位置。

在该股还未完成分时图走势之前，投资者就能够根据价格和成交量的萎缩趋势判断该股的整体走势。

在开盘阶段，量能放大的情况下股价自然在上午盘中出现了拉升的情况。上午盘开盘后的价格高位，是投资者理想的做空机会。随着成交量的萎缩，股价在盘中成功见底。图中显示，地量对应的价格也是重要的建仓底部，下午盘股价出现了放量回升的走势，投资者可以在尾盘和开盘阶段的价格高位止盈，以便兑现短线操作利润。

从东华能源分时图的整体运行趋势看来，是类似 U 形反转的走势。价格高位出现在开盘阶段和尾盘阶段，而盘中出现了价格低点，也是投资者建仓的位置。其实，根据前期该股放量回升的走势，投资者不难发现分时图中的放量其实就是该股多头趋势的延续。股价并没有真正见顶，开盘阶段的缩量回调是股价回升前的短线调整。而盘中的价格低点是调整结束的重要信号。把握分时图中价格的基本运行特征，就不难发现操作机会了。

东华能源——弱势低开，止盈变得困难，如图 8-11 所示。

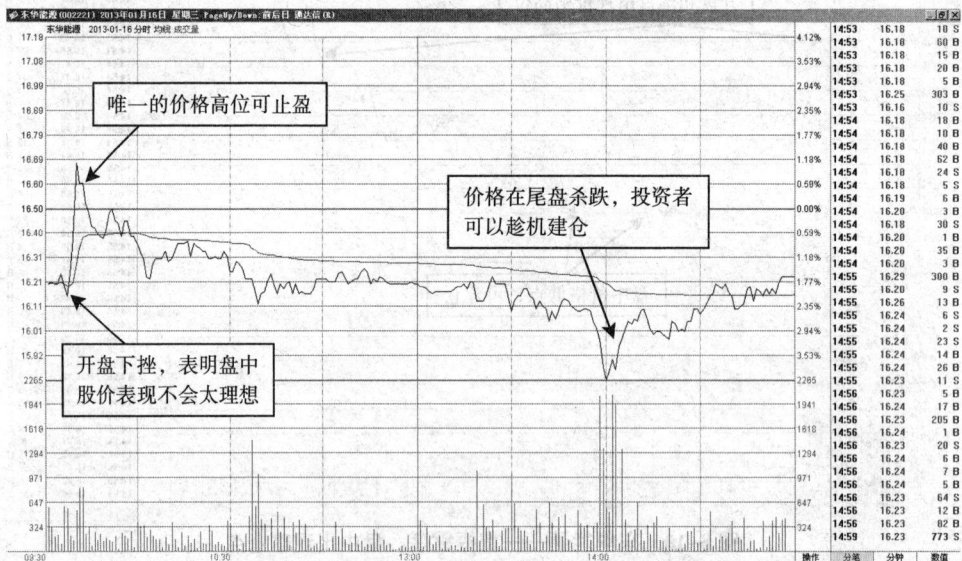

图 8-11　东华能源——弱势低开，止盈变得困难

如图 8-11 所示，分时图中显示，股价在开盘阶段的短线冲高走势，成为盘中的价格高位。为何该股会在盘中持续回落呢，这与开盘价格的下跌有很大关

系。开盘价格是主力能够控制的价格，也是股价大涨大跌的时刻。在该股开盘价格已经下跌了1.77%的情况下，盘中股价放量回落，并且在尾盘阶段放量见底，表明价格走向其实是顺应了开盘价格的。这样看来，投资者显然应该在开盘后价格冲高的过程中减仓操作。尾盘阶段股价放量见底的过程中，投资者有了建仓的机会。

东华能源——走势较强，盘中有利可图，如图8-12所示。

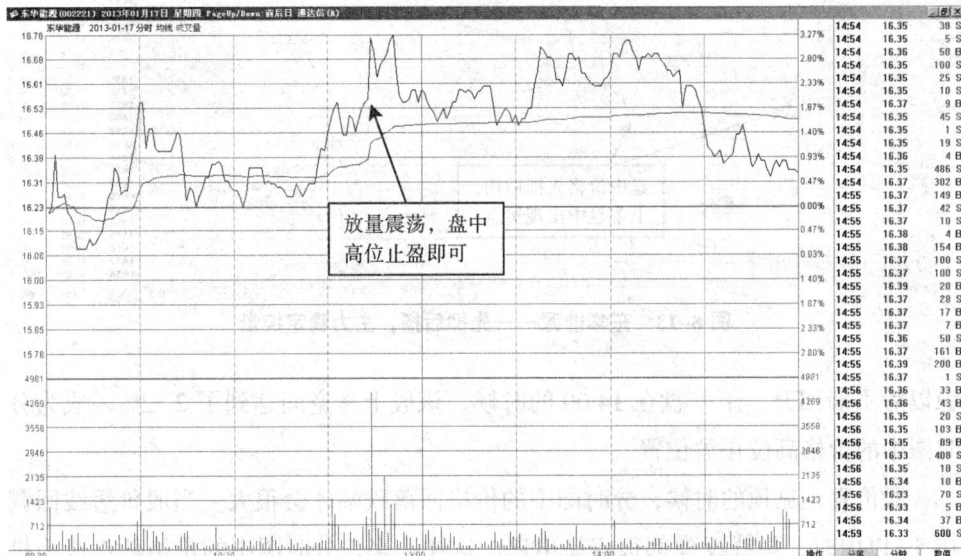

图8-12　东华能源——走势较强，盘中有利可图

如图8-12所示，东华能源的分时图显示，股价在开盘以后震荡走强，盘中放量拉升股价出现了较大涨幅。该股盘中走势比较活跃，开盘后的价格低点，便是分时图中理想的建仓位置。

从上午盘中价格走势来看，成交量虽然出现了放大，但是放大程度不高，表明该股上涨空间可能不会很大，那么盘中价格高位可以作为止盈价位。建仓价格的选择上，投资者可以在上午盘的低点买入股票。当然，盘中股价上涨空间不大，下午盘股价回调之时便出现了尾盘的买入股票机会。

东华能源——先抑后扬，主力稳定控盘，如图8-13所示。

如图8-13所示，股价在开盘后的1小时内放量回落，并且在上午盘中形成了两个价格低点，成为投资者短线买入股票的机会。从价格的活跃度来看，该股虽然短线下挫，并非单边下跌的走势。股价在下跌的过程中出现了反弹，并且跌幅仅仅达到了最低（2.78%），股价就开始止跌企稳。从图中看来，股价在止跌企

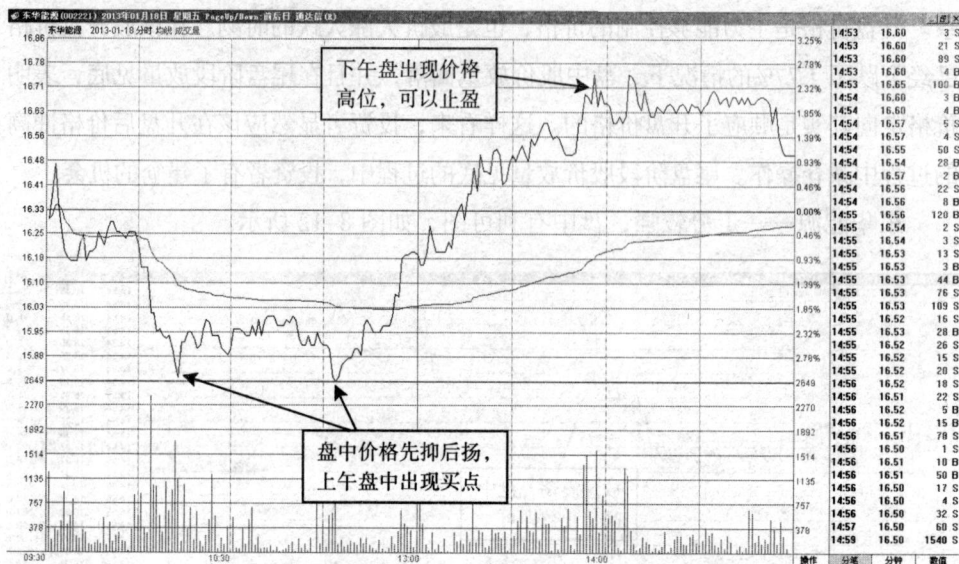

图 8-13　东华能源——先抑后扬，主力稳定控盘

稳以后不断回升，下午盘在 14:00 的时候，该股上涨空间达到了 2.32%，成为分时图中的价格高位止盈位置。

　　股价真正见顶的时候，分时图中的价格回落跌幅才会很大。当股价短线回调在 5% 以内时，短线反弹都很容易出现。这样一来，分时图中的价格低点成为投资者 T+0 操作的建仓位置。而盘中股价反弹的高位，是止盈的价位。个股在分时图中走势会千变万化，对开盘价格已经开盘后量价关系进行详细的判断，投资者能够发现交易机会。

　　东华能源——放量上涨，投资者获利，如图 8-14 所示。

　　如图 8-14 所示，分时图中股价放量走强，盘中价格达到了涨幅 8.67% 的价格高位。从操作机会上看，开盘时候显然是投资者建仓的位置，而分时图中价格上涨空间接近涨停的时候，投资者应该考虑快速止盈。即便股价在盘中不出现回调，高达 8.67% 的上涨空间也足以作为投资者的止盈价位。卖出股票在价格高位，投资者自然会获得利润。

　　那么，怎样才能够判断开盘阶段就是建仓的最佳位置呢？该股开盘价格出现上涨，而开盘以后价格放量回升，显然是能够持续的多头行情。这样一来，投资者就能够通过开盘后的价格运行情况，成功预测出价格逐步回升至高位的运行趋势。从操作上来看，买点自然会出现在开盘阶段。

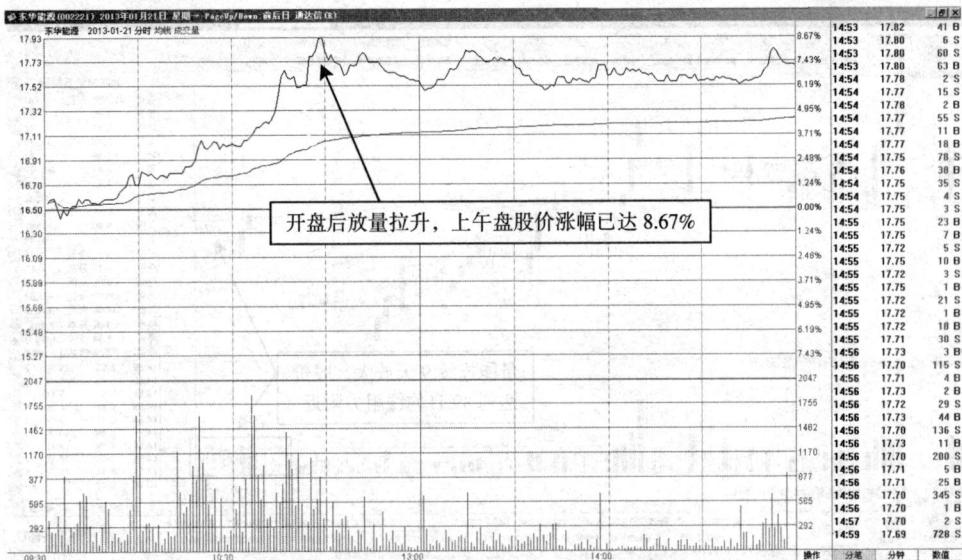

开盘后放量拉升，上午盘股价涨幅已达 8.67%

图 8-14 东华能源——放量上涨，投资者获利

第三节 金磊股份

金磊股份——反弹至均线阻力位，如图 8-15 所示。

如图 8-15 所示，日 K 线图显示，股价短线持续走强的过程中，成交量已经连续 9 天处于 100 日等量线以上。股价已经达到了 89 日均线以下，短线回调压力陡增。从图中价格运行位置看来，投资者完全可以短线 T+0 操作，以便获得投资回报。价格走势如果像预期那样发展，相应的操作机会也就会出现了。该股正处于突破前的放量横盘阶段，而股价双向波动的过程中，操作机会自然存在。

价格处于短线高位的时候，成交量也处于放大阶段，股价波动强度会很高，这有助于增加短线操作的获利潜力。

金磊股份——冲高回落，显示抛售压力增加，如图 8-16 所示。

如图 8-16 所示，分时图中股价开盘阶段便快速冲高回落，结合成交量的萎缩趋势，投资者能够预测到盘中价格的基本运行趋势。既然股价在开盘阶段便冲高回落，那么尾盘股价的放量杀跌自然是预期的价格走势。若能够把握分时图中

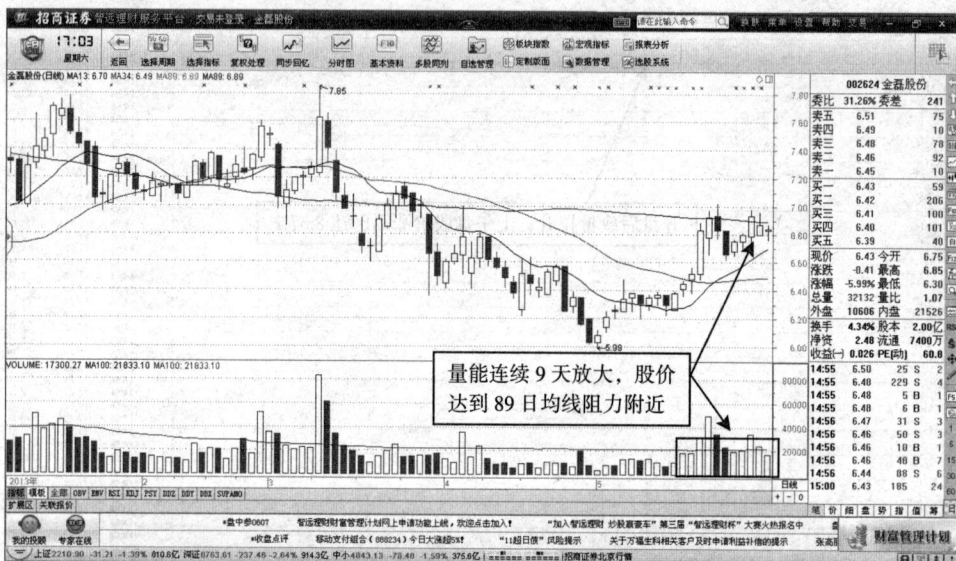

图 8-15　金磊股份——反弹至均线阻力位

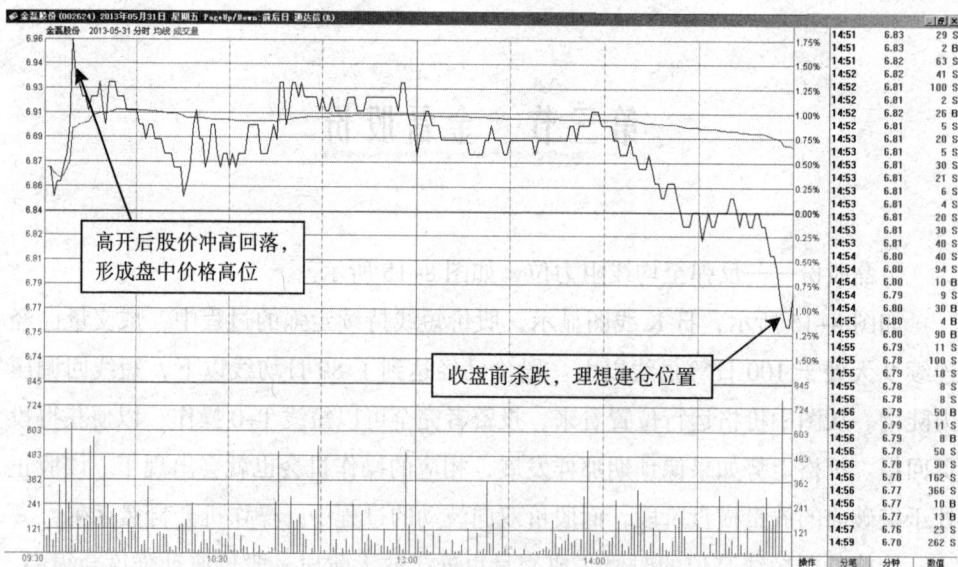

图 8-16　金磊股份——冲高回落，显示抛售压力增加

尾盘价格杀跌的买点，第二天投资者就能够获得利润。毕竟，该股还处于放量横盘整理阶段，价格短线回落并非真的回落走低，而投资者买入股票却可以获得不错的短线利润。T+0 操作的最初建仓机会，也就出现在尾盘中。

　　金磊股份——弱势波动，显示走弱迹象，如图 8-17 所示。

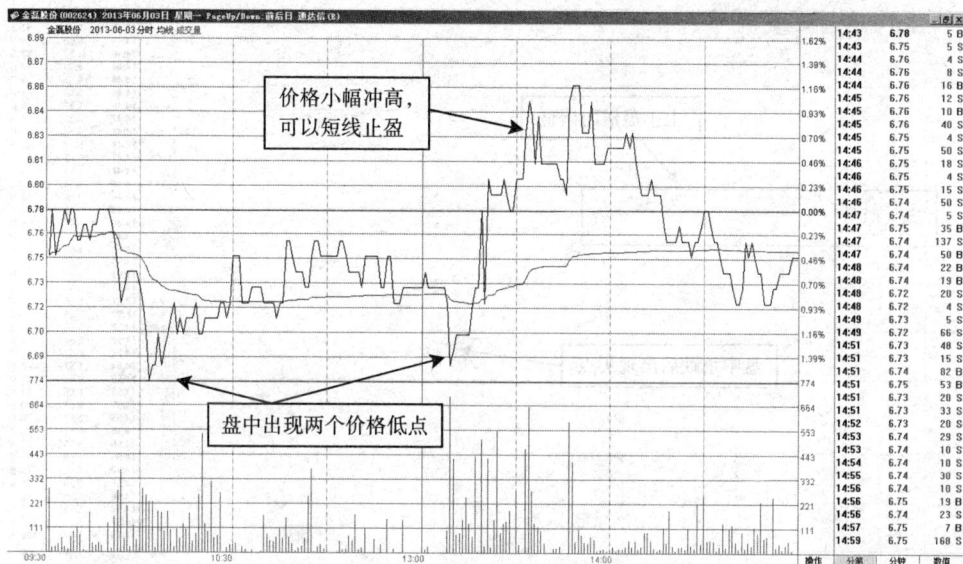

图 8-17　金磊股份——弱势波动，显示走弱迹象

如图 8-17 所示，分时图中显示，该股在前一日冲高回落以后，第二天开盘低开回调。分时图中价格低点出现了两个底部形态，成为投资者建仓买入股票的机会。分时图中该股的走势并不理想，而盘中的操作机会显然已经出现在价格高位。虽然股价上涨空间不大，投资者依然能够在这个时候活动利润。量能放大程度不高，该股总体上还是处于弱势整理阶段。因此对于买卖机会的判断上，投资者不必要求过于苛刻。

金磊股份——盘中杀跌，止盈困难，如图 8-18 所示。

如图 8-18 所示，金磊股份的分时图价格走势表明，上午盘中股价基本处于横向整理阶段。在股价加速回落之前，横盘整理的形态提供了投资者短线盈利的机会。该股运行趋势并不确定，盘中价格杀跌后买点出现在下午盘的价格低点。

总的来看，股价走势还是比较活跃的。但是该股的日 K 线的价格走向并不确定，分时图中股价横盘调整后出现杀跌自然也在意料当中。股价"横久必跌"很多时候都能够实现价格的走向，该股的盘中杀跌的情况，就是在横盘结束后出现的价格变化趋势。盘中价格上涨空间不大，不存在获得高额回报的机会。但是该股尾盘下跌空间达到了 3.17% 以下，成为投资者的建仓机会。

金磊股份——持续回升，主力短线控盘，如图 8-19 所示。

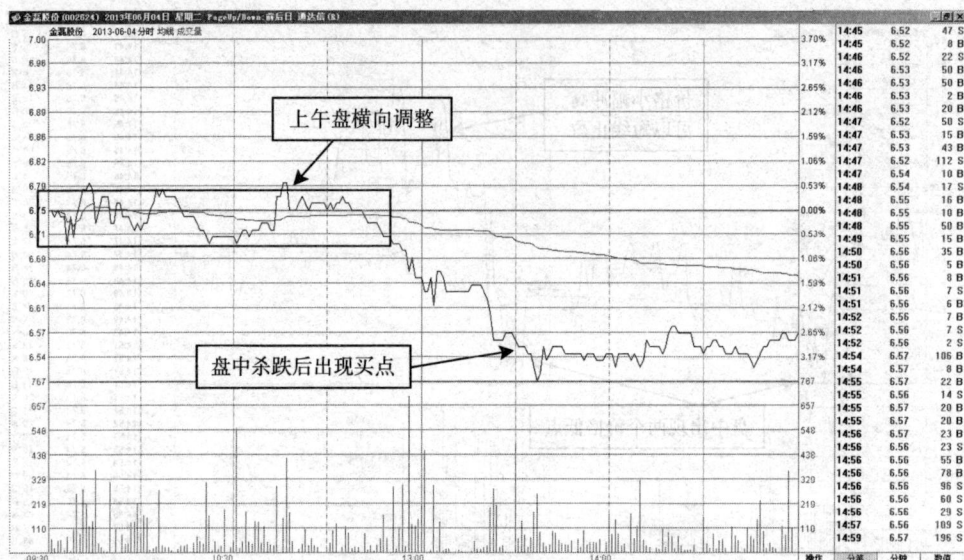

图 8-18　金磊股份——盘中杀跌，止盈困难

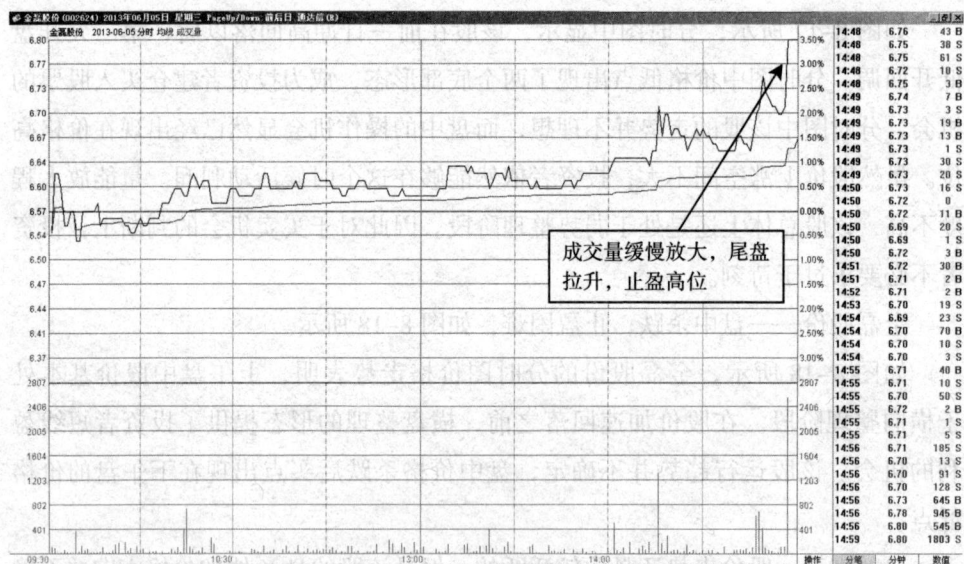

图 8-19　金磊股份——持续回升，主力短线控盘

如图 8-19 所示，分时图中显示，金磊股份的价格走势比较稳定。从开盘后价格走势来看，成交量温和放大，股价出现了有限的涨幅。不过到了下午盘阶段，放量回升的趋势出现了加速情况，特别是在收盘前的 1 个小时内，该股强势回升，在尾盘阶段快速上涨，收盘涨幅达到了 3.5%。可见，高达 3.5% 的上涨空

间已经足够投资者止盈了。考虑到前一个交易日中投资者能够建仓的价格比较低，而该股尾盘冲高后投资者能够至少获利 3.0% 以上。

从建仓位置来看，该股并没有出现缩量回调的走势，盘中价格走势稳定，投资者可以据此判断该股必将实现上涨，而价格回升之前的横向整理阶段便是买点。该股的买点不一定就在开盘后半小时内，价格大幅拉升之前，都是存在建仓机会的。若能够把握分时图中的买点，投资者自然能够获得不错的回报。

金磊股份——冲高回落，调整延续，如图 8-20 所示。

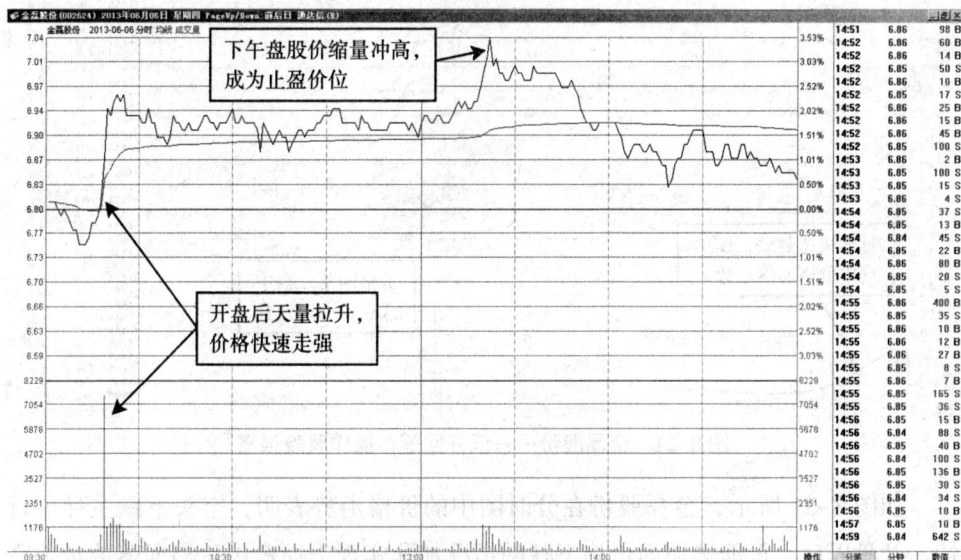

图 8-20　金磊股份——冲高回落，调整延续

如图 8-20 所示，开盘后半个小时内，该股探底回升，在天量成交量的拉升下涨幅高达 2.02%。从开盘后半小时内价格走势来看，量能放大程度虽然很高，但是持续时间短暂，并不能促使股价大幅度攀升。从这个角度来看，该股不能在开盘阶段进入涨停价，也是能够预料到的事情。从股价开盘后的表现来看，盘中股价横向运行在价格高位，尾盘还出现了杀跌的情况。多方在开盘阶段拉升股价的情况，很可能是主力资金短线出货有意为之的。而在盘中和尾盘的价格走势中，成交量放大程度不大，甚至出现了缩量的情况，股价自然不会运行在高位。

从该股分时图中的价格走势看来，投资者能够建仓的位置出现在开盘和尾盘阶段，而盘中股价缩量拉升的时候，便是投资者短线止盈的机会。缩量拉升股价到高位的走势，显然是不能长时间延续的，特别是在价格开盘阶段天量拉升的情况出现后，多方能否在成功动用大笔资金拉升股价显然是个未知数。这样盘中的价格高位就是不错的卖点。

金磊股份——低开回落，操作风险很高，如图 8-21 所示。

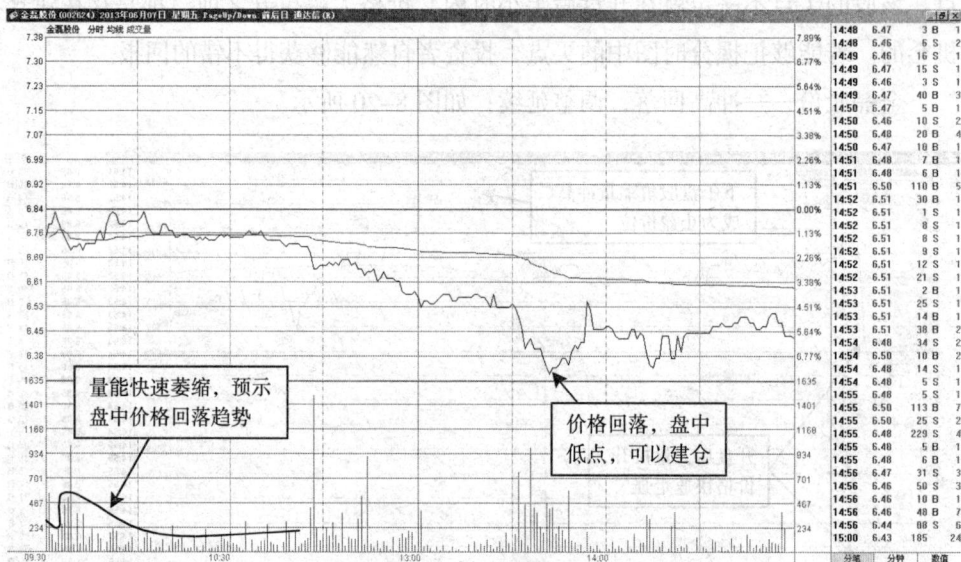

图 8-21　金磊股份——低开回落，操作风险很高

如图 8-21 所示，金磊股份在分时图中的价格走势表明，空头下跌主导了行情。开盘以后，量能萎缩而价格下跌的情况加速实现，而盘中价格回落放量杀跌的情况中，投资者自然能够获得建仓机会。从上午盘价格缩量下跌来看，投资者能够发现其间的止盈机会就出现在开盘以后的价格反弹阶段。即便股价出现了反弹，仍然是在下跌中出现的反弹，但是这并不影响投资者止盈。盘中投资者止盈的获利空间不大，但是下午盘股价杀跌以后的买点更不宜错过。

从下午盘股价的跌幅来看，价格下跌空间达到了 7% 以下，投资者在这样的价格低点建仓无疑是获利机会。涨跌停板也不过是 10% 的价格跌幅，而该股分时图中的跌幅高达 7%，却是不错的建仓位置。从 T+0 操作的角度来看，盘中股价深度杀跌以后，投资者把握这样的买点，可以获得不错的回报。

第四节 华丽家族

华丽家族——日 K 线放量走强，如图 8-22 所示。

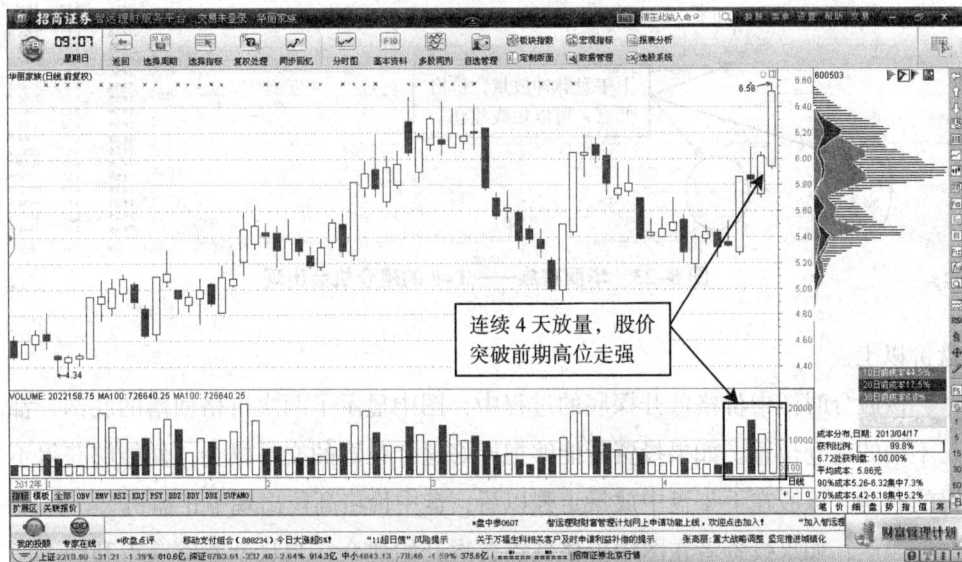

图 8-22 华丽家族——日 K 线放量走强

如图 8-22 所示，华丽家族的日 K 线图中，该股前期已经出现了持续放量的情况。短线回调以后，图中显示的位置再次放量。该股连续 4 天放量，价格出现了强势回升的情况，显然是该股走强的信号了。从这个位置开始，该股的波动强度将会因此增大，此时投资者采取 T+0 的交易策略，更容易获得短线利润。

从该股的历史走势看来，放量回升成为该股的常态。虽然出现了短时间的缩量调整，但是股价放量走强还是出现了。在该股放量回升以后，投资者能够获利的位置在于图中的股价大涨之后。成交量处于放大状态，并且股价的波动强度较大，投资者由此可以获得不错的交易机会。

华丽家族——T+0 的建仓机会出现，如图 8-23 所示。

如图 8-23 所示，该股分时图中出现了低开的情况。但是随着成交量脉冲放大，该股还是在上午盘中止跌成功探底，并且在下午盘快速回升至前一日收

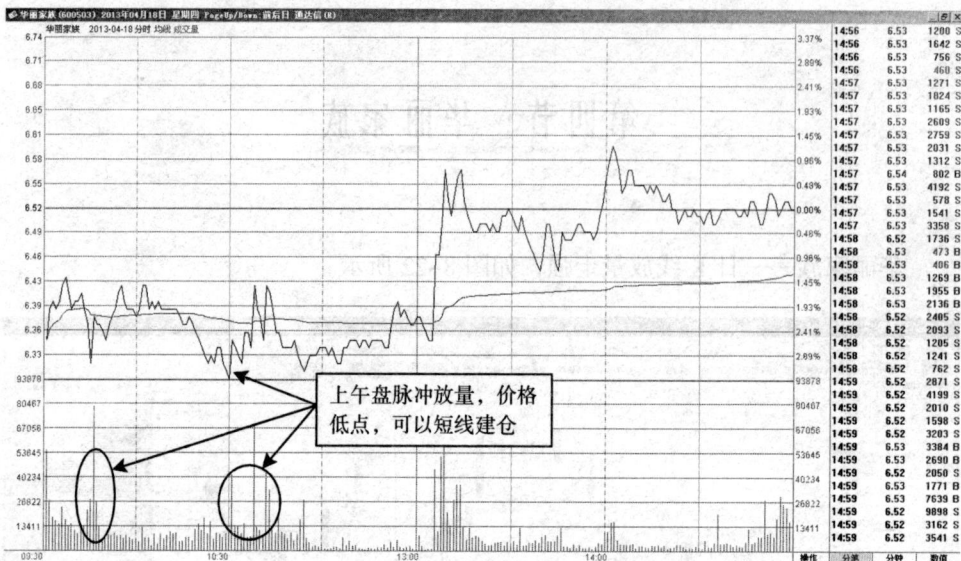

图 8-23　华丽家族——T+0 的建仓机会出现

盘价以上。

　　该股分时图中价格低开探底的过程中，图中显示了两次价格回落的底部，都是不错的建仓位置。如果投资者能够把握好这个位置的交易机会，便能够获得不错的利润。该股在下午盘中放量走强以后，盘中价格高位出现了止盈机会。

　　当然，如果投资者在图中价格低点首次开始建仓，当日就能够获得利润。而第二天开始，投资者就能够在一个交易日中同时进行买入股票建仓和卖出股票止盈的 T+0 操作了。因为投资者判断该股已经逐步走强了。其中价格回调的机会，就是投资者短线建仓的位置。成功买入股票以后，投资者便能够获得不错的短线投资利润。

　　华丽家族——总换手 17.59%，交投异常活跃，如图 8-24 所示。

　　如图 8-24 所示，该股分时图中股价开盘后价格走势还是比较活跃。上午盘中该股脉冲上攻，在图中形成了多次上涨的走势。在脉冲放量的情况下，成交量不能连续放大，股价仅仅短线冲高，投资者可以考虑短线止盈。

　　从图中价格低点来看，到盘中股价的回落为止，提供了短线建仓的机会。事实上，分时图中股价冲高回落以后，盘中出现了理想的建仓机会。把握好图中的买点，第二个交易日还可以止盈获得利润。毕竟，从分时图中看来，成交量的放大趋势并没有发生太大变化。随着成交量处于高位运行，该股短线还是存在走强

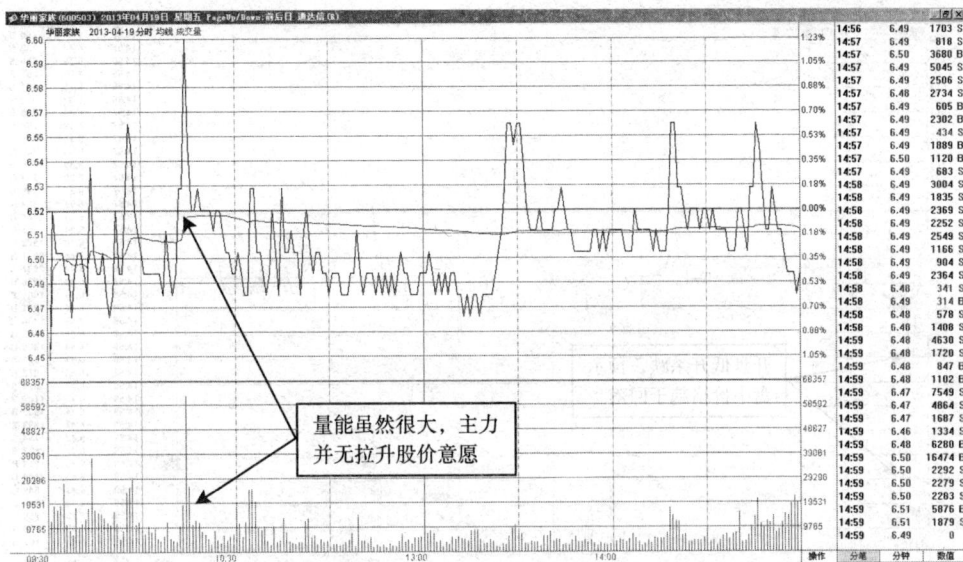

图 8-24 华丽家族——总换手率 17.59%，交投异常活跃

的可能性的。而盘中价格短线回落的低点，价格的下跌空间在 0.5% 附近，也是不错的短线买点。

对于强势波动的股票来讲，价格下跌幅度达到了 0.5%，表明股价的调整空间有限，这样的股票后市还能够继续走强。

华丽家族——低开横盘，止盈空间不足，如图 8-25 所示。

如图 8-25 所示，华丽家族的分时图显示，股价在开盘阶段出现了深度回调的情况，而盘中价格横向整理，跌幅始终维持在 1.3% 附近。

既然股价在盘中弱势调整，投资者的止盈位置不会太理想。但是，盘中股价调整的价格低点，投资者可以继续采取 T+0 的交易方式短线建仓，以便在第二个交易日中止盈。

从开盘价格的下跌以及开盘后缩量回调的价格走势来看，投资者能够发现该股的弱势调整其实会在盘中延续下来。缩量调整的过程中，价格很难出现较大的涨幅。而随着横盘走势的延续，分时图中价格低点成为建仓的机会。该股分时图中的跌幅并不是很大，建仓的位置可以选择任何一个相对低的横盘价格买入股票。

华丽家族——开盘走强，出现止盈时机，如图 8-26 所示。

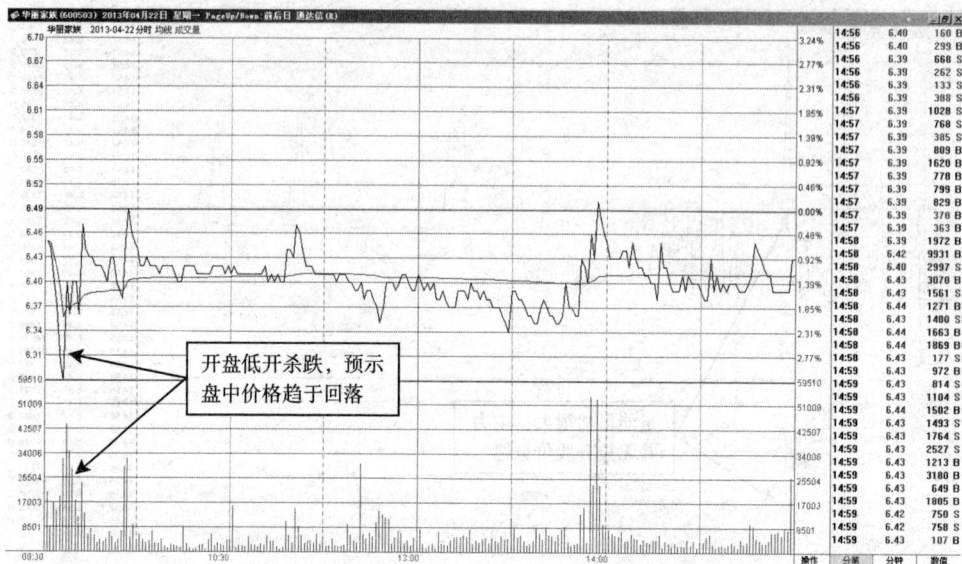

开盘低开杀跌，预示
盘中价格趋于回落

图 8-25　华丽家族——低开横盘，止盈空间不足

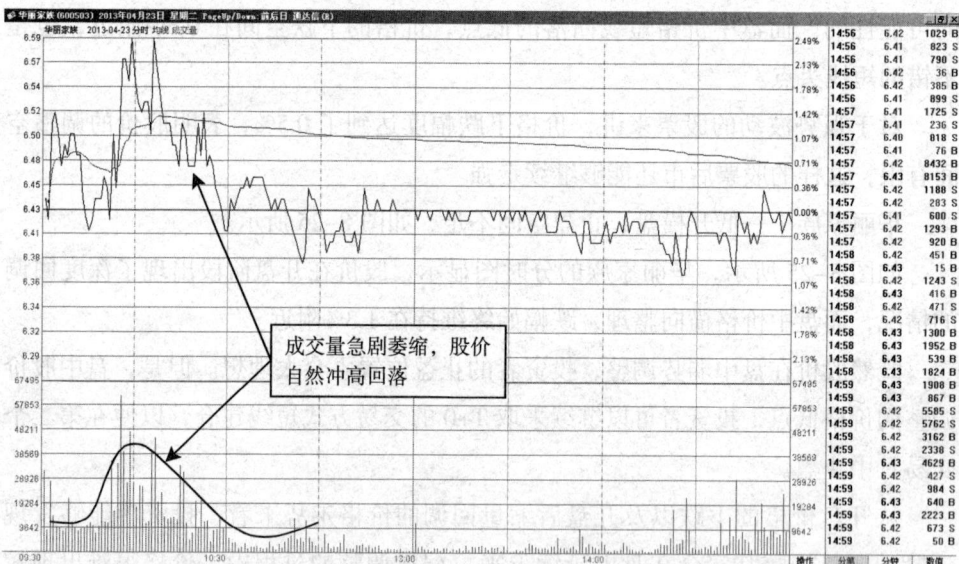

成交量急剧萎缩，股价
自然冲高回落

图 8-26　华丽家族——开盘走强，出现止盈时机

如图 8-26 所示，从开盘后价格走势来看，该股放量回升以后很快出现了量
能萎缩的情况。股价冲高回落以后，盘中价格高位便是投资者止盈的机会了。该
股虽然短线反弹空间有限，投资者依然能够获得接近 3% 的调整回报。随着分时
图中股价缩量回调，尾盘的价格低点出现了相应的建仓时机。

　　从该股的价格走势来看，多数时间里成交量处于相对萎缩的状态，表明该股短线上涨的空间可能不会很高。这样一来，投资者的 T+0 操作的建仓资金可以相对地减少。正常的 T+0 操作中，建仓资金维持在总资金的一半。而图中价格缩量调整的过程中，投资者可以相对减仓买入股票，这样承担的风险会小一些。

　　华丽家族——低开反弹，盘中出现盈利点，如图 8-27 所示。

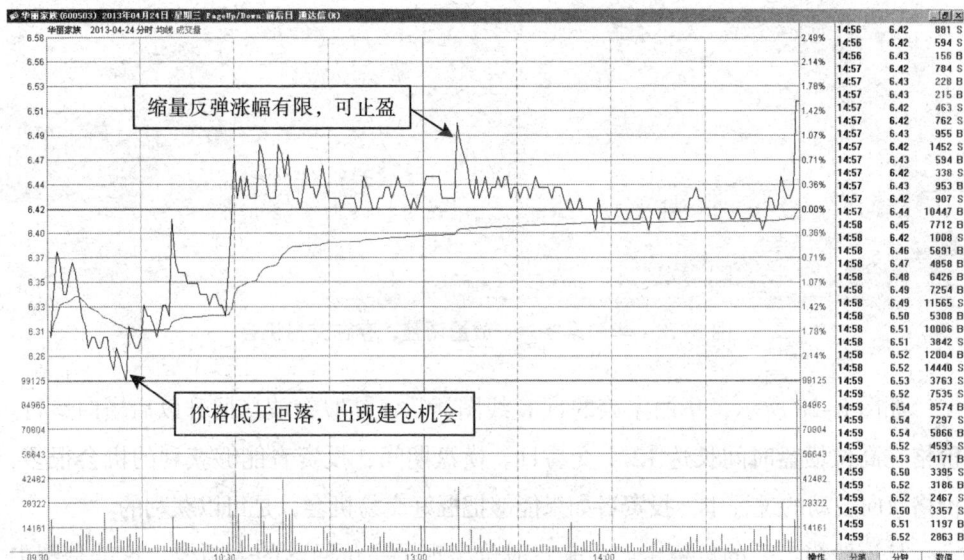

图 8-27　华丽家族——低开反弹，盘中出现盈利点

　　如图 8-27 所示，分时图中股价低开探底回升，成交量放大情况不大。上午盘中股价回落以后完成了反转形态，成为价格走强的重要信号。开盘后股价下跌幅度低至 2%，投资者可以在这个位置买入股票获得利润。

　　盘中股价震荡企稳以后，该股很快就稳定在前一日的收盘价格以上。股价上涨空间虽然不高，但是也有 0.5% 的波动空间。结合前一个交易日中投资者低价建仓，这个时候即便没有利润，也不会出现任何损失。

　　该股的成交量虽然较高，但是股价的表现并没有创造丰厚利润。投资者在价格短线波动过程中，可以谨慎采取 T+0 的交易策略，从而为获利做好准备。在分时图中，股价总是存在双向波动的情况。虽然价格波动强度不是很大，但也经常到 3% 的波动空间，这有助于投资者在短线 T+0 操作中获得利润。主力在拉升股价以后，该股强势横盘，正是投资者短线操作的机会。

　　华丽家族——放量调整，存在交易机会，如图 8-28 所示。

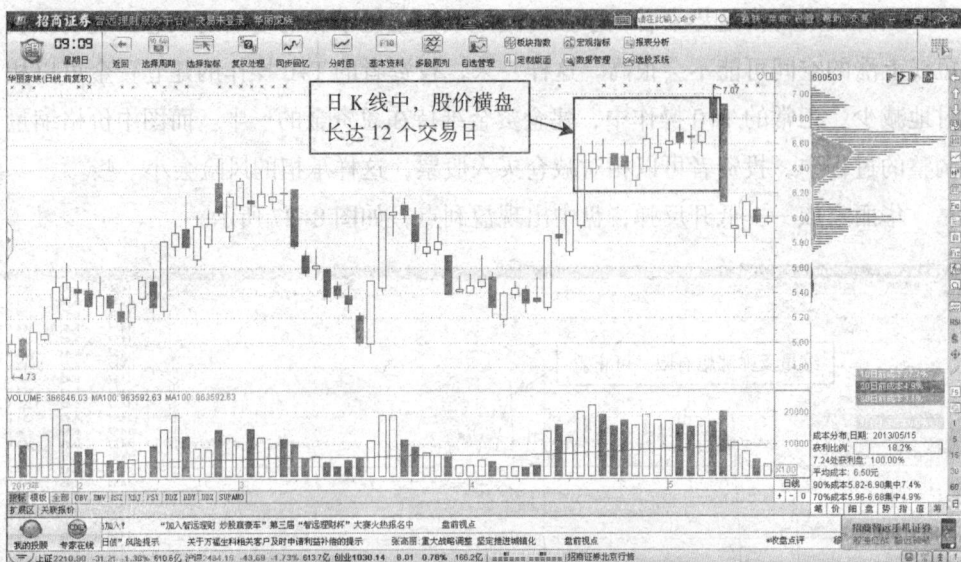

图 8-28　华丽家族——放量调整，存在交易机会

　　如图 8-28 所示，华丽家族的日 K 线图显示，该股在放量回升以后横向运行。价格在高位横盘时间长达 12 个交易日。横盘期间，投资者能够获利的机会很多，价格双向波动的过程中，投资者如果能够把握好交易机会，是可以获利的。

　　从该股横盘后的价格走向看来，股价出现了高位回落的大阴线。这就是图中显示的这根大阴线，成为股价高位回落的重要原因。从图中的大阴线开始，投资者将面临巨大的持股风险。如果投资者没能在前期股价横盘期间获得相对多的利润，那么该股的快速杀跌将给投资者带来损失。该股横盘时间长达 12 个交易日。考虑股价长时间横盘后必然出现调整，减仓应对到来的价格回调，还是非常有必要的。

第五节　中国宝安

　　中国宝安——换手率平稳放大，该股适合 T+0 操作，如图 8-29 所示。

　　如图 8-29 所示，中国宝安的日 K 线图显示，股价在盘中的运行情况稳定。该股在冲高回落以后，换手率指标基本运行在 1%~2%，表明该股还是比较活跃

图 8-29　中国宝安——换手率平稳放大，该股适合 T+0 操作

的。考虑到前期换手率持续回升的趋势已经延续了两个月，可以断定这只股票今后的走势还是会偏强势一些。

这样看来，换手率指标反映该股还是比较适合短线操作的。如果投资者能够在股价回升的过程中把握好交易机会，适度买卖能够获得不错的回报。对于 T+0 操作而言，该股走势温和，换手率持续回升，价格跳空的情况并不多见，而频繁波动中的操作机会较多。考虑到该股短线回调后换手率指标基本稳定下来，投资者在这个位置采取 T+0 操作能够获得不错的利润。

中国宝安——持续回落，提供尾盘建仓机会，如图 8-30 所示。

如图 8-30 所示，日 K 线图该股放量回升以后，价格显然向上出现了突破的情况。图中显示，在股价向上突破后，换手率已经回升至 3% 以上，短线交易机会由此大增。

既然换手率已经回升至高位，并且股价向上出现了突破的情况，投资者可以据此判断 T+0 交易机会已经到来。图中股价盘中持续放量杀跌以后，尾盘出现了不错的建仓机会。从 T+0 的角度来看，投资者可以考虑在图中的尾盘阶段首次T+0 买入股票。

从图中价格的下跌幅度来看，股价下跌的幅度很大，尾盘股价下跌幅度已经达到 5.11% 以下，表明股价跌幅较大，正是短线建仓的机会。如果说盘中投资者

图 8-30　中国宝安——持续回落，提供尾盘建仓机会

建仓还会有套牢的风险，尾盘就不会存在这个问题了。除非股价在第二天低开低走，否则股价一旦出现涨幅，自然能够获利。

中国宝安——强势涨停，是止盈机会，如图 8-31 所示。

图 8-31　中国宝安——强势涨停，是止盈机会

如图 8-31 所示，中国宝安的日 K 线图显示，股价在盘中大幅涨停后，投资者的建仓资金已经获利 10%。该股开盘以后快速放量拉升，很短时间里就达到了涨停价。可见，换手率向上突破以后，该股走势明显走强。在分时图中价格回调的位置短线建仓，投资者获利丰厚。

换手率指标冲高回落的时候，散户止盈和解套操作主导了价格的走势。在股价回调而换手率短时间内萎缩的过程中，投资者可以在价格低点买入股票，完成 T+0 操作的建仓阶段。股价多次放量上涨，显示主力已经在拉升股价，价格强势上涨短时间内必然还会出现。该股的涨停走势，就是在股价冲高回落的时候形成的。

中国宝安——高开回落，再现绝佳买点，如图 8-32 所示。

图 8-32　中国宝安——高开回落，再现绝佳买点

如图 8-32 所示，中国宝安日 K 线图中，股价短线杀跌，在尾盘阶段达到了跌幅 4.29% 以下。从 T+0 建仓的角度来看，这绝对是一个不错的买点。股价跌幅较大，而该日 K 线的运行趋势又维持在多头趋势，此时应该建仓。

图中显示，分时图中股价反弹空间有限，该股随着放量下挫，尽早卖出已经持有的股票，可以完成止盈的动作。该股分时图中放量下挫，不足 1 个小时，股价跌幅就已经达到了 3% 以下，表明投资者的建仓动作可以推迟到尾盘阶段。如果该股的下跌趋势没有出现明显变化，那么投资者尾盘建仓无疑是明智的。分时图中股价的下跌趋势中，投资者能够获利的机会出现在尾盘阶段。如果投资者能够准确把握这样的操作机会，就会获得比较好的 T+0 建仓价位，第二天很容易获得利润。

中国宝安——连续回落情况很少，如图 8-33 所示。

图 8-33　中国宝安——连续回落情况很少

如图 8-33 所示，分时图中投资者采取 T+0 操作的交易方式，是因为日 K 线图中该股换手率强势回升。随着成交量再次回升至高位，该股由图中所示的位置开始走强。换手率处于高位的情况下，该股的上涨潜力更大了。T+0 操作的方式更容易在这样的多头趋势中获得利润。

一般来看，股价如果能够持续回升，短时间内换手率快速冲高，必然伴随着股价之后的强势回升的走势。实际上，股价会在多头趋势中不断回升，只要价格调整的时间不超过一周，那么投资者在分时图中的价格低点建仓就有获利机会。

从日 K 线看来，该股真正大幅度回落的调整走势并不多见。在该股放了涨停以后，价格三个月内跌幅较大的调整，也就出现了 6 次。对于分时图中的调整，投资者不必过于担心。毕竟 T+0 操作包括止盈和建仓两个动作。即便股价出现了持续的回落，投资者可以在价格收盘前买入股票建仓。分时图中股价跌幅较大，但是投资者依然能够低点建仓，获得第二天价格冲高的利润。

参考文献

［1］［美］迈克尔·贾丁. 日内交易新秘籍：看准趋势 轻松获利 ［M］. 杨俊红译. 北京：中国经济出版社，2012.

［2］［美］伯恩斯坦. 完美的日内交易商Ⅱ ［M］. 傅强译. 广州：广东经济出版社，2007.

［3］［美］杰克·伯恩斯坦. 短线交易大师精准买卖点 ［M］. 褚耐安译. 太原：山西人民出版社，2011.

［4］魏强斌，高山，何江涛. 股票短线交易的24堂精品课 ［M］. 北京：经济管理出版社，2013.

［5］魏强斌等. 黄金短线交易的14堂精品课：K线战法和菲波纳奇技术 ［M］. 北京：经济管理出版社，2013.

［6］老牛. 从零开始学短线交易 ［M］. 北京：人民邮电出版社，2011.

［7］［美］马丁·J.普瑞格. 短线交易技术指南 ［M］. 北京：地震出版社，2009.